MÜHLHÄUSER BEITRÄGE

Sonderheft 13

Das Rathaus zu Mühlhausen in Thüringen

Beiträge zur
Bau- und Kunstgeschichte

Mühlhäuser Museen
Mühlhäuser Geschichts- und Denkmalpflegeverein e. V.
Mühlhausen/Th. 2000

Autorenverzeichnis/Impressum

Autorenverzeichnis:

Rolf Aulepp	Heimathistoriker, Mühlhausen
Dr. phil. Falko Bornschein	Kunsthistoriker, Erfurt
Peter Bühner	Bürgermeister u. Baudezernent, Mühlhausen
Diplomrestaurator (FH) Ulrich Gaßmann	Fachreferent, Thüringisches Landesamt für Denkmalpflege, Erfurt
Diplomingenieur Matthias Gliemann	Architekt, Hochbauamt Stadt Mühlhausen
Diplomhistorikerin Beate Kaiser	Stadtarchivarin, Mühlhausen
Bernd Mahr	Heimathistoriker, Mühlhausen
Dr. phil. Udo Sareik	Architekt, Erfurt
Diplomingenieur (FH) Thomas Schulze	Bausachverständiger, Erfurt
Dr. phil. Gerhard Seib	Kunsthistoriker, Mühlhäuser Museen
Diplomrestaurator (FH) Uwe Wagner	Fachreferent, Thüringisches Landesamt für Denkmalpflege, Erfurt
Diplomingenieur Stefan Zeuch	Hochbauamt Stadt Mühlhausen

Für die freundliche Unterstützung der Drucklegung dieses Sonderheftes der „Mühlhäuser Beiträge" danken die Herausgeber der TRACO Deutsche Travertin Werke GmbH Bad Langensalza, der Sparkasse Unstrut-Hainich und der Denkmalpflege Mühlhausen Huschenbeth GmbH & Co. KG.

Herrn Jens Kämmerer, Mühlhausen, sei für seinen Beitrag zu den bauarchäologischen Untersuchungen gedankt.

Impressum:

ISBN:	3-935547-01-3
Herausgeber:	Mühlhäuser Museen in Zusammenarbeit mit dem Mühlhäuser Geschichts- u. Denkmalpflegeverein e. V.
Redaktion:	Peter Bühner und Martin Sünder
Redaktionssekretariat:	Sabine Enzian
Redaktionsschluß:	September 2000
Layout:	Rainer Gruneberg, Mühlhausen
Druck:	Druck und Verlag Mühlhausen GmbH C. SCHRÖTER

Inhalt

	Seite
Vorwort	4
Das Mühlhäuser Rathaus als Sitz der Stadtverwaltung und -regierung und als Schauplatz historischer Ereignisse	5
Die Bauforschung 1992 - 1999	11
Die Steinmetzzeichen an den gotischen Teilen des Mühlhäuser Rathauses	51
Restauratorische Untersuchungen an Putzen und Bemalungen	58
Dendrochronologische Untersuchungen	67
Fragmente mittelalterlicher Glasmalereien aus dem Rathaus von Mühlhausen	69
Chronologie der Rathaus-Neugestaltung 1908 - 1914	76
Die denkmalpflegerischen Maßnahmen zwischen 1946 und 1987	110
Die Sanierung des Rathauses	115
Die Repräsentationsräume des Mühlhäuser Rathauses	130

Vorwort

Bereits in der antiken Stadt spielen sie eine zentrale Rolle - die Rathäuser. Im nachantiken Europa bestimmen sie seit dem 12. Jahrhundert die Stadtbilder mit ihren Giebeln und Türmen; gewöhnlich an Marktplätzen gelegen repräsentieren sie bürgerliches Selbstverständnis, städtische Unabhängigkeit.

Neben der Stadtbefestigung und der Stadtkirche wird der Rathausbau seither für lange Zeit zur wichtigsten Bauaufgabe der bürgerlichen Gesellschaft.
Die unterschiedlich verlaufende Entwicklung kommunaler Selbstverwaltung und städtischer Wirtschaft läßt keinen verbindlichen Bautyp, kein einheitliches Raumprogramm entstehen.

Die Thüringer Kulturlandschaft bietet dafür ein anschauliches Bild. Einen Höhepunkt erreicht der Rathausbau auch hier im 16. Jahrhundert in der Hochrenaissance; zumeist unter Verwendung von gotischen Vorgängerbauten und einer eigentümlichen Vorliebe für asymmetrisch angeordnete Türme entstehen beachtliche Bauten vor allem in den ehemaligen Residenzstädten Altenburg, Arnstadt, Eisenach, Eisenberg, Gera, Gotha und Hildburghausen, aber auch repräsentative Fachwerkbauten in kleinen Südthüringer Städten wie Wasungen, Suhl-Heinrichs und Vacha. Unter den ältesten und bedeutendsten erhaltenen Rathausbauten in Thüringen ist neben Weißensee, Waltershausen, Neustadt und Pößneck vor allem das Rathaus der ehemaligen freien Reichsstadt Mühlhausen mit seiner reichen künstlerischen Ausstattung hervorzuheben.

Der um 1300 errichtete Kernbau mit der vor 1350 erfolgten westlichen Erweiterung entwickelte sich vor allem im Laufe des 16. Jahrhunderts inmitten des mittelalterlichen Straßennetzes zu einem geradezu schloßähnlichen Gebäudekomplex, der Ober- und Unterstadt miteinander verbindet.

Altersspuren und fachlich zweifelhafte Umbaulösungen in der Vergangenheit führten zu dringenden Sicherungs- und Sanierungsmaßnahmen, in deren Folge Befunde zutage traten, die zu neuen Erkenntnissen um diesen weitestgehend vom Dunkel der Geschichte umhüllten Kernbau führten.

Die Stadtverwaltung Mühlhausen und Mitglieder des Geschichtsvereins, insbesondere Herr Bürgermeister Bühner sahen hier eine Chance, über die Befunde hinaus eine weitergehende Bauforschung zu initiieren. Sie konnte unmittelbar nach Abschluß der Sicherungsarbeiten erfolgen, unter anderem mit dem Ziel, ihre Ergebnisse in eine Publikation über den mittelalterlichen Rathausteil einfließen zu lassen.

Mit dieser neu vorliegenden interdisziplinär angelegten Veröffentlichung erfährt eines der ältesten erhaltenen Rathäuser Deutschlands und eine Inkunabel der Thüringer Kunstgeschichte eine späte, aber längst fällige Würdigung, widmete ihm doch Georg Dehio 1905 in seinem Handbuch der Deutschen Kunstdenkmäler (Band Mitteldeutschland) lediglich einen einzigen - dazu vernichtenden - Satz: "Planloses Aggregat verschiedenartiger Räumlichkeiten ohne ausgeprägten Stilcharakter."

Sabine Ortmann
kommissarische Landeskonservatorin

Peter Bühner, Beate Kaiser, Martin Sünder
Das Mühlhäuser Rathaus als Sitz der Stadtverwaltung und -regierung und als Schauplatz historischer Ereignisse

Für Mühlhausen lässt sich die Existenz eines städtischen Rates als notwendige Voraussetzung eines Rathauses erstmals 1251 urkundlich belegen[1]. Das der 1. Hälfte des 13. Jahrhunderts zugeordnete so genannte Reichsrechtsbuch, das älteste Rechtsbuch der Stadt, deutet jedoch, genau wie eine Urkunde von 1231, darauf hin, dass der Rat sich allmählich aus dem "Urteilerkollegium" des Reichsschultheißen gebildet hat[2]. Der Rat scheint ursprünglich 12 oder 14 Mitglieder gehabt zu haben[3]. 1292 werden erstmals zwei Ratsmeister namentlich genannt[4]. Die urkundlichen Überlieferungen von 1274 und 1297 legen nahe, dass der einschließlich der Ratsmeister 14 Personen umfassende Rat von so genannten "Geschlechtern" besetzt wurde[5], die wohl auf die Reichsministerialität zurückzuführen waren. Bereits das Statut von 1311 belegt einen Rat von 24 Personen, zu den 14 Vertretern der Geschlechter waren zehn der Handwerker hinzugekommen[6].

Das Rathaus ist in Mühlhausen urkundlich ab 1310 bezeugt[7]. Es fällt auf, dass dort, wo die Statuten von 1351 Bezug auf das Rathaus nehmen, etwa bei der Vereidigung des Rates oder bei Tätigkeit des Kämmerers, dieser Bezug auf das Rathaus in den Statuten von 1311 fehlt[8]. Wie auch die baugeschichtlichen Untersuchungen ergeben haben, wird das Rathaus also nicht allzu lange vor 1310 entstanden sein. Wo der Rat zuvor tagte, ist unbekannt. Ob man in den beiden Lauben am Ober- und Untermarkt tatsächlich Vorgängerbauten des Rathauses sehen darf, wie immer wieder angenommen wird, scheint sehr zweifelhaft. Da offenkundig Alt- und Neustadt niemals rechtlich selbstständige Kommunen waren - das Reichsrechtsbuch spricht nur von "des Reiches Stadt" Mühlhausen[9] - und noch weiter zurückliegend mit städtischen Räten in Mühlhausen auf keinen Fall zu rechnen ist, sollten diese Bauten nicht weiter als frühere "Rathäuser" angesprochen werden.
Jedoch unterscheiden die Statuen von 1311 und 1351 hinsichtlich der Ratswahl zwischen der Altstadt und der Neustadt, die paritätisch ihre Vertreter in den Rat wählen sollten. Ebenso hielt in dieser Zeit der Reichsschultheiß sein Gericht jährlich wechselnd in der Altstadt und in der Neustadt ab[10].

Sicher hat sich in seinen Anfängen der Rat beim Reichsschultheißen versammelt. Dessen Rechtssprechung dürfte, den allgemeinen Gepflogenheiten jener Zeit entsprechend, unter freiem Himmel, vielleicht unter einer Linde, erfolgt sein. In der 2. Hälfte des 13. Jahrhunderts hat der Rat vermutlich seine eigene Versammlungsstätte gehabt. Vielleicht tagte er auch in Mühlhausen anfänglich, wie das z. B. in Esslingen und anderen Reichsstädten bezeugt ist[11], in einem der Stadtklöster. Sollte dies der Fall sein, so käme hierfür das Minoritenkloster am Kornmarkt in Frage, wodurch sich auch ein zusätzliches Argument für ungewöhnliche Standortwahl des Rathauses ergeben würde - man hätte es in diesem Fall in unmittelbarer Nachbarschaft zur bisherigen Versammlungsstätte errichtet.
Übrigens wurden am 27. September 1524 die dem Rat ergebenen Bürger auf das Rathaus bestellt, diesen aber auf dem Hof des benachbarten Minoritenklosters den Gehorsamseid abgenommen[12].

Der Bau des Rathauses um 1300 steht auch in Einklang mit den Ergebnissen der vergleichenden Stadtgeschichtsforschung[13].

Schauplatz Rathaus

Die Räume im Obergeschoss des Kernbaues standen zunächst dem Stadtschreiber, dessen Funktion bereits 1303 urkundlich bezeugt ist[14] und der Kämmerei gemeinsam zur Verfügung. In den an die "Alte Kämmerei" angrenzenden Gewölberäumen, von denen der westliche noch heute die Bezeichnung "Silber- und Kaiserkammer" trägt, wurden das städtische Vermögen und die kaiserlichen Privilegien aufbewahrt. Dieses Verwahrgelass mit seinen vier kunstvollen Schlössern, zwei in der Tür und zwei große Vorhängeschlösser, konnte sicherheitshalber nur von den vier Kämmerern, die es bereits 1311 gab, gemeinsam geöffnet werden.

Mit dem gewaltigen Aufschwung, den die Stadt insgesamt und die Entwicklung ihres Selbstverwaltungsorganes in der ersten Hälfte des 14. Jahrhunderts nahm, reichte das ursprüngliche Rathaus, der Kernbau, schon bald nicht mehr. Mit der Westerweiterung wurde nicht nur die Halle als Versammlungsort des Gesamtrates mit bis zu vier Kollegien[15] erheblich vergrößert, sondern auch mit der großen Ratsstube ein zweckmäßiger und repräsentativer Raum für den "regierenden Rat" geschaffen. Der Ratswechsel erfolgte bis in das 16. Jahrhundert hinein in jedem Jahr am Vorabend des Martinitages, also am 10. November. Der Erweiterungsbau bot darüber hinaus zusätzliche Möglichkeiten zur Verwahrung von Gefangenen und zur Unterbringung der Ratsknechte. Während des gesamten späten Mittelalters, bis in die frühe Neuzeit hinein, genügte dieses Rathaus den Anforderungen der Stadtregierung und -verwaltung der Freien Reichsstadt.

In der frühen Reformationszeit war das Mühlhäuser Rathaus mehrfach Schauplatz wichtiger Ereignisse. Nachdem die Verhandlungen in der Ratsstube[16] zwischen Bürgeropposition und Rat am 2. Juli 1523 gescheitert waren, wurde der Rat am folgenden Tag nach seiner belagerungsähnlichen Einschließung im Rathaus zur Annahme des so genannten Rezesses gezwungen. In diesem wurde das Achtmännerkollegium verfassungsrechtlich verankert, für das in der Ratsstube gegenüber dem Ratsmeister eine Bank aufgestellt wurde[17].

Auf einer Hochzeit am 19. September 1524 im "Goldenen Stern" "schalt Kaspar, der Kirchner zu St. Jakobi den Rathsmeister Rodemann an seiner Ehre". Dieser ließ ihn unter Überschreitung seiner Kompetenzen in den großen Keller im Rathaus abführen. Daraufhin wurden beide Ratsmeister, Rodemann und Wettich, von den Achtmännern aufs Rathaus gefordert[18]. Die nun einsetzenden heftigen Auseinandersetzungen fanden am 27. September vorerst ihr Ende, in dem der neuformierte Rat die ihm folgenden Bürger in bester Wehr aufs Rathaus forderte[19]. Schließlich wurde nach Abwahl des alten Rates der "Ewige Rat" (womit ein ständiger, nicht mehr wechselnder Rat gemeint war) am 17. März 1525 auf dem Rathaus eingesetzt[20]. Er fand bereits am 29. Mai 1525 sein Ende nach der Niederlage der mit den aufständischen Bauern verbündeten Mühlhäuser gegen ein Heer der Fürsten in der Schlacht bei Frankenhausen und der anschließenden kampflosen Übergabe Mühlhausens an die Fürsten[21].

Nach dem die Stadt sich vom für sie katastrophalen Ausgang des Bauernkrieges und der nachfolgenden Unterstellung unter das gemeinschaftliche Regiment des Kurfürsten von Sachsen, des Herzogs von Sachsen und des Landgrafen von Hessen durch geschickte Politik des Rates, insbesondere des Bürgermeisters Rodemann, 1548 befreien und wirtschaftlich erholen konnte, begann das so genannte "Silberne Zeitalter" Mühlhausens. Die Stadt führte 1557 endgültig die Reformation ein. Sie übernahm nicht nur den Besitz der drei städtischen Klöster der Augustinerinnen, der Minoriten und der Prediger, sondern etwas später auch den des durch die Reformation und wirtschaftliche Probleme in Bedrängnis geratenen Deutschen Ordens, insbesondere das Patronat über fast alle Kirchen in der Stadt, und den ausgedehnten Waldbesitz. In dieser Zeit eines gewaltigen gesellschaftlichen Umbruches entwickelte sich auch die Stadtverwaltung weiter. Man bedurfte eines qualifizierten hauptamtlichen Juristen, des Syndikus, der Position in Mühlhausen bereits 1522 nachweisbar ist[22]. Um neue Verwaltungsräume zu schaffen, wurde 1568/69 an dem Ostgiebel des Kernbaues durch die Baumeister Liborius Schnabel und Hans Rinke die "neue Schreiberei" erbaut. In diesem Zusammenhang wurde auch das Chörlein der Ratskapelle demontiert und die Fenster in der Ostwand der Halle geschlossen. Im Obergeschoss erhielt die Kanzlei ein eigenes Geschäftszimmer, das 1570 durch Georg Hecht repräsentativ ausgestattet wurde. Im folgenden Jahr, 1571, bekam auch die große Ratsstube, ebenfalls durch Georg Hecht, ihre bis heute erhaltene Renaissance-Ausstattung, 1572 folgte das allegorische Gemälde "Das Heilige Römische Reich in seinen Gliedern". Es ist durchaus wahrscheinlich, dass der 1572 in Mühlhausen durchgeführte Kurfürstentag zumindest für die Erneuerung der Ausstattung der großen Ratsstube Anlass war. Am 23. Juli gingen die Räte des Kaisers und der sechs Kurfürsten erstmals aufs Rathaus zu Rate[23] und bestätigten allein durch ihre Anwesenheit den wiedererlangten Status Mühlhausens als Freie Reichsstadt. Über den Verhandlungsgegenstand dieses Kurfürstentages fand sich in den Mühlhäuser Akten bisher nichts.

Eine letzte Phase umfangreicher Bautätigkeit folgte an der Wende vom 16. zum 17. Jahrhundert. Zunächst wurde durch den Baumeister Christian Schnabel der Südflügel errichtet, der in seinem Erdgeschoss den Marstall, im Zwischengeschoss das Reichsstädtische Archiv und im Obergeschoss die Zinsmeisterei aufnahm. Ihm folgten 1605/06 der Nordflügel und 1609 der Westflügel, die beide durch den Baumeister Klaus Schnabel errichtet wurden. Sie dienten vor allem dem Semneramt, das polizeiliche Aufgaben wahrzunehmen hatte und dem Stadtgericht, das bis 1834 im Westflügel verblieb, als Amtsgebäude.

Nach dem Ausbruch des Dreißigjährigen Krieges fand vom 16. - 23. März 1620 erneut ein Kurfürstentag statt, an dem die Kurfürsten von Mainz, Köln und Sachsen, der Landgraf von Hessen-Darmstadt sowie zwei bayrische Gesandte teilnahmen. Die Sitzungen fanden auf dem festlich geschmückten Rathaus in der Ratsstube statt. In der Zinsstube (heute Amtszimmer des Oberbürgermeisters) war die Kanzlei der Kurfürsten eingerichtet worden. Es gelang den geistlichen Kurfürsten, in den Auseinandersetzungen um die böhmische Krone den Kurfürsten Johann Georg von Sachsen für die Seite des Kaisers zu gewinnen[24].

Der Kurfürst von Mainz lud als Erzkanzler die Kurfürsten 1627 erneut auf einen Tag, auf Vorschlag des Kurfürsten von Sachsen nach Mühlhausen. Am 18. Oktober wurde der Tag feierlich auf dem Rathaus eröffnet. Neben den beiden persönlich erschienenen Kurfürsten hatten die anderen Kurfürsten, Kaiser Ferdinand II, König Ludwig XIII von Frankreich, König Phillip IV. von Spanien, der Papst und viele deutsche Fürsten Gesandte abgeordnet, so dass der Kurfürstentag den Charakter einer Reichsversammlung bekam. Anlass des Tages, der bis zum 12. November dauerte, war die Erbitterung und der Unwille über Wallensteins Kriegsführung in Norddeutschland[25]. Für diesen Kurfürstentag hatte der im Gefolge des Kurfürsten von Sachsen angereiste Heinrich Schütz seine berühmte Motette "Da pacem, Domine, in diebus nostris" komponiert.

Am 19. Oktober 1632 befahl General Pappenheim Rat und Bürgerschaft aufs Rathaus und legte Strafgeld für die Teilnahme Mühl-

Schauplatz Rathaus

hausens am Kriegszuge Herzog Wilhelms von Weimar auf das Eichsfeld fest. Die Einsammlung der Gelder geschah auf zwei Stuben im Rathaus[26].

Am 15. Juni 1707 wurde in der Kanzlei des Mühlhäuser Rathauses die Bestallungsurkunde für Johann Sebastian Bach als Organist der Blasiikirche ausgestellt[27] und höchstwahr-scheinlich auch übergeben. Bachs fruchtbares "Mühlhäuser Jahr" begann.

Während innerstädtischer Auseinandersetzungen drangen am 14. November 1732 Bürger in die Rathaushalle ein und forderten vom Rat die Rücknahme des nach Wien gesandten Berichts über die städtischen Ereignisse. Die Bürger besetzten die Rathaushalle über Nacht und sperrten die Räte in die Ratsstube bis zur Rücknahme des sie belastenden Berichtes ein[28].

Die Errichtung des ästhetisch durchaus reizvollen Syndikatshauses 1718 bezeugt genauso wie die des so genannten Barockanbaues 1738 einerseits, dass der Bedarf an Räumlichkeiten für die Stadtverwaltung gewachsen war, andererseits aber auch die gesunkene wirtschaftliche Leistungsfähigkeit der Stadt, die zur Errichtung eines repräsentativen Baues nicht mehr in der Lage war. Es diente dem Syndikus und danach dem Oberbürgermeister bis 1930 auch als Amtswohnung[29].

Am 5. August 1802 vollzog der preußische General Graf von Wartensleben die Eingliederung der Reichsstadt Mühlhausen in das Königreich Preußen zeremoniell auf dem Mühlhäuser Rathaus. Damit endete Mühlhausens Reichsfreiheit de facto, 1803 de jure. Zunächst blieb die Ratsverfassung der Reichsstadt bestehen, allerdings unter preußischer Oberhoheit. Dies änderte sich jedoch, als Mühlhausen 1807 dem Königreich Westfalen zugeordnet wurde, das Napoleon für seinen jüngsten Bruder Jerôme geschaffen

hatte. Nach französischem Vorbild erhielt Mühlhausen einen Maire an der Spitze der Verwaltung. Dies war der bisherige Bürgermeister Christian Gottfried Stephan, der - sicher sehr ungewöhnlich - auch danach wieder als Bürgermeister des neuerlich preußischen Mühlhausen wirkte. In der westfälischen und zweiten preußischen Ära Mühlhausens entstand nun eine moderne Stadtverwaltung, für die ein hauptamtlicher Bürgermeister die Verantwortung trug. Im Rathaus etablierten sich die verschiedenen Ämter der Stadtverwaltung. Das Dienstzimmer des Bürgermeisters, später des Oberbürgermeisters befand sich in dem mit einem Erker versehenen Raum im Obergeschoss des Barockanbaues. Erst 1965 wurde das Dienstzimmer des Stadtoberhauptes in den sich an die Rathaushalle anschließenden Raum im Obergeschoss des Südflügels verlegt, wo es sich bis heute befindet.

1819 erhielt Mühlhausen neben dem Magistrat als Verwaltungsorgan eine Stadtverordnetenversammlung als Vertretung der Bürgerschaft. Sie tagte zunächst in der großen Ratsstube und ab 1895 in dem großen Saal im Süden des 1. Obergeschosses der Brotlaube, wo auch heute der Stadtrat tagt. Die Tradition dieses Saales als Tagungsstätte der Vertretung der Bürgerschaft war allerdings zwischen 1933 und 1991 unterbrochen.

1892 wurde Mühlhausen kreisfrei. In diesem Zusammenhang erhielt die Stadt auch neue Aufgaben, so dass die bisherigen Verwaltungsräume nicht mehr ausreichten. Deshalb wurden 1889 das Haus Ratsstraße 20, 1899 das Haus Ratsstraße 23 und 1920 das bisherige Hotel "Weißer Schwan", Ratsstraße 25, erworben. Die Häuser Ratsstraße 21 (alter Ratskeller), Neue Straße 10 (ehemals Gymnasium) und Neue Straße 11 (altes Syndikatshaus) bzw. ihrer Vorgängerbauten befanden sich schon seit dem 16. Jahrhundert in städtischem Besitz.

Die Übernahme der Stadtverwaltung durch das NS-Regime 1933, der in Mühlhausen der Oberbürgermeister Dr. Hellmut Neumann couragierten Widerstand entgegensetzte, änderte an der eigentlichen Verwaltungsstruktur nichts, ihr wurde jedoch ihre demokratische Legitimation entzogen.

In den letzten Tagen des 2. Weltkrieges wurden Aktenbestände des Auswärtigen Amtes in das eigens geräumte Reichsstädtische Archiv ins Mühlhäuser Rathaus ausgelagert. Die Leitung dieser Aktion lag in den Händen des späteren Bundeskanzlers Kurt Georg Kiesinger[30].

Nach Ende des 2. Weltkrieges wurde zunächst durch die amerikanische, dann durch die sowjetische Besatzungsmacht ein neuer Oberbürgermeister eingesetzt. Die sowjetische Militäradministration entschied sich dabei für den letzten demokratisch gewählten Oberbürgermeister vor der Machtergreifung der Nazis, Dr. Neumann, der 1946 demokratisch im Amt bestätigt, jedoch schon bald mit dem sich etablierenden SED-Regime in Konflikt geriet und 1948 aus dem Amt gedrängt wurde.

Mühlhausen gehörte auf Grund der Vereinigung des Regierungsbezirkes Erfurt der preußischen Provinz Sachsen mit dem bisherigen Freistaat Thüringen seit 1945 zum Land Thüringen. Eine Zäsur für die Stadt Mühlhausen war die Thüringer Verwaltungsreform vom 26. April 1950, in deren Zuge die Stadt ihre Kreisfreiheit verlor und Kreisstadt des Landkreises Mühlhausen wurde. An der Spitze der Verwaltung stand nun anstelle eines Oberbürgermeisters ein Bürgermeister. Die Stadtverwaltung war seit der Verwaltungsreform in der DDR vom 25. Juli 1952 nicht mehr ein Selbstverwaltungsorgan der Kommune, sondern ein "örtliches Staatsorgan". Eine Reihe von Aufgaben wurden nun durch die Kreisverwaltung wahrgenommen, so dass die Gebäude Ratsstraße 23 und 25 sowie die ebenfalls bislang genutzte Brotlaube für die Stadtverwaltung nicht mehr benötigt wurden. Die Situation änderte sich wiederum 1990, als im Zuge der friedlichen Revolution in der DDR und der deutschen Wiedervereinigung eine neue, demokratisch legitimierte Stadtverwaltung als kommunales Selbstverwaltungsorgan entstand. Eine Reihe von Aufgaben, die bislang der Kreisverwaltung zugeordnet waren, wurden an die Stadtverwaltung übertragen. Die Brotlaube wurde wieder Verwaltungsgebäude, ebenso die Gebäude Ratsstraße 23 und 25, die an die Stadt rückübertragen wurden. Zum Verwaltungsgebäude wurden 1991 das Haus Neue Straße 10, 1993 die Häuser Ratsstraße 20, Ratsstraße 23 und Ratsstraße 25 (Hinterhaus), 1995 das Haus Ratsstraße 17, 1996 das Haus Neue Straße 11 und 2000 das Vorderhaus Ratsstraße 25 ausgebaut. Das zeitweise von der Bauverwaltung genutzte Gebäude Neue Straße 7 wurde - als Verwaltungsgebäude völlig ungeeignet - dafür aufgegeben.

Am 1. Juli 1994 erhielt Mühlhausen den Status einer "Großen kreisangehörigen Stadt" und wurde gleichzeitig Kreisstadt des aus den bisherigen Landkreisen Mühlhausen und Bad Langensalza gebildeten Unstrut-Hainich-Kreises. An der Spitze der Verwaltung steht seitdem wieder ein - direkt gewählter - Oberbürgermeister. Da mit einer Erhöhung des Personalbestandes der Stadtverwaltung auch für die Zukunft nicht zu rechnen ist, dürfte ihr gegenwärtiger Gebäudebestand ausreichend bleiben. Der traditionsreiche Kernbau mit seinen repräsentativen Räumen birgt heute jedoch keine Büros mehr, sondern wird ausschließlich für kulturelle und repräsentative Zwecke genutzt. Durch Sanierungs- und Modernisierungsmaßnahmen sind die Gebäudeteile und Nebengebäude des Rathauskomplexes für die Anforderungen eines modernen Verwaltungsbetriebes gerüstet und können somit auch künftig ihre Aufgaben als traditioneller Sitz der Stadtverwaltung wahrnehmen.

Schauplatz Rathaus

Anmerkungen:

1 Patze, Hans: Zum ältesten Rechtsbuch der Reichsstadt Mühlhausen i. Thür. aus dem Anfang des 13. Jahrhunderts. In: Jahrbuch für die Geschichte Mittel- und Ostdeutschlands. Bd. 9/10. Tübingen 1961, S. 71 ff.

2 Meyer, Herbert: Das Mühlhäuser Reichsrechtsbuch aus dem Anfang des 13. Jahrhunderts. Deutschlands ältestes Rechtsbuch. 2. verb. Aufl. Weimar 1934, S. 52.

3 Lambert, Ernst: Die Rathsgesetzgebung der freien Reichsstadt Mühlhausen in Thüringen im 14. Jahrhundert. Halle 1870, S. 24 - 26; Herquet, Karl. Urkundenbuch der ehemals freien Reichsstadt Mühlhausen in Thüringen. Halle 1874, Nr. 186 u. 240.

4 Herquet (wie Anm. 3), Nr. 395.

5 Lambert, (wie Anm. 3), S. 24f; Herquet, (wie Anm. 3) Nr. 240, Nr. 1045 u. Nr. 1046.

6 Lambert, (wie Anm. 3), S. 87.

7 Herquet, (wie Anm. 3), Nr. 610.

8 Lambert(wie Anm. 3), S. 89, S. 91.

9 Meyer, (wie Anm. 3), S. 104, S. 159.

10 Lambert, (wie Anm. 3), S. 91, S. 131.

11 Sydow, Jürgen: Städte im deutschen Südwesten, ihre Geschichte von der Römerzeit bis zur Gegenwart. Stuttgart 1987, S. 82.

12 Jordan, Reinhard: Chronik der Stadt Mühlhausen in Thüringen. Bd. 1. Mühlhausen 1900. S. 181.

13 Sydow (wie Anm. 11), S. 58, S. 60 f, S. 63, S. 70, S. 78 f, S. 81, S. 86-90, S. 113 f. Hoffmann, Erich: Lübeck im Hoch- und Spätmittelalter - In: Graßmann, Antjekathrin (Hrsg.): Lübeckische Geschichte (3. verbesserte und ergänzte Auflage). Lübeck 1997. S. 108 f.

14 Kleeberg, Ernst: Stadtschreiber und Stadtbücher in Mühlhausen i. Th. vom 14. - 16. Jahrhundert. In: Archiv für Urkundenforschung. Bd. 2. 1910, S. 417.

15 Bemmann, Rudolf: Die Statuen der Reichsstadt Mühlhausen i. Th. vom Jahre 1401. In: Mühlhäuser Geschichtsblätter 9. Mühlhausen 1908/09. S. 23.

16 Jordan, (wie Anm. 12), S. 168 f.

17 Jordan (wie Anm. 12), S. 173.

18 Jordan (wie Anm. 12), S. 179 f.

19 Jordan (wie Anm. 12), S. 181.

20 Jordan (wie Anm. 12), S. 185 f.

21 Jordan (wie Anm. 12) S. 196.

22 Kleeberg (wie Anm. 14), S. 452.

23 Jordan, Reinhard: Der Kurfüstentag zu Mühlhausen 1572. In: Mühlhäuser Geschichtsblätter 5. Mühlhausen 1904/05., S. 1-5.

24 Brinkmann, Ernst: Aus Mühlhausens Vergangenheit. Gesammelte Vorträge und Aufsätze. Mühlhausen 1925, S. 78-80.

25 Brinkmann (wie Anm. 24), S. 81-83.

26 Jordan, Reinhard: Chronik der Stadt Mühlhausen in Thüringen. Bd. 3. Mühlhausen 1906, S. 64.

27 Meißner, Michael: Johann Sebastian Bachs Mühlhäuser Zeit (1707-1708) (=Mühlhäuser Beiträge, Sonderheft 12) Mühlhausen 2000. S. 25.

28 Jordan (wie Anm. 26), S. 165.

29 Brinkmann, Ernst: Die Geschichte des Syndikatshauses. In Mühlhäuser Geschichtsblätter 29. 1928/29, S. 307 ff.

30 Günther, Rita u. Gerhard: Mühlhausen in Thüringen. Das Rathaus. Mühlhausen 1971, S. 57.

Dr. Udo Sareik
Die Bauforschung 1992 - 1999

1. Von den Anfängen der Rathäuser deutscher Städte

Bis heute verstehen wir mit Selbstverständlichkeit unter einem Rathaus den Sitz des gewählten Stadtoberhauptes, der Stadtverwaltung und das Gebäude, in dem auch die Bürgervertretung tagen kann. Seine historischen Wurzeln reichen in Deutschland bis in das Mittelalter, die Entstehungszeit der städtischen Selbstverwaltung, zurück. Die älteste Nennung eines Rathauses ist als "domus consulum" aus dem westfälischen Soest überliefert und knüpft als "Haus der Konsuln" begrifflich an die republikanische Verfassung des alten Rom an. Das Rathaus als Versammlungsort der städtischen Selbstverwaltungsorgane wurde auch von den Auseinandersetzungen der Stadtgemeinden mit ihrem feudalen Stadtherren betroffen: Ende der 1220er Jahre hatte der Rat von Worms ein festes Haus gekauft und zum Rathaus ausgebaut. Nachdem die Bürger dem Bischof 1231 eine Steuer verweigert hatten, erlangte der bei Kaiser Friedrich II. das Verbot des Rates und die Überlassung des Rathauses. Empört brannten die Bürger ihr Rathaus ab, um es nicht dem Bischof überlassen zu müssen[1]. Als im Jahre 1462 der Erzbischof von Mainz die von innerstädtischen Auseinandersetzungen geschwächte Stadt erobern konnte, ließ er das Rathaus schleifen.

Auch der Roland, als Symbolfigur meist am Rathaus stehend, war das Ziel der Angriffe der Stadtherren. So ließ der Bremer Erzbischof durch seine Leute im Jahre 1366 eine hölzerne Figur verbrennen[2]. Und die Äbtissin von Quedlinburg hatte es nach ihrer siegreichen Rückeroberung der Stadt 1477 ebenfalls auf den Roland abgesehen, der dort seit der 2. Hälfte des 14. Jh. stand. Er wurde umgestürzt und geschändet[3].

Diese Ereignisse zeigen, welch dornenreicher Weg die Städte bis zur unbestrittenen Selbstverwaltung mit dem Rathaus als Symbol zurücklegen mussten.

Im Mittelalter zählte das Rathaus zur Kategorie der Bürgerbauten. Zu diesen gehörten Tanzhäuser, Kaufhäuser, Gewandhäuser, Tuchhallen, Kornspeicher, Münzstätten, Zunfthäuser und Zeughäuser, um nur die wichtigsten zu nennen.

In der Anfangsphase des Entstehens dieser Bauten, die mit dem Entstehen der Städte bzw. der Organisation ihrer Bürgerschaft im rechtlichen Sinne verbunden war - in der Hauptsache vom 12. - 14. Jh. - ist nicht immer eine exakte Unterscheidung der Funktionen gegeben. Hier ist nicht selten die Verschmelzung mehrerer Funktionen zu verzeichnen. Ein Saal ließ die Kombination Tanzhaus/Rathaus zu. Ein Kaufhaus, eine Tuchhalle, gegen die der Stadtherr keinen Einwand erhob, konnte oft der Amtssitz des Rates werden. Handelszwecke und Zwecke der Stadtverwaltung waren wohl die häufigste Kombination.

In Nürnberg soll das alte Rathaus/Handelshaus zur Förderung des Tuchhandels diesem sogar ganz überlassen worden sein. Der Neubau des Rathauses wurde dann für die Stadtverwaltung maßgeschneidert[4].

Für Mühlhausen dürfte ein ähnlicher Fall vorliegen, wenn man die vermutlichen Tagungsstätten des Schultheißen und der Schöffen - die sogenannten Lauben - als Vorläufer des späteren Rathauses ansieht. Darauf deutet ein Pachtvertrag vom Jahre 1304 hin, den der Rat mit dem Bürgermeister Gerlach Margareten über einen Teil der "Unteren Laube" abschloss. Auch hier spielte der Tuchhan-

Die Bauforschung

del eine Rolle, denn dieser Bürgermeister war zugleich Tuchhändler, der dann das Gebäude zu einer "Tuchhalle" (Neubau der "Neue Laube" im 14. Jahrhundert) umfunktionieren ließ[5].

Zu den Untersuchungsergebnissen

2. Die Lage des Mühlhäuser Rathauses

"Eingezwängt in ein Gewirr von Straßen und Gassen"[6], so heißt es in der Literatur, wenn es um die Beschreibung des Standortes des Mühlhäuser Rathauses geht. Genau diesen Eindruck gewinnt auch der Betrachter von jenem Gebäude. Doch das Rathaus wurde einst auf einem freien Platz errichtet und erst im Laufe der Zeit in das "Gewirr von Straßen und Gassen" eingezwängt. Will man jedoch die städtebauliche Situation zur Zeit der Errichtung des Rathauses erfassen, dann muss man sich in die Zeit vor etwa 700 Jahre zurückversetzen. Das Fehlen jeglicher schriftlicher Quellen über den Bauvorgang - von der Grundsteinlegung bis zur "schlüsselfertigen" Übergabe - erschwert die Forschung beträchtlich. Eine weitgehend realistische - weil nüchterne - Einschätzung stammt aus dem Jahre 1913: "Denken wir uns alle die Anbauten an den gotischen Kernbau weg, ... so haben wir um das alte Rathaus herum einen weiten freien Platz"[7] (Zeichn. 1). Der wird für Rathausbauten in jener Zeit allgemein angenommen: "Hier gibt es noch nicht den Druck von Giebeln und Dächern, hier ist noch nicht die Rede von der Straßen quetschenden Enge.", heißt es in einem grundlegenden Werk über Rathäuser, bezogen auf jene Zeit[8].

Daraus resultiert die Überlegung, dass der Architekt Klaus Schnabel an dem von ihm im Jahre 1605 projektierten Nordflügel nur deshalb den Ostgiebel als Schauseite gestaltete, weil eben noch Platz zur Betrachtung bestand[9].

Eine Chronik berichtet vom Jahre 1610: "Auch ist in diesem und dem folgenden Jahre die oberste Ratsgasse, welche erst unbewohnt war, mit Zivilhäusern besetzt und an die Bürger verkauft worden"[10]. Dieser Sachverhalt geriet freilich später in Vergessenheit.

Doch nicht nur die oberste Ratsgasse wurde erst relativ spät zur Bebauung freigegeben. Auch der Abschnitt zwischen Rathaus und Kornmarkt kann nicht vor 1568, dem Jahr des Abbruches der Gebäude des Minoritenklosters, bebaut gewesen sein. Denn, wie heute unschwer zu erkennen ist, verdeckt das Eckgebäude Kornmarkt/Ratsstraße die prächtige Dreierfensterfassade in der Westwand der ehemaligen Klosterkirche, undenkbar für die Zeit der Klosterexistenz. Die unvoreingenommene Wahrnehmung dieser Fakten führt von der Vorstellung weg, das Rathaus sei in eine "dichte spätromanische Besiedlung", d. h. in eine beengte städtebauliche Situation hinein gesetzt worden. Auch in der neueren Literatur zur mittelalterlichen Stadtwerdung findet sich die Feststellung, dass "unbebaute Flächen innerhalb der Stadtgrenzen ... in Antike und Mittelalter nichts Außergewöhnliches"[11] waren. In Anbetracht dessen bleibt bei der Beschreibung des Mühlhäuser Bauplatzes nichts anderes übrig, als einem älteren Autoren beizupflichten: "Das älteste Rathaus lag völlig frei auf einem unterhalb des noch unbebauten Abhanges der Oberstadt sich ausdehnenden Marktplatze"[12]. Ob dieser freie Platz tatsächlich ein Marktplatz war, muss offen bleiben.

Mit den neuesten Befunden kann diese Feststellung zudem trefflich gestützt werden. Der Nachweis dreier vermauerter großer Öffnungen in der östlichen Giebelwand der heutigen Rathaushalle unterstützt diese Annahme[13]. Weitere Untersuchungen präzisierten diesen bedeutsamen Befund. Es stellte sich heraus, dass es sich hierbei um eine profilierte spitzbogige Öffnung handelt, die von

Die Bauforschung

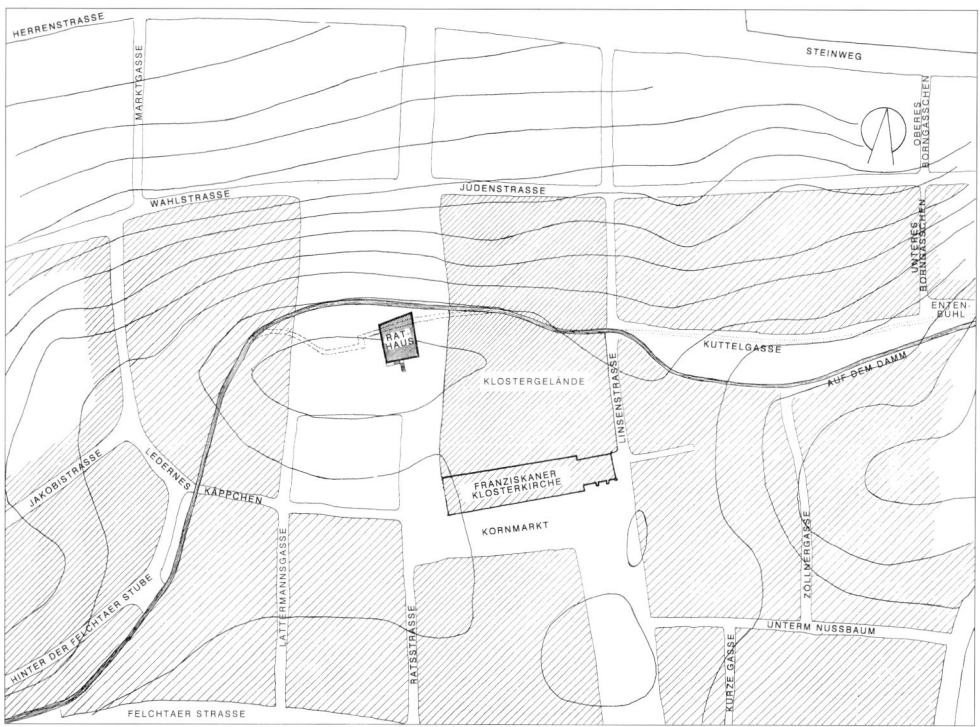

Abb. 1: Rathausstandort um 1300 mit Verlauf des Mühlgrabens (Schwemmnotte); Zeichnung: Verfasser

je einem Fenster flankiert wird. Bei der Öffnung, in deren Vermauerung sich die heutige Tür zum östlichen Anbau von 1568 befindet, handelt es sich um die Rahmung des Einganges zu der kleinen Rathauskapelle, die ihrer baulichen Gestaltung nach als Chörlein bezeichnet wird. Zusammen mit dem darüber gelegenen Maßwerkfenster, in das ein Sechspass eingefügt war, ist hier genau wie bei dem erwähnten Ostgiebel des Nordflügels aus dem Jahre 1605 von einer aufwendig gestalteten Schauseite auszugehen. Die gotische Schaufassade passt zeitlich noch weniger in eine enge Straße wie die des 300 Jahre später errichteten Nordflügels. Für ihre Entstehung ist die Zeit zwischen 1300 und 1340 wahrscheinlich. Der Abstand vom zur Schaufassade ausgebildeten Ostgiebel des Rathauses bis zur gegenüberliegenden Klostermauer betrug etwa 11 Meter. Er ist damit also ausreichend für die beabsichtigte gute Sichtwirkung. Eine nur durch den östlichen Umgang geführte Straße hätte der Schaufassade ein Schattendasein beschert.

Für die Standortwahl des Rathauses galt eine Klammerfunktion zwischen Alt- und Neustadt als Grund, zumal der Bau über der Schwemmnotte errichtet worden sein soll[14] die als Grenze zwischen beiden angesehen wurde. Der Verlauf dieser Grenze ist freilich nirgends zeichnerisch oder schriftlich fixiert. Doch eine weitaus profanere Funktion der Schwemmnotte ist unstrittig die als Mühlgraben[15]. Während ein schwächerer Arm weiter die Ostrichtung in der Felchtaer Straße verfolgte, lenkte man einen stärkeren Arm für

Die Bauforschung

den Mühlenantrieb unmittelbar hinter dem Stadttor ab der Scherzengasse nach Nordost auf den Fuß des Hanges zu, von wo er in ost-nordöstlicher Richtung bis zum Hanfsack verläuft, um in zwei Bögen den Mauerring wieder zu verlassen und in den Mühlgraben zu fließen[16]. In diesem Bereich des Laufes der Schwemmnotte lagen vor dem Rathausbereich die 1371 nachgewiesene Pfeffermühle, und nach ihm die seit 1252 bezeugte Malz- oder Entenbühlmühle, die für 1388 bezeugte Meißnersmühle und schließlich als älteste die bereits 1250 erwähnte Hanfsackmühle[17].

Die Frage, ob und inwieweit man daraus eine Grenzziehung ableiten kann, lässt sich nicht beantworten. Sie ist aber nicht entscheidend, da Urkunden aus den Jahren 1455[18] und 1459[19] eindeutig belegen, dass sich das Rathaus im Sprengel der Blasiikirche und damit in der Altstadt befand. Dazu kommt, der vor geraumer Zeit bei Schachtarbeiten erbrachte Nachweis, dass der Graben nördlich des damaligen Rathausneubaues verlief und erst mit der zweiten Bauphase an das Rathaus herangezogen wurde. Auf dem Plan zeichnet sich diese nachträgliche Änderung des Grabenbettes deutlich ab. Wäre dieser Verlauf ursprünglich gewesen, hätte man das Grabenbett doch wohl von Südwesten her ohne die durch die Trassenverlegung entstandene Krümme angelegt.

Dass das neue Rathaus um 1300 aber nicht inmitten der Altstadt am Untermarkt entstand, sondern an ihrem nordwestlichen Rand, zur Neustadt hin gelegen, deutet darauf hin, dass die erwähnte "Klammerfunktion" bei der Standortwahl mit beabsichtigt gewesen sein könnte.

Es gibt jedoch auch noch eine andere Hypothese für den ungewöhnlichen Standort des Mühlhäuser Rathauses: Vor dem Bau eines Rathauses tagte in der Reichsstadt Frankfurt[19A] der Rat im dortigen Minoritenkloster, in der Reichsstadt Esslingen im Predigerkloster und auch in anderen Städten in Klöstern dieser Orden. Vielleicht hat in Mühlhausen der Rat vor dem Bau des Rathauses im benachbarten Minoritenkloster getagt und man hat dann das Rathaus in unmittelbarer Nachbarschaft der traditionellen Tagungsstätte errichtet. Auch wenn die Quellen hierfür keine Anhaltspunkte liefern, ist diese Möglichkeit in die weiteren Überlegungen zur Standortproblematik mit einzubeziehen[19B].

Problematisch ist die Feststellung des exakten Verlaufes der Schwemmnotte im Rathausbereich. Der Wasserlauf tritt am Westgiebel des gotischen Rathauses ein, fließt parallel zu dessen Nordwand unter einem spitzbogig überwölbten Kanal weiter bis zur mittleren Bogenöffnung der Arkade, um von dort etwa 3,5 m nach Nord versetzt seine Richtung nach Ost wieder aufzunehmen. Dann allerdings zunächst unter dem Zugang zum Nordportal der Rathaushalle und weiter durch den Umgang des alten Rathauses. Über einen "Steinkasten" (eher als Trog zu bezeichnen) in der breitesten, der mittleren Arkadenöffnung, auch als Fischkasten oder Fischgestell gedeutet[20], wird diese Umlenkung erfolgt sein. Ein im Boden eingelassener Ausgussstein, dessen Rinne nach Nord zeigt, also vom später dort angelegten Grabenbett weg, ist ein übriger Beweis dafür, dass die Schwemmnotte kein alter "Grenzbach" ist.

Der Anlass für den Rathausneubau und die Standortwahl dürfte in der siedlungsgeschichtlichen Entwicklung zu suchen sein. Aus der Marktsiedlung bei der Blasiikirche hatte sich ein städtisches Gemeinwesen entwickelt. Parallel dazu existierte als weitere Siedlung die Neustadt bei der Marienkirche. Es ist anzunehmen, dass beide Siedlungen, insbesondere nach der Umfassung mit einer einheitlichen Stadtmauer

Die Bauforschung

Abb. 2: Ausgussstein im nördlichen Umgang von Bau I; Foto: Verfasser

(wohl um 1211) zusammenwuchsen. Zielstrebig wurde seitens der Stadt die Unabhängigkeit vom feudalen Stadtherrn, dem König verfolgt. Die Zerstörung der Reichsburg 1256 ist Ausdruck dieser Autonomiebestrebungen. 1251 wird der Rat erstmals urkundlich erwähnt[21], 1292 ist seine Entwicklung mit dem Wirken zweier Ratsmeister zu einem gewissen Abschluß gekommen[22]. Dies stellt eine beachtenswerte Entwicklungsetappe dar. Ob es wirklich getrennte Tagungsorte der Schultheißen und Schöffen in Alt- und Neustadt gab, ist unbekannt. Auf jeden Fall bestand die Notwendigkeit eines "Hauses für den Rat" der Gesamtstadt. Ein dafür geeigneter und auch einigermaßen zentral für beide Stadtteile liegender Platz bot sich hier an. Dass der Mühlgraben der Schwemmnotte auch der Wasserversorgung des Rathauses diente, ist anzunehmen.

Die meisten Verbindungswege zwischen der Unterstadt und der Oberstadt verlaufen zwangsläufig in der Nord-Süd-Richtung. Einer dieser Bewegungsverläufe erstreckte sich zwischen den beiden Hauptkirchen. Er kann über den Platz geführt haben, auf dem man dann eben das Rathaus aufstellte. Allerdings ist die Platzbegrenzung eindeutig nur an der Ostseite, der Klostermauer der Minoriten auszumachen, die sich vom Westgiebel der Klosterkirche am Kornmarkt nach Nord erstreckte.

Dass man 300 Jahre später offensichtlich problemlos weitere Gebäude für den Rat errichten konnte, spricht für eine lang anhaltende Baufreiheit an dieser Stelle.

Den imposanten Mauerrest im heutigen Hofbereich des Rathauses sieht man neuerdings - und mit gutem Grund - als Westwand der ehemaligen Münzstätte an, der erst später in den Marstall einbezogen wurde. Ferner wird von einem Pferdestall für den Rat südlich des Rathauses berichtet[23]. Es muss hier also einen freien Platz für das Rathaus und eben für weitere Gebäude gegeben haben. Er war der entscheidende Faktor für die Wahl des Bauplatzes, für ein von Alt- und Neustadt gleichermaßen erreichbares Rathaus am Fußpunkt des Hanges, an dem zufällig noch ein Mühlgraben verlief. Es dürften einzig rein pragmatische Überlegungen zu diesem Standort geführt haben.

3. Der Kernbau des Rathauses von um 1300 (Bauabschnitt I)

Der Begriff "Rathaus" assoziiert die Vorstellung von einem stattlichen Gebäude, einem architektonisch hervorstechenden dazu, dessen Schauseite dem Hauptplatz der Stadt zugewandt ist. Vom Baustil her von Gotik, Renaissance oder Barock geprägt,

Die Bauforschung

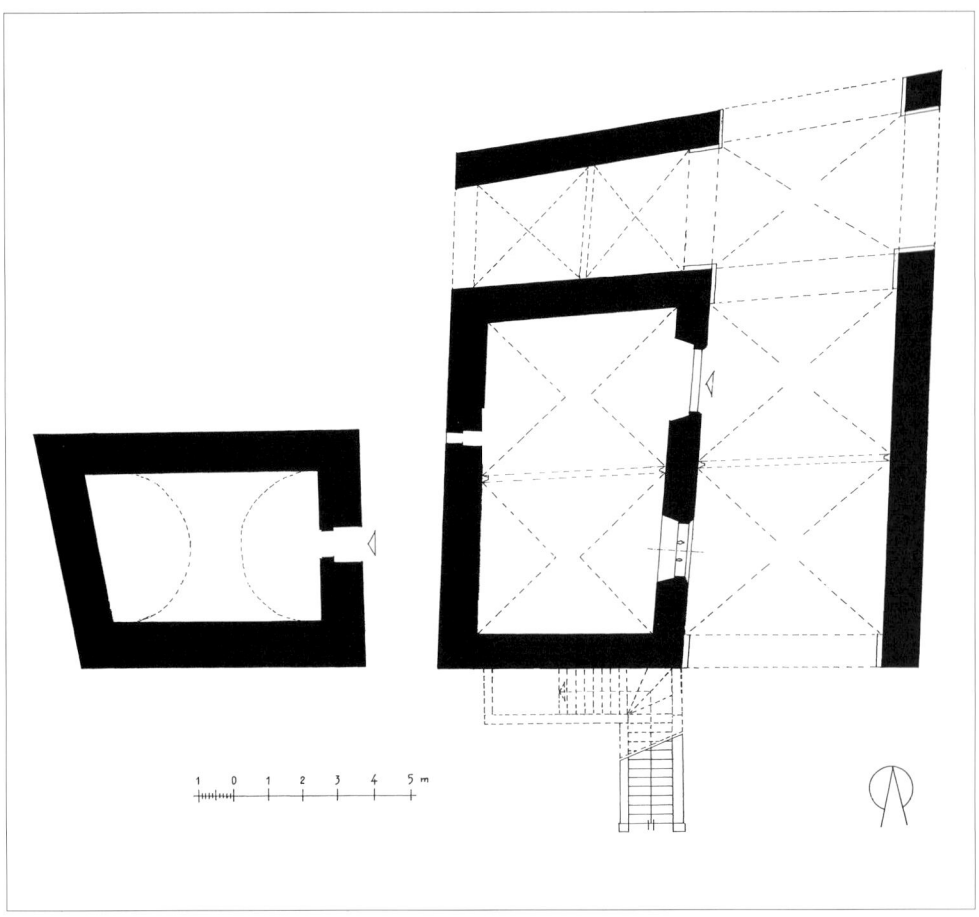

Abb. 3: Erster Rathausbau (um 1300), Rekonstruktionsvariante Erdgeschoss; Zeichnung: Verfasser

finden sich diese Rathäuser nicht selten als Abbildung in der wissenschaftlichen und populären Literatur zur Baugeschichte.

Das Mühlhäuser Rathaus ist zu solchen Ehren bisher nicht gelangt, denn es heißt: "in der Architektur des Rathauses kommt dagegen mehr der auf den Zweck gerichtete praktische Sinn der Bürger zum Ausdruck"[24]. Zu dieser Ansicht muss man heute kommen, ist doch von den Fassaden des Kernbaues nicht nur ein großer Prozentsatz, sondern auch die östliche Schauseite hinter Anbauten verschwunden. Von den etwa 550 m^2 Fassade sind ganze 220 m^2 noch sichtbar, dazu mit partiellen Veränderungen. Die räumlich-architektonische Gestaltung, die mit dem Rathausbau in dieser städtebaulichen Situation vorgenommen wurde, ist durch die Verdichtung der umgebenden Bebauung völlig verwischt worden. In seiner bauhistorischen Bedeutung braucht der mittelalterliche Baukörper indes sein Licht nicht unter den Scheffel zu stellen, denn von seiner Substanz ist noch ein ansehnlicher Teil vorhanden.

Die Bauforschung

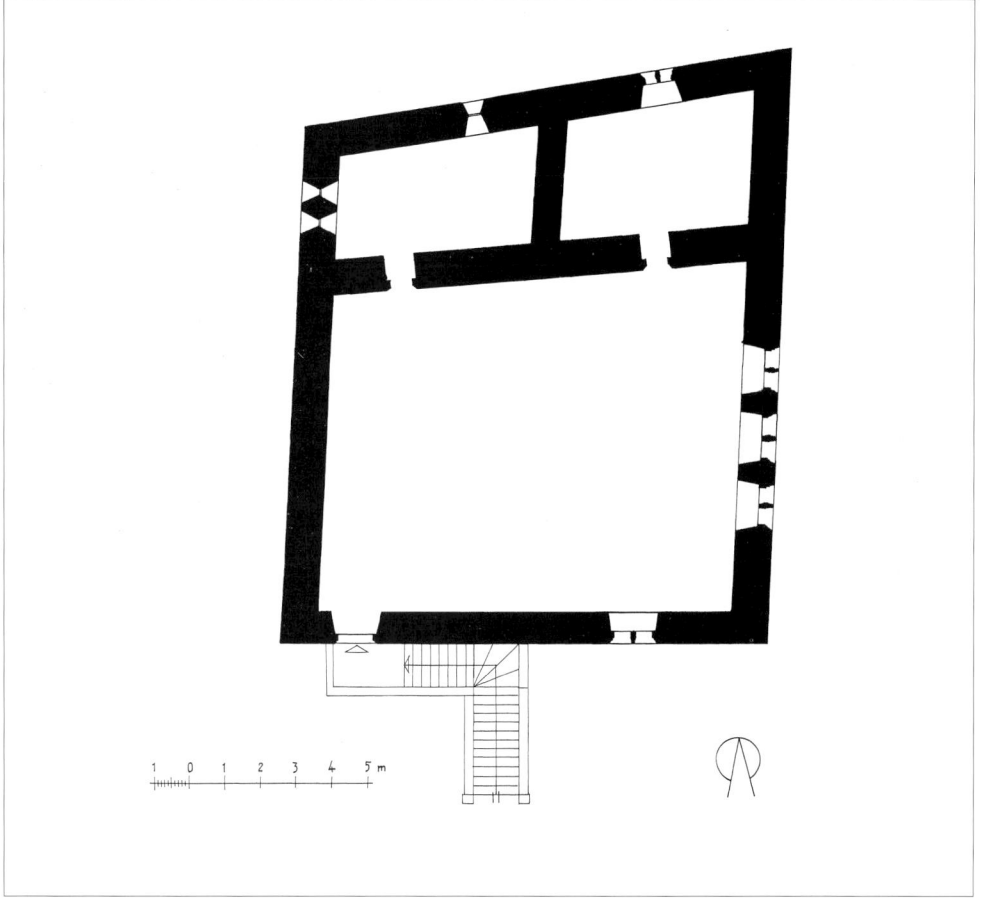

Abb. 4: *Erster Rathausbau (um 1300), Rekonstruktionsvariante Obergeschoss; Zeichnung: Verfasser*

Die für 1304 bezeugte Verpachtung des Bürgersaales mit Kanzlei in der alten Laube am Untermarkt spricht einerseits von einem Vorläufer des Rathauses und setzt andererseits die Fertigstellung eines Ersatzneubaues voraus[25]. Damit kann als Bauzeit sehr wahrscheinlich etwa 1300 angenommen werden[26].

Der bescheidene zweigeschossige Kernbau mag den Ansprüchen der Mühlhäuser zunächst entsprochen haben. Die Anforderungen an einen Rathausbau werden wie folgt beschrieben: "Wo ein Rathaus nur ein Rathaus war, hätte es mit Rücksicht auf die in ihm zu erfüllenden Aufgaben nicht groß sein müssen. Ein Saal für Rats- und Gerichtssitzungen, ein Raum für den Stadtschreiber, ein weiterer für den Verwalter der Finanzen: damit ließ sich eine mittelalterliche Stadt in vielen Fällen schon regieren"[27]. Genau diese (umrissenen) Räumlichkeiten finden sich im Obergeschoss des Kernbaues: von Ratssaal, Schreib- und Kassenstube umschrieben[28] (Abb. 4).

Woraus der schiefwinklige Grundriss resultiert ist unklar. Mit einer angeblich beabsich-

Die Bauforschung

tigten Überbrückung der Schwemmnotte hat er jedenfalls nichts zu tun. Aber vielleicht folgte die Flucht der Nordwand dem damaligen Verlauf des Mühlgrabens bzw. der Schwemmnotte mit gleichbleibendem (Sicherheits-?) Abstand. Denn am nordöstlichen Pfeiler als dem einzig freistehenden weist nichts auf eine außergewöhnliche statisch-konstruktive Ausbildung hin, wie sie für einen wassernahen Baugrund zu erwarten wäre. Dagegen musste man entgegengesetzt davon an der Südostecke schon bald einen Stützpfeiler errichten, aus welchen Gründen auch immer.

Außer dem schiefwinkligen Grundriss fällt die erdgeschossige Wandausbildung an den Außenseiten der Durchgänge auf, dort, wo man eigentlich am ehesten Bogenöffnungen vermuten müsste, die dann die sogenannten Lauben bilden würden (Abb. 3). Als charakteristisches Element vieler Rathäuser ist die Laube in Mühlhausen lediglich torsohaft ausgebildet. Über das Durchdringungsjoch der beiden Umgänge in der Nordostecke hinaus werden die Laubengänge von je zwei Jochen überspannt. Ferner weist der von den Umgängen eingeschlossene Raum ebenfalls zwei Gewölbejoche auf. Tagungen des Niedergerichts und Handelsfunktionen werden den Rathauslauben zugeschrieben, ohne dass in jedem Fall Quellenbelege dafür vorliegen. "Es wäre eine dringliche Aufgabe, für beide Nutzungsmöglichkeiten einmal systematischer die Überlieferungen zu durchforschen. Auch wäre eine eingehendere geschichtliche Untersuchung zum Bedeutungsfeld des Laubenbegriffs notwendig, das offensichtlich schon im Deutschen recht schillernd ist"[29], - so stellt sich diese Problematik gegenwärtig dar.

Während die Ostwand eine Öffnung in Form einer spitzbogigen Tür erst 1568/69 erhielt, findet sich in der Nordwand der Umgänge ein neugotisches Fenster. Den erdgeschossigen etwa 55 m^2 großen Raum (heute Trauzimmer) betrat man durch eine Tür vom östlichen Umgang aus. Südlich daneben war ein großes Fenster angeordnet. Ihm gegenüber ein kleines hochgelegenes nach West. Bei späteren Umbauarbeiten erhielt der Raum eine Tür in den nördlichen Umgang sowie ein Fenster, dessen beide Leibungen nach West abgeschrägt waren. Zum westlichen Erweiterungsbau wurde ebenfalls eine Tür eingebrochen, die nach außen in Richtung Arkade aufschlug. Alle späteren Öffnungen wurden aber wieder vermauert und sind heute als Blindöffnungen ausgebildet. Für Ihre Datierung spielt die Form des Türsturzes eine Rolle. An der nördlichen Tür ist es ein gerader Sturzbalken, der, von zwei Konsolen getragen, in der Kunstgeschichte als „Schulterbogen" bezeichnet wird. Der heutige Zugang von Süd her - also vom Foyer des Rathauses aus - dürfte erst mit den Bauarbeiten vor dem 1. Weltkrieg in Verbindung stehen, denn die Ausmauerung der Türleibung besteht aus „reichsformatigen" Mauerziegeln.

Während also der Grundriss des Erdgeschosses von 1300 bis auf die diversen späteren Tür- und Fenstereinbrüche unbeschadet auf unsere Zeit überkommen ist, zeigt das Obergeschoss gravierende Veränderungen. Sie zeitlich einzuordnen, bereitete bei bloßer Betrachtung des Zustandes außerordentliche Schwierigkeiten. Erst mit dem Einsetzen einer gezielten Bauforschung während und nach den unlängst abgeschlossenen Sanierungsarbeiten konnte der Sachverhalt weitgehend geklärt werden. Dabei ergibt sich folgendes Bild: Bei den meisten der bisherigen Baubeschreibungen ging man davon aus, dass die nördliche Wand der Rathaushalle, hinter der die drei Nebenräume liegen, dem Kernbau angehört. In einer älteren Beschreibung wird ihre Lage auf dem Gewölbe jedoch erkannt und als "eine von den vielen Ungereimtheiten dieses ganzen Baues"[30] bezeichnet. Doch es wurde verkannt, dass

Die Bauforschung

diese Wand ein Teil der großen zweiten Bauphase ist. Denn das als spätere Verstärkung bezeichnete Wandteil mit der Spitzbogentür im westlichen der heutigen drei Räume[31], in der sogenannten Silberkammer, ist nicht nur keine spätere Zutat sondern im Gegenteil - als wichtiger Sachzeuge - der stehengelassene Rest der alten Ratssaalnordwand. Sie stand auf der Mauer des Erdgeschosses, also auf der Südwand des nördlichen Umganges und fluchtete mit ihr. Durch diesen entscheidenden Befund erklärte sich ein Teil der Auffälligkeiten in dem durch die nachträglich eingezogene Zwischenwand entstandenen mittleren Raum, dem Kämmereigewölbe. Denn das dortige kreuzgratähnliche Gewölbe reicht nicht bis an die Ratssaalwand heran, weil sich dazwischen eine etwa 1,50 m breite Tonne spannt. Näheres dazu und den im Dachgeschoss darüber liegenden Befunden sind im nächsten Abschnitt beschrieben, der die Umbauphase "Westerweiterung" (Bauabschnitt II a und II b) behandelt.

Hinsichtlich der Ausbildung der Ratssaaldecke werden in der Literatur zwei Varianten vorgeschlagen. Die zweifelsohne wahrscheinlichere geht von einer Balkendecke aus. Eine offene Decke, die das Dachtragwerk sichtbar lässt, stellt die zweite Variante dar. Zwar gibt es Beispiele hierfür, doch muss man im Fall des Kernbaues berücksichtigen, dass es dann zu einer asymetrischen Innenraumgestaltung gekommen wäre, da ja die Nordwand des Ratssaales keine Außenwand war, auf der die Dachsparren ruhen. Sollte man sich dann die Decken der Nebenräume offen vorstellen?

Eine Schemazeichnung verdeutlicht das Problem. Daraus ist ersichtlich, dass der Dachfirst mit seiner außermittigen Lage zum Ratssaal eine unvorteilhafte Innenarchitektur ergeben hätte. Eine Möglichkeit wäre eine Verbretterung, die mit ihrer südlichen Hälfte an den Dachsparren festgenagelt war.

Für die nördliche Hälfte der Verbretterung wäre eine zusätzliche, den Dachsparren adäquate Konstruktion erforderlich, wenn man das Maßwerkfenster zur Bauzeit des Kernbaues rechnet.

Ursprünglich ist die Trennwand zwischen Alter Kämmerei und Kämmereigewölbe, in die im Jahr 1692 eine Verbindungstür eingebrochen wurde. Während die Außenmauern vom Obergeschoss im Süden und Norden - außer der späteren Aufmauerung - weitestgehend noch zum Kernbau gehören, fehlt in der Westwand der Teil, der den großen verbindenden Spitzbogen zur westlichen Erweiterung ausfüllte. In ihrem Giebeldreieck ist die Aufmauerung deutlich erkennbar. Die gegenüberliegende östliche Giebelwand ist stark verändert erhalten - wenn sie nicht gar gänzlich neu aufgeführt wurde. Denn sowohl die Westwand des 1568/69 errichteten östlichen Anbaues verdeckt heute die Ansicht als auch der Wandputz auf der Innenseite. Anhaltspunkte ergeben sich an der Baufuge des südöstlichen Stützpfeilers, der bis auf Erdgeschosshöhe mit einer Baufuge an den Kernbau angesetzt wurde. In Höhe des Obergeschosses jedoch in die Südwand eingebunden wurde und damit zum Umbauprogramm gehören kann bzw. muss. Die neue Firsthöhe des Ostgiebels zog die Aufmauerung des Westgiebels zwangsläufig nach sich. Da sich im östlichen Giebeldreieck aber keine solche Aufmauerung markiert wie im westlichen Pendant, ist hiermit ein Beweis für den Umbau des Kernbaues an dieser Stelle gegeben.

Die Frage der Erschließung des Obergeschosses wird man mit einem zweifelsfreien Beweis im Gefolge der baulichen Veränderungen wohl kaum noch beantworten können. Objektiv scheiden die Nord- und Ostseite für einen Treppenaufgang aus. Doch auch ein Zugang in der Westfassade ist so gut wie ausgeschlossen. Denn sie konnte keine der Schaufassaden sein, in der

Die Bauforschung

Abb. 5: Der Westgiebel von Bau I mit der Erhöhung für Bau II b; Foto: Verfasser

man ausschließlich die Zugangstreppe bei solch einer Lage und Grundrisslösung anordnete. So reduziert sich der Treppenstandort auf den Westteil der Südfassade, da ja der Ostteil von dem Durchgangsbogen besetzt ist. Die Tür lag aller Wahrscheinlichkeit fast am Westende der Wand. Dafür spricht in erster Linie eine nachgenutzte, jetzt zugemauerte Türöffnung, die vom abgetrennten Teil des Archivvorraumes als Blindtür sichtbar ist. In diesem Räumchen haben sich an seinen Wänden Abdrücke von den Stufen einer Treppe erhalten, die zu dieser Tür führt, jedoch nur vom Südanbau 1595 stammen kann. Sie muss in dieser Form daher nicht schon zum Kernbau gehört haben. Allerdings könnten die Reste eines Gesimses, die vom Dachboden des südlichen Anbaues (1595) in der Südwand des Kernbaues erkennbar sind, zu einem Zwerchgiebel des Kernbaues gehören, der hier als Teil der Fassade zur Zugangstreppengestaltung genommen wurde. Das Gesims steckt heute in der im Zuge der Dachausbildung des Südanbaues notwendig gewordenen Aufmauerung der Kernbausüdwand, die damit zugleich als Giebelwand des Anbaues fungiert. Aus Aufmaßen ergibt sich, dass im Anschlussbereich von Bau I und II und dem Südanbau Mauerwerk vorhanden ist, welches auf einen Treppenanbau hindeutet. So nimmt ein Mauerblock im Dachboden über dem Zimmer des Oberbürgermeisters die Neigungsschräge des erwähnten Gesimses auf und ist damit Bestandteil der Treppenüberdachung. Mit dem Südanbau entfiel letztere. Ein Treppenstandort verblieb dagegen dort. Und es ist sehr wahrscheinlich, dass das gotische Türgewände in der Rathaushalle vom ehemaligen Treppenbau dorthin umgesetzt wurde.

Hinsichtlich des Gewölbes I westlich des Kernbaues in 2,0 m Abstand zu diesem können ebenso wie bei der Treppe nur Annahmen getroffen werden. Da es in die Westerweiterung integriert wurde, muss es zu diesem Zeitpunkt schon vorhanden gewesen sein. Bei dieser Baulichkeit konnten keine wie auch immer gearteten Lichtöffnungen ausgemacht werden. Dieser Umstand mag auf ein Gefängnis hindeuten. Immerhin sollte sich im Jahre 1310 der Ritter von Mila auf dem Rathaus als Gefangener stellen[31A]. Die Erwähnung eines Rathauses in dieser Urkunde ist für die Bau- und Stadtgeschichte von fundamentaler Bedeutung in Anbetracht der außerordentlich dürftigen Quellenlage. Darüber hinaus wäre aber auch interessant zu wissen, wo man Verurteilte in Haft hielt. "Erst mit der Entwicklung der Städte waren die Voraussetzungen gegeben, dass die Strafhaft vollzogen werden konnte. Zeitweiliges Festsetzen von Straftätern ... bis zum Abschluss eines Prozesses hat es in Form der Untersuchungshaft immer gegeben. Der Vollzug der Haft in finsteren Keller- oder Turmgelassen war hart und häufig unmenschlich"[32], d. h., die Haftstrafe war offensichtlich noch nicht so häufig, dass man zum Bau größerer Gefängnisse schritt. Rügen, Geldbußen, Leibes- und Todesstrafen benötigten solche Einrichtungen eben nur für die Zeit der Untersuchungshaft, wenn überhaupt. "In dem Maße, in welchem zu Ende des Mittelalters die Haftstrafe in den Städten Bedeutung gewann, wurden Tore und Türme zu Gefängnissen"[33].

In Anbetracht solcher geschichtlicher Betrachtungen sind Lage, Größe und Ausführung für den Zweck der Untersuchungshaft bei Gewölbe I voll und ganz zutreffend. Die Lage "hinter dem Rathaus" war optisch zwingend. Die Lage "dicht am Rathaus" war für das Gerichtsverfahren im einzigen Raum des Erdgeschosses unter dem Gesichtspunkt des kurzen Weges für die "Vorführung" des Delinquenten vom Verwahrungsraum zum Gericht optimal. Die Größe des Raumes von 26,2 m² Grundfläche deutet auf eine relativ geringe Anzahl von Haftinsassen hin, was dem Vorhergesagten entspricht (Abb. 3).
Dazu kommt die Raumhöhe. Sie beträgt im Gewölbescheitel nur 1,80 m, da die Häftlinge sicher die Zeit vorwiegend nur auf dem Boden lagerten. Es erklärt wohl auch die Korbbogenform, die noch eine etwas größere Bewegungsfreiheit von der Gewölbemitte zu den Seitenwänden zulässt.

Auch die Lichtlosigkeit deckt sich mit dem Gesagten und ist für diese Zeit nichts Außergewöhnliches, da es in hohem Maße zur Ausbruchsverhinderung beitrug.

4. Westerweiterung (Bauabschnitt II a)

Dem Kernbau mit etwa 2 000 m³ umbauten Raum steht die Westerweiterung mit 2 600 m³ gegenüber (Abb. 6 u. 7).

Auch über seine Bauzeit berichtet wie beim Kernbau keine Quelle. So bediente man sich bisher ebenfalls indirekter Hinweise. Sühnebriefe von 1348 belegen urkundlich die Gefangenschaft eines Grafen, dessen Gefangennahme bereits fünf Jahre zuvor erfolgt sein soll[34]. Nach der Überlieferung hat man wegen des angeblichen "Aufenthalts" des Grafen im Zwischengeschoss dieses als "Ritterkeller" bezeichnet. Die Löcher von einer Vergitterung der Fenster dieses Geschosses auf der Außenwand müssen keineswegs aus der Bauzeit stammen. Eine Vergitterung kann auch vor Einbruch schützen und nicht nur eine Flucht verhindern. Auf jeden Fall gehört die Bezeichnung "Ritterkeller" für den Raum über (!) dem Erdgeschoss - wie übrigens manches andere über die Rathausgeschichte auch - in den Bereich der Sagen und Legenden. Die Verbindung der Jahreszahlen mit der Raumbezeichnung setzt jedenfalls voraus, dass die Westerweiterung bereits zu diesem Zeitpunkt vollendet gewesen

Die Bauforschung

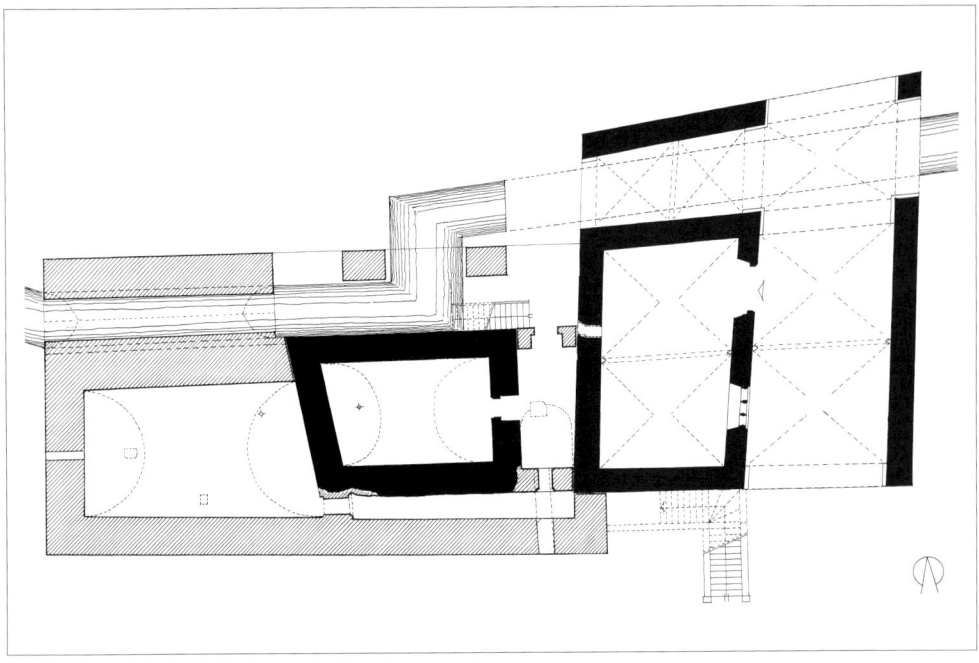

Abb. 6: Rathaus Erdgeschoss, Rekonstruktionsvariante Zustand nach Abschluss Bauabschnitt II b (um 1335); Zeichnung: Verfasser

sein muss, wenn der gefangene Graf tatsächlich hier untergebracht wurde.

Die ältere Literatur versucht die Bauzeit mit vor 1350 beginnen und spätestens 1383 (wegen einer Urkunde, die einen heizbaren Raum, dorczin genannt, erwähnt) enden zu lassen.[35] Für die Errichtung eines Baues dieser Größenordnung ein schwer vorstellbar langer Zeitraum mit über 33 Jahren. Dem letzteren Datum nähert sich ein anderer Autor mit der Vermutung: "Erst mit dem ums Jahr 1380 erfolgten Erweiterungsbau, ..."[36]. Beide Autoren führen die Notwendigkeit einer Erweiterung auf die Vergrößerung des Rates zurück.

Mit Hilfe von in Mühlhausen vorgefundenen Steinmetzzeichen nimmt Aulepp (siehe Aulepp, Steinmetzzeichen) eine Bauzeit in der ersten Hälfte des 14. Jahrhunderts an[37].

Das ist zwar ein Spielraum von 50 Jahren, schließt allerdings damit schon Bauarbeiten an der Westerweiterung nach 1350 aus. In der jüngsten Literatur wird die Bauzeitangabe mit "vor 1343" bzw. mit "vor 1341" präzisiert[38].

Außer solchen Hilfsmitteln bei der Datierung wie z. B. stilkritischen Vergleichen oder der Analyse von Steinmetzzeichen auch an anderen Objekten, die sich durch einen relativ großen Streubereich in der Datierung auszeichnen, wird seit geraumer Zeit die Altersbestimmung von Hölzern zur Datierung herangezogen. Die unter der Bezeichnung Dendrochronologie bekannte Methode liefert ungleich präzisere Angaben als die zuvor genannten Methoden. Sie ist inzwischen so ausgefeilt, dass man bei Erhalt einer genügend großen Anzahl von Jahresringen mit der Baumkante in der Lage ist, sogar das Fälljahr zu ermitteln.

Die Bauforschung

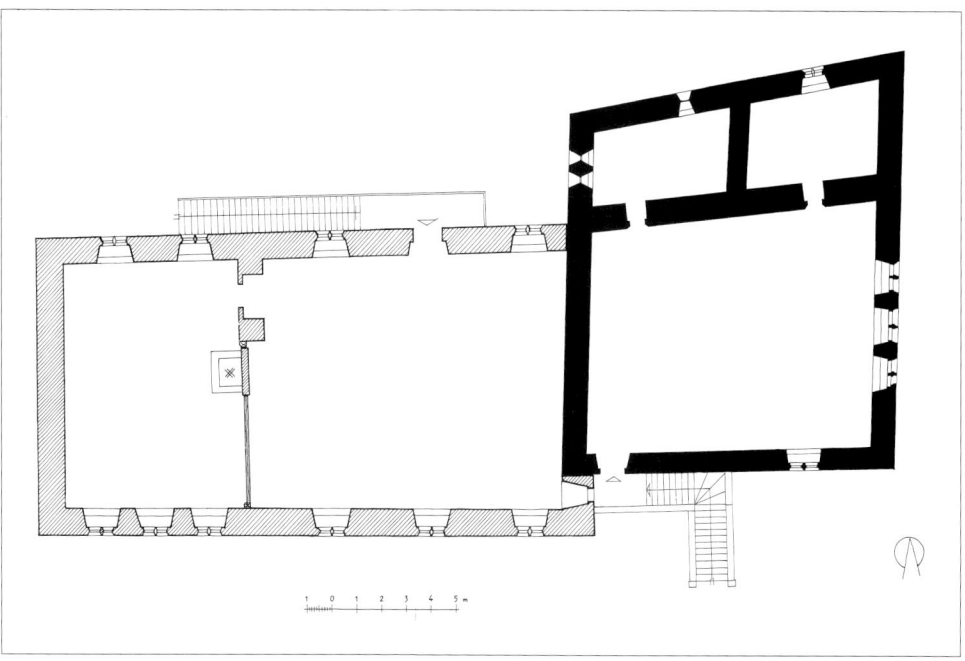

Abb. 7: Rathaus Obergeschoss, Rekonstruktionsvariante Zustand nach Abschluss Bauabschnitt II a (um 1335); Zeichnung: Verfasser

Im Rahmen diesbezüglicher Untersuchungen wurden von zwei verschiedenen Facheinrichtungen Ergebnisse erzielt, deren Werte identisch sind. Aus beiden Untersuchungsergebnissen geht hervor, dass das für den Einbau verwendete Holz sowohl der Deckenbalken über dem Zwischengeschoss als auch der Dachtragwerkskonstruktion über der großen Ratsstube und der hölzernen Spitztonne zwischen 1328 und 1332 gefällt wurde[39]. Nach Lage der Dinge erfolgte der Einbau beim Umfang einer derartigen Baumaßnahme schon bald nach dem Fällen und Zurichten des Holzes, so dass mit Fertigstellung der Westerweiterung spätestens im Jahre 1335 zu rechnen ist und zwar in einer einzigen Baumaßnahme. Wenn dann die dendrochronologischen Untersuchungen für die Deckenbalken der Rathaushalle (und der Ratsstube) mit denen für Kehlbalken im Dachtragwerk über der Brettertonne und der Ratsstube die gleichen Ergebnisse zeigten, werden sowohl Vermutungen über Teilerrichtungen einzelner Abschnitte an der Westerweiterung als auch über das Niederbrennen des Rathauses[40] ad absurdum geführt und brauchen daher nicht weiter verfolgt zu werden.

Die Gründe für den Erweiterungsbau wurden in der Literatur bereits mehrfach erwähnt. Sie seien nochmals angeführt: "Die Zunahme der Einwohner, das Wachsen der Geschäfte, die Steigerung der Einkünfte, die Vermehrung der Ratsherren und Beamten, der Verkehr mit Fürsten und Städten, all das erforderte auch eine Vergrößerung des Rathauses und eine Vermehrung seiner Räume"[41]. Mit der Vermehrung der Einkünfte war die Stadt auch in der Lage, bestimmte politische Interessen zu verfolgen. Das Reichsschultheißenamt, zur hohen Gerichtsbarkeit

Die Bauforschung

gehörig, übertrug der Kaiser Ludwig der Bayer den Mühlhäusern im Jahre 1337, weil ihm die Stadt in seiner finanziellen prekären Lage die außerordentlich große Summe von 1 000 Mark lötiges Silber leihen konnte[42], die Nichteinlösung einkalkulierend. Dieser Hintergedanke lief letztlich auf das Erkaufen dieses wichtigen Amtes hinaus und es verblieb in der Tat bei den Mühlhäusern, die nun den "Reichsschultheißen" bestellen konnten. Schon kurze Zeit zuvor, "von 1332 bis 1334 war die Stadt imstande, 5 000 Mark als Mitgift der Tochter Ludwigs an den Landgrafen zu zahlen"[43]. Hinzu kamen Extraleistungen für Römerzug und Heersteuer. Auf dem Hintergrund dieser finanziellen Kraftakte müssen zweifelsohne auch die baulichen Aktivitäten am Rathaus gesehen werden, die sich, wie noch zu erläutern ist, nicht nur auf die Westerweiterung beschränkten.

Wie schon beim Kernbau angemerkt, kam beim Bau der "mehr ... auf den Zweck gerichtete praktische Sinn der Bürger zum Ausdruck"[44]. Von einer klaren Raumgliederung im ganzen Bau ist nur wenig zu spüren. Die Grundrissplanung resultiert aus kaum nachvollziehbaren Sachzwängen. Ganz offensichtlich konnte oder wollte man während der Bauarbeiten nicht auf die Funktion von Gewölbe I verzichten, so dass man es in die Planung einbeziehen musste, statt es im Zuge der Errichtung des Neubaus abzubrechen. Die Notwendigkeit eines Zugangs zu dem hinteren Tonnengewölbe führte dazu, die Südwand der Westerweiterung gegenüber der Südwand des Kernbaues um mehr als 2,0 m in der Flucht zu versetzen. Dem verzogenen Grundriss von Gewölbe I folgte die Ostwand des neuen Gewölbes II.

Abb. 8: Eingangsöffnung in Gewölbe I; Foto: Verfasser

Die Bauforschung

Der zwischen Gewölbe I und dem Kernbau vorhandene Freiraum wurde an seinen Enden mit starken Mauern geschlossen, die jeweils eine Tür erhielten (Abb. 6).

Beachtlich ist hierbei die Breite der Tür zum südlichen Gang. Sie beträgt nur rund 55 cm im Mauerwerk von 98 cm Stärke. Während die Tür an der Nordseite des mit einer Tonne überwölbten Raumes 88 cm breit ist und die Wandstärke nur 84 cm beträgt. Ein Zusammenhang mit der Funktion von Gewölbe II ist unverkennbar, ebenso bei der Gangbreite von etwa 1,0 m und seiner Abdeckung mit Natursteinplatten sowie der Türausbildung am Ende des Ganges vor dem Gewölbe. Die einzige kleine Öffnung in der Westseite des tonnengewölbten Raumes vervollständigt den Eindruck, dass es sich hier um ein besonders aufwendig gesichertes Verwahrgelass handelt.

Die Nordseite des Erdgeschosses der Westerweiterung mit 22,0 m Länge und 3,30 m Breite ist auf 12,2 m Länge als Arkade und auf 9,8 m Länge als spitzbogig überwölbter Kanal ausgebildet (Abb. 10).

In der Bauausführung weist der Kanal am Austritt in die Arkade eine Besonderheit auf: Das spitzbogige Gewölbeprofil des Kanals endet zwar in der Wandebene, in der Arkadensüdwand wurde es jedoch noch 19 cm weiter im Mauerwerk angelegt, wobei zu sehen ist, dass es die Wandflucht um 11 cm verfehlte.

Die Arkade ist mit einer Holzdecke abgeschlossen. Die lichte Höhe beträgt heute 4,70 m. Das Fußbodenniveau des benachbarten Gewölbes I liegt etwa 70 bis 80 cm tiefer. Da die Gewölbe im Gegensatz zur Arkade nicht von den Veränderungen im Geländeniveau unmittelbar beeinflusst wurden, muss man mit Aufschüttungen in der Arkade rechnen, die diese Höhendifferenz ergaben. Die Spannweiten der beiden

Abb. 9: Kämpfer und Konsole der Arkade von Bau II a; Foto: Verfasser

äußeren Arkadenbögen beträgt 2,85 m, die des mittleren Bogens 3,20 m. Die Maße der beiden Pfeiler betragen etwa 1,90 x 1,20 m.

In dieser Arkade war eine Zwischendecke vorhanden, die nach den Befunden auf die Bauzeit zurückgehen muss. Auffallend an den Arkadenpfeilern ist, dass es zum einen Kämpferausbildungen für die Bögen gibt, die ihrer Funktion gemäß am Bogenbeginn liegen. Etwas tiefer erstrecken sich nur über die gesamte Pfeilersüdbreite Konsolen. Vermauerte Balkenlöcher in der gegenüberliegenden Wand befinden sich in einer Höhe, die den Deckenbalken auf einem Holz aufliegen lässt, das sich sehr wahrscheinlich als Streichbalken auf den Pfeilerkonsolen befunden hat. Die Dielenbretterlage ist noch in einer horizontalen Spur auf

Die Bauforschung

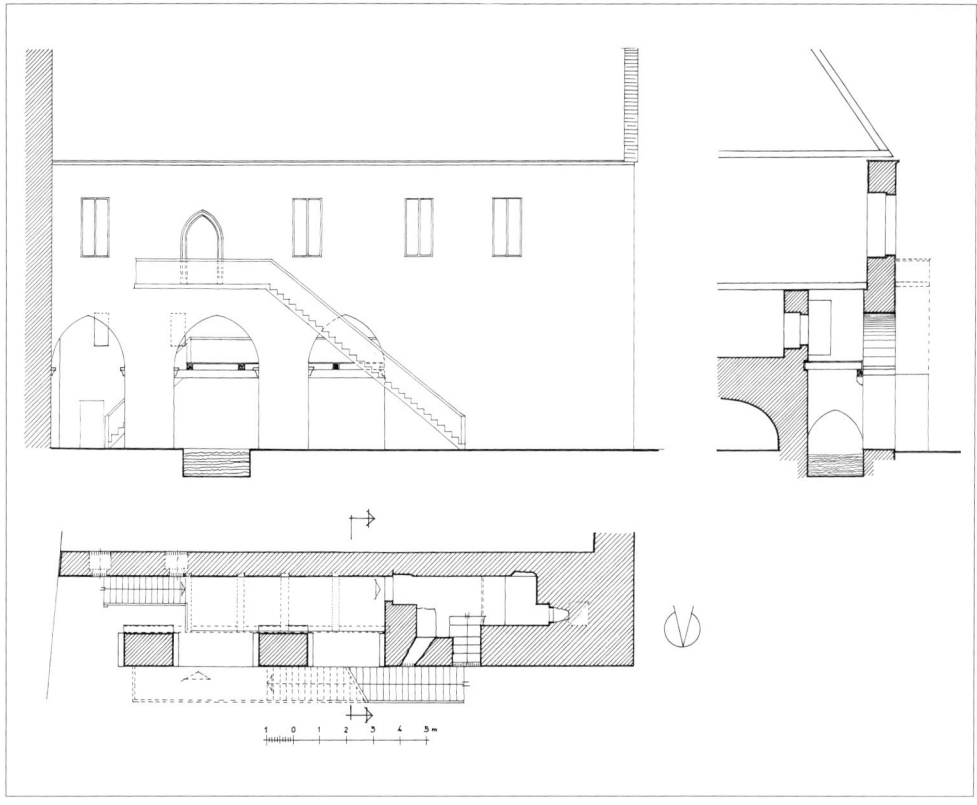

Abb. 10: Aufmass mit Teilrekonstruktion zum Bauabschnitt II a, Rathaus nw Bereich - Arkade mit Grabenkanal; Zeichnung: Verfasser

der Wand erkennbar und führt bis zur Schwelle der Tür in der Abschlusswand der Arkade über dem Kanalgewölbe. Eine eindeutige Erklärung für die Funktion dieser Zwischendecke wird in Anbetracht der dürftigen Befundlage kaum mehr abgegeben werden können. Die Tür am Westende dieser Zwischendecke, von der noch die Angeln in der Wand stecken, ist ein gesicherter Befund für den Zutritt zu dem Raum über dem Kanalgewölbe, dem späteren Heizraum. Möglich ist ein Aufstieg am östlichen Ende der Arkade und zwar unter folgender Bedingung: Die von Nordwest an den Bau herangezogene Schwemmnotte verlief zunächst im Westteil des nördlichen Erdgeschossbereiches unter dem Spitzbogengewölbe verdeckt und dann weiter in der Arkade offen. Durch eine der drei Bogenöffnungen muss dann das Wasser in den weiteren Verlauf gelenkt worden sein, denn nach Befunden setzte das Wasser seinen Lauf durch den nördlichen Umgang des Kernbaues fort, was bisher als Überbauung eines ursprünglichen Bachbettes angenommen wurde. In den Plänen, die publiziert wurden, lässt man den Bach direkt unter (!) Arkadenpfeilern verlaufen. Das ist eine unter statischen Gesichtspunkten völlig unhaltbare Darstellung. Nun kann das Wasser in der Art eines Überlaufes durch alle drei Bogenfelder geführt worden sein. Wahr-

Die Bauforschung

scheinlicher ist jedoch, dass nur eines davon in Frage kommt. Das mittlere bietet sich am ehesten dazu an, da dies die größte Spannweite hat und dort 1913 noch ein "eigentümlich langer Steinkasten" zu sehen war[45]. So konnten der östliche Arkadenbogen und der dortige innere Bereich als Vorraum genutzt werden, zumal dort in die Westwand des Kernbaues eine Tür mit Konsolsturz eingebrochen wurde, deren Leibung zur Arkade weist. Der Bach wird zumindest dort schon abgedeckt gewesen sein, wenn nicht gar bis zum östlichen Ende unter dem Kernbau.

So kann es also durchaus möglich sein, dass sich an dieser Stelle der erwähnte Aufstieg zu der Zwischendecke befunden hat. Betrachtet man die Situation im Bereich der späteren Feuerstelle über dem spitzbogigen Gewölbe für den Bachdurchlass, so fragt sich, wie der Zutritt dort von außen, bevor der Fachwerkanbau errichtet wurde, möglich gewesen ist. Die jetzt vermauerte Tür, von der einige Stufen herab in diesen kleinen Raum führen, ist erst später eingebrochen worden. Der in mehreren Publikationen dargestellte Rekonstruktionsversuch der Nordfassade fixiert zwar die Lage dieser Tür in der Außenwand, ohne gleichzeitig einen Zutritt dorthin mit zu rekonstruieren[46]. Es handelt sich erstens um eine nicht im Zusammenhang mit der Westerweiterung entstandene Tür, die deshalb nicht in einer entsprechenden Rekonstruktionszeichnung darzustellen ist, und zweitens fehlt ihr jeglicher Zugang in der Nordwand. Ihre Schwelle liegt wahrscheinlich in Höhe des Fußbodens vom ersten Fachwerkanbau, der Jahrhunderte später die Nordfassade verbaute. Er wurde durch den heutigen ersetzt, dessen Fußbodenniveau jedoch nicht mehr in Höhe dieser Türschwelle liegt. Bisher wurde dem nördlichen Bereich unter dem Rathaushallen- und Ratsstubenfußboden außer der Feuerungsstelle an seinem Westende kaum nennenswerte Beachtung geschenkt[47]. Immerhin galten die als Gesimse gedeuteten Konsolen an der Innenseite der Arkadenpfeiler als erwähnenswert. Wenn aber die Konsolen ursprünglich sind, waren sie von vornherein für die beschriebene Zwischendecke vorgesehen. In diesem Zusammenhang ist die Tür am Westende zu sehen. Sie dürfte den Zutritt zum Zwischengeschoss vermittelt haben. Die heutige Treppe vom Ostteil der Rathaushalle im Kernbau her entstand erst später. Bei Freilegungen im Zwischengeschoss wurden Steine als Stufen gedeutet, die unterschiedliche Fußbodenhöhen zwischen Zwischendecke in der Arkade und dem Zwischengeschoss überwinden sollten. Der Aufgang zu der Zwischendecke kann dann in der Tat nur an ihrem Ostende gelegen haben. Über den Laufgang (=Zwischendecke) erreichte man dann die Tür zum späteren Feuerungsraum, der somit als ursprünglicher Vorraum für das Zwischengeschoss zu interpretieren wäre.

Dass die Zwischendecke die Arkadenbögen in ihrer Ansicht überschnitten hat, wurde offensichtlich billigend in Kauf genommen. Das sich im Südteil der Westerweiterung über den Gewölben I und II erstreckende Zwischengeschoss ist in seiner Funktion auf Grund der geringen Raumhöhe nur schwer erklärbar. Die fünf Fenster in der Südwand deuten nicht unbedingt auf ein Gefängnis hin. Dafür hätte man wohl eher schmale Lichtluken oder Schlitzfenster vorgesehen. Von Nord, also der Arkade her, erhielt der Raum durch zwei im östlichen Teil befindliche heute vermauerte Fenster Licht, wenn auch nur indirektes. Ihre Funktion kann mit dem möglichen Aufgang an dieser Stelle zu dem Gang über der Schwemmnotte in die Arkade gesehen werden. In dieser Nordwand zeigen sich Spolien, die zu rundbogigen Öffnungen aus der Zeit der Romanik gehören. Dies ist ein Hinweis auf die Verwendung von Abbruchmaterial. Die Deutung des Zwischengeschosses als Waffenkammer ("Zeughaus") von Archivmitarbei-

Die Bauforschung

tern auf Grund ihrer dort gemachten Funde wird damit von der Hypothese eines separaten Zuganges gestützt.

Das Hauptgeschoss der Westerweiterung nimmt den westlichen Teil der Rathaushalle und die große Ratsstube auf (Abb. 11).

Letztere ist durch eine Wand aus 18 cm starken Bohlen von der Halle getrennt. Diese Bohlen stecken in zwei Pfosten mit einer Nut. Die größte der Bohlen hat eine Breite von 0,58 Metern und wiegt daher bei einer Länge von 6,10 Meter etwa 0,4 Tonnen. In dieser Wand fällt im nördlichen Bereich über dem Fußboden eine 1,86 x 1,98 Meter große Fehlstelle auf. Darin sind zwei kleine Türchen mit kunstvollen Beschlägen eingearbeitet, die je eine Nische schließen. Holznagelköpfe und die sich über die Fehlstelle erstreckende spätgotische Wandmalerei lassen auf eine ehemalige Öffnung aus der Bauzeit schließen. Ein Spezialist für Holzstuben deutet diese Öffnung in einer Bohlenwand als Standort eines Ofens, der von außen her beschickt wird, hier von der Rathaushalle aus. Dieser Typ sorgte für eine rauchfreie Stube[48]. Auffallend war, dass im Fußboden des Dachraumes über der Ratsstube zwei Hölzer im Abstand von 0,78 Metern mit einer Länge von 2,30 Meter liegen, deren Symmetrieachse mit der Mitte der Öffnung in der Bohlenwand zusammenfällt. Wenn auch das eine untersuchte Holz keine

Abb. 11: Ratsstube Ostwand (um 1335), Rekonstruktionsvariante; Zeichnung: Verfasser

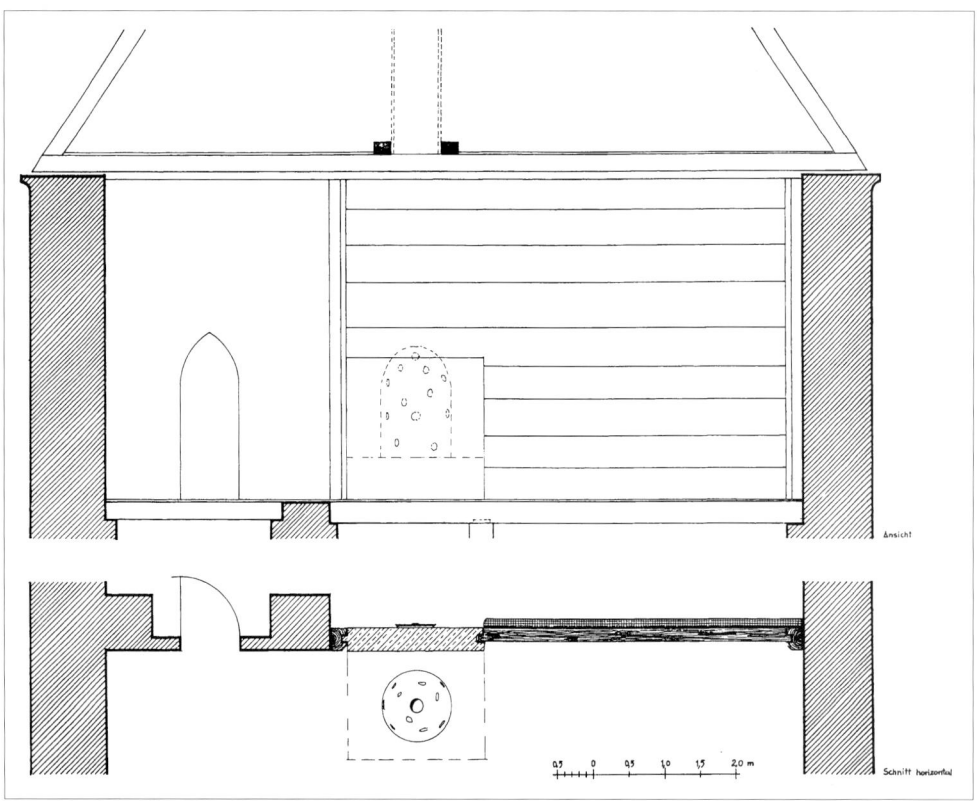

Die Bauforschung

Abb. 12: Ehemalige Heizungsöffnung in der Ratsstubenwand; Foto: Verfasser

Baumkante ausweist, wird es vom Untersuchenden auf Grund des ermittelten Wertes zu den Hölzern der Bauzeit gerechnet[49]. Darüber hinaus befindet sich im Deckenbalken des Zwischengeschosses, der unter der Bohlenwand liegt, das einzige Zapfenloch der Deckenbalkenlage und zwar an der Stelle, über der sich das Südende der Ofenwand befand. Das lässt auf eine Unterstützung des Balkens schließen, um die Last der gemauerten Ofenwand mit abzuleiten. Das Zapfenloch hat eine Länge von 220 mm und eine Breite von 55 mm bei 40 mm Tiefe.

Vom Aussehen eines Ofens dieser Zeit sind Darstellungen in der bildenden Kunst erhalten[50]. Die abgebildete Ofenkeramik besteht in der Hauptsache aus Napf-, Becher- und Röhrenkacheln, also oberflächenvergrößernde Kacheln zur schnelleren und effektiveren Wärmeabgabe, während sich der 10 - 15 cm starke Lehmanteil langsam erwärmte, aber die Wärme länger speicherte. Welcher Ofentyp nun in der Ratsstube stand, ist nicht mehr feststellbar. Wie oft er erneuert wurde, ebenfalls nicht, denn ein Ofen hatte eine maximale Lebensdauer von etwa 20 Jahren. Dann musste er eingerissen und neu gesetzt werden, vielleicht sogar unter Wiederverwendung der Kacheln[51].

Die Bohlenwand trägt unter der heute sichtbaren spätgotischen Malerei keine weitere Farbe, wie die restauratorischen Untersuchungen in den 70er Jahren ergaben[52]. Da die Malerei in die Zeit nach der Mitte des 15. Jahrhunderts datiert wird, kann geschlossen werden, dass der Ofen bis dahin existierte und die Heizungsanlage erst dann in die Nordwestecke verlagert wurde, nun als Steinofenwarmluftheizung ausgebildet. Für eine Fußbodenheizung, auch Hypo-

Die Bauforschung

kaustenheizung genannt, fehlen in der Holzbalkendecke jegliche brandschutztechnischen und konstruktiven Voraussetzungen[53]. Die in den Untersuchungsergebnissen erwähnte dunkle Oberfläche des Holzes resultiert aus der normalen Verschmutzung des Raumes seit der Erbauungszeit bis zum Aufbringen der Malerei durch Ruß von Kerzen und Öllampen sowie normalen Zimmerstaub und Staub von der erwähnten Ofenerneuerung. Das ist ein Zeitraum von über 100 Jahren, in dem außer der Verschmutzung auch das normale Nachdunkeln von Holz erfolgte, verstärkt durch eine Oberflächenerstlasur. Das Eichenholz der beiden Überzüge im Dachraum über der Ratsstube wurde 1476/77 gefällt[54]. Das könnte ein Hinweis auf größere Arbeiten an der Ratsstube und damit für die Datierung der Bohlenwandmalerei hilfreich sein.

Da Überzüge der Entlastung von Deckenbalken dienen, entstand die Frage, wo sie ihre Last ableiten. Im Westen stand dafür die Massivwand zur Verfügung, im Osten dagegen nur die Holzwand, der eine solche punktuelle Belastung, wie sie vom Überzug ausgeht, nicht ohne weiteres zugemutet werden konnte. Am ehesten ist dafür ein Pfosten als Auflage denkbar. Der konnte seinerseits aber nur auf der Balkendecke über dem Zwischengeschoss stehen, mit einer lastverteilenden Unterlage. Die 1913 vorgesetzte ziegelsteinstarke Massivwand, die auf einem Stahlträger ruht, ließ die Pfosten verschwinden. Erst bei den Sanierungsarbeiten Anfang der 90er Jahre wurde diese angenommene Lösung von Augenzeugen bestätigt, als partiell Freilegungen der Deckenbalken vorgenommen werden mussten.

5. Umbau des Kernbaues (Bauabschnitt II b)

Zum Umbau des Obergeschosses vom Kernbau (Bauabschnitt I) finden sich in der Literatur unterschiedliche Auffassungen und damit verbunden Datierungen. Ein wesentlicher Punkt war dabei die Gestaltung der Hallendecke. Deren Veränderungen bezog man in die Überlegungen ein. Dass die heutige Hallennordwand eines der Ergebnisse des radikalen Umbaues im Anschluss an die Westerweiterung war und die ursprüngliche Wand auf der entsprechenden Erdgeschosswand stand, wurde erst in jüngster Zeit vermutet und dann auch mit eindeutigen Befunden belegt.

Wie bereits angeführt, illustriert eine Zeichnung von 1913 die Vorstellung, wonach die Dachschräge auf der Südseite verbrettert und unter gleicher Neigung eine Konstruktion für die analoge Verbretterung des nördlichen Teiles der Decke zur Symmetriegestaltung der Rathaushalle vorgesehen wurde, d. h., das Maßwerkfenster war für ihn Bestandteil des Rathauses von Anfang an[55]. Diese Annahme wird von Aulepp in Frage gestellt, der die Steinmetzzeichen an diesem Fenster in die 2. Hälfte des 14. Jahrhunderts datierte und somit das Fenster einer späteren Bauphase zuwies[56]. Diese Bauzeit brachte er mit einer Brandnachricht von 1367 in Verbindung und vermutete daraufhin eine Balkendecke am Erstbau des Kernbaues. Andere schlossen sich dieser These nicht an, sondern hielten eine hölzerne Spitzbogentonne von Anfang an für gegeben[57]. Etwas später werden die Thesen von einer flachen Decke oder einem offenen Dachstuhl aufgegriffen, ohne allerdings den Bezug zur Bauzeit des Maßwerkfensters herzustellen[58]. Für den Umbau der Flachdecke zur Holztonne wurde die Zeit nach dem Brand von 1367 angenommen.

Für einen neuen Denkansatz hinsichtlich der Datierung des Umbaues des Obergeschosses vom Kernbau geben neueste Forschungsergebnisse Anlass. Gewichtiger vom Untersuchungsergebnis her ist der Glasfund, dem ja ein eigener Forschungsbericht dieses Heftes gewidmet ist.

Die Bauforschung

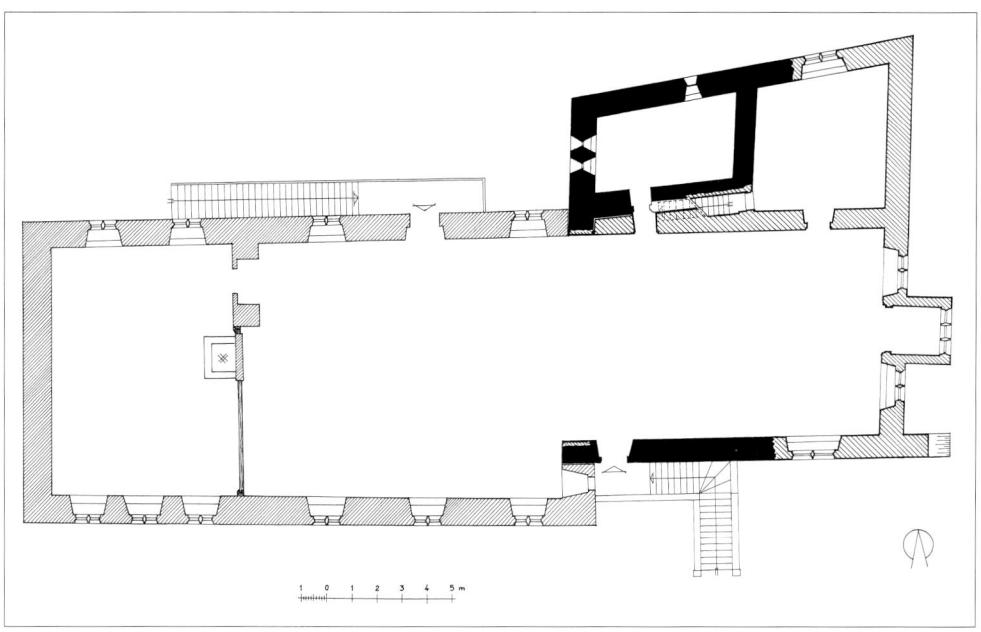

Abb. 13: Rathaus Obergeschoss, Rekonstruktionsvariante Zustand nach Abschluss Bauabschnitt II b (um 1340); Zeichnung: Verfasser

Auch wenn dabei ein gewisser Datierungsspielraum existiert, wird die Grundaussage der Datierung aber von folgenden Thesen gestützt: Die dendrochronologischen Ergebnisse ergaben für die Zeit der Westerweiterung die Jahre ab 1330, so dass die Fertigstellung mit 1335 als spätestem Termin angesetzt wird. Wenn nun der Einbau des Maßwerkfensters folgerichtig mit dem Einbau der Holztonne einher gegangen ist und man diesen Umbau mit der Brandschadensbeseitigung ab 1367 verknüpft, dann entsteht zwischen der Fertigstellung der Westerweiterung (Bauabschnitt II a) und dem Ostumbau (Bauabschnitt II b) ein Zeitraum von über 30 Jahren. Solange hätte demnach die Nordwand der Halle des Kernbaues gegenüber der der Westerweiterung abgewinkelt dagestanden und den großen, beide Hallenteile verbindenden Spitzbogen hätte die Flachdecke überschnitten. Das ist so wenig glaubhaft, wie die Existenz zweier getrennter Hallenteile über drei Jahrzehnte, wenn man den spitzbogigen Ausbruch in der Westwand des Kernbaues auch erst mit der Zeit ab 1367 annehmen würde.

Schon im Zusammenhang mit der Westerweiterung wurde auf einen Umstand verwiesen, der schwerlich zu unterschätzen ist und zwar auf die finanzielle Absicherung einer Baumaßnahme. Die Frage nach der Durchführung der Bauarbeiten, ihrer Abfolge und gegenseitigen Abhängigkeit bzw. Bedingtheit wurde bei den Versuchen, bestimmte Erscheinungsbilder am Bau zu interpretieren, sie zeitlich einzuordnen, in der bisherigen Literatur völlig ausgeblendet.

So ist z. B. das Ersetzen einer Flachdecke oder auch eines offenen Dachstuhls bei einer Höherlegung des Dachfirsts mit dem Abriss des bisherigen Dachtragwerkes verbunden.

Die Bauforschung

Abb. 14: Rathaus Südfassade (um 1340), Rekonstruktionsvariante; Zeichnung: Verfasser

Das bedingt aber, dass das Obergeschoss für die Dauer der Bauarbeiten für Verwaltungsarbeiten unbenutzbar war. Ist es da bei dieser Umbauabsicht nicht logisch, die Schaffung der Baufreiheit für dieses Unterfangen zunächst erst einmal über den Bau von Ersatzräumen für Tagungen des Rates, für Kanzlei und für Kämmerei zu ermöglichen? Erst nach Fertigstellung des Ersatzneubaues (=Westerweiterung) konnte man das Obergeschoss vom Kernbau leerziehen und mit den Umbauarbeiten beginnen. Die dabei entstehende Belästigung durch Staub und Lärm wurde durch die Westwand des Kernbaues von dem westlich errichteten Neubau ferngehalten. Die Verwaltungsarbeit konnte zunächst im bisherigen Umfang weitergeführt werden.

Der Umbau des Obergeschosses erreichte annähernd den Umfang der Westerweiterung: die Mauerkrone wurde um etwa 2,0 m erhöht, der Ostgiebel völlig neu gestaltet, die nördlichen Nebenräume durch die Aufmauerung zweigeschossig ausgebildet, dabei die Nordwand der Halle abgebrochen und neu in der Flucht des nunmehr bereits vorhandenen Westbaues wieder errichtet (Abb. 13).

Schließlich wurde in das neue Dachtragwerk eine spitzbogige Holztonne eingefügt, deren Scheitel allerdings etwa 3,0 m über dem der Tonne im Erweiterungsbau lag. Das ist bei der einheitlichen Fußbodenhöhe beider Hallenteile eine recht seltsame Innenraumgestaltung. Doch hier ist auf die Abhängigkeit mit der Fassadengestaltung zu verweisen (Abb. 14).

Da die Kirche das gesamte öffentliche Leben dominierte, war eine Andachtsstätte im Rathaus keine Ausnahme. Zu dieser Stätte gehörte unbedingt ein Altar. Eine Abbildung von der Kapelle vom Goslarer Rathaus mit dem Altar zeigt eindrucksvoll, wie solche Rathauskapellen aussahen[59]. Weniger aufwendig vom Bauvolumen her waren Kapellenerker oder - wie sie auch heißen -

Die Bauforschung

Chörlein, also ein kleiner Chor, ein kleiner Altarraum, der im Obergeschoss aus der Mauerflucht heraustritt[60]. Auf die Existenz eines solchen Bauteiles wiesen Befunde in der Hallenostwand hin, in der sich die Farbe tragende profilierte spitzbogige Öffnung des Chörleins unter dem Wandputz verbarg (Abb. 15 u. 16).

Die Nachrichten vom Abbruch einer Kapelle und der Errichtung einer östlichen Erweiterung des Rathauses vom Jahre 1568 wur-

Abb. 15: Rathaus Ostwand Schnittansicht (um 1340), Rekonstruktionsvariante; Zeichnung: Verfasser

Die Bauforschung

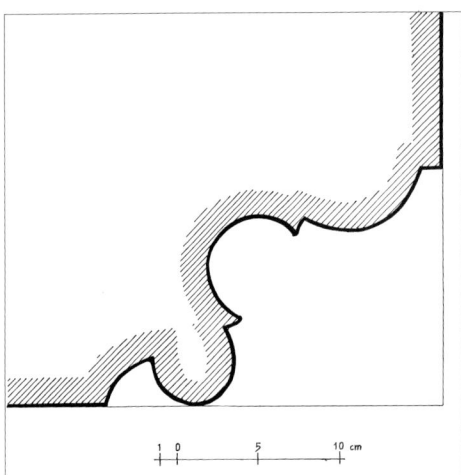

Abb. 16: Ehemaliges Chörlein in der Rathausostwand - Gewändeprofil; Zeichnung: Verfasser

den später in der Baugeschichte so interpretiert, als ob Reste der - ebenerdig angenommenen - Kapelle in den Neubau integriert worden seien. Ging doch diesen Nachrichten eine Urkunde von 1455 voraus, in der die Einrichtung einer Vikarie am im östlichen Teil des Rathauses befindlichen Altar geregelt wird. In Verkennung des Charakters einer Vikarie, einer Priesterstelle für einen beständigen Dienst am Altar, wurde der Text als dem Bau einer Kapelle geltend interpretiert[61]. Doch der Altar muss bereits vorhanden gewesen sein, als die Vikarie eingerichtet wurde. In der Urkunde wird die Einrichtung der Vikarie durch Bürgermeister und Ratsherren und ihre Finanzierung geregelt. Der Pfarrer der Blasiuskirche und in dessen Sprengel das Rathaus lag, war für den Entzug des Rathauses aus seiner Zuständigkeit zu entschädigen[62].

Ein Reliquiar, das nicht selten auf Altären in Kirchen platziert wurde, muss man in einem Rathaus nicht zwingend dort suchen[63]. Es konnte auch auf dem Ratstisch stehen. In manchen Städten musste der Bürgereid bei Aufnahme in den Bürgerverband "durch Handauflegen auf das Reliquiar"[64] abgeleistet werden.

Im besagten Ostanbau befindet sich im Erdgeschoss ein Mauerwerksrest. Seine glatt begrenzten Seiten ergeben eine Breite von rund 2,70 Metern. Die östliche Begrenzung zeigt dagegen deutlich Abbruchspuren und erstreckt sich nur bis auf durchschnittlich 0,7 Meter von der Gebäudewestwand in den Raum hinein. Dieser Mauerwerksrest, der sich mit unebener Oberfläche etwa 0,2 Meter über dem heutigen Fußbodenniveau erhebt, wurde von der Westwand des Jahres 1568 überbaut. Rechnet man zu den sichtbaren 0,7 Metern noch diese Mauerstärke hinzu, so kommt man auf ein Maß von ungefähr 1,55 Metern. Hinzu kommt noch das unbekannte Maß des abgebrochenen Ostteils des Mauerwerks. Der vorgefundene Mauerwerksrest liegt in der Projektion genau unter der Chörleinöffnung in der Hallenostwand, wie das Aufmaß ergab. "Mehrfach ruhen die vorgesetzten C.(hörlein) auf Sockel- oder Stützpfeilern mit polygonalem oder rechteckigem Grundriß"[65], heißt es hierzu in der Literatur. Schlussfolgernd daraus darf mit hoher Wahrscheinlichkeit angenommen werden, dass es sich hier um ein Chörlein dieser Art handelte, das auf einem Sockel- oder Stützpfeiler mit rechteckigem Grundriss von 2,70 m Breite und mehr als 1,55 m Tiefe ruhte (Abb. 16).

Über dem spitzbogigen Eingang des Chörleins in der Rathaushalle befindet sich das Maßwerkfenster mit Mittelpfosten und Sechspass. Sein Scheitel wurde von dem der ursprünglichen Spitztonne leicht überschnitten. Zwei Fenster, durch zwei profilierte Pfosten dreigeteilt, flankierten das Chörlein.

All diese Bauelemente gehörten nun zu der neugestalteten Ostfassade, die dadurch erheblich aufgewertet worden war. Auch dieser Befund stützt die Annahme, dass das

Die Bauforschung

Rathaus auf einem "weiten freien Platz"[66] errichtet wurde.

Ohne diese Gestaltungsabsicht hätte man auf die unterschiedlichen Scheitelhöhen der Holztonnen und die Aufmauerung der Mauerkrone verzichten und die Tonne mit der gleichen Scheitelhöhe wie im Westen errichten können. So aber wertete man sowohl den Innenraum, d. h., den Ostteil der nunmehr vergrößerten Rathaushalle als auch die östliche Schaufassade auf. Doch auf das zusätzliche Geschoss über den Seitenräumen hätte man ohne Aufmauerung verzichten müssen. Wäre der westliche Anbau in der Tat nur die Realisierung einer Erweiterungsabsicht gewesen, hätte es keines so aufwendigen Ostumbaues bedurft. So aber schält sich die Vermutung heraus, dass beide Baumaßnahmen aus einem Gesamtplan resultierten und in der Bauausführung aufeinander abgestimmt waren.

Während der erhöhte Platzbedarf vorwiegend mit der westlichen Erweiterung abgedeckt wurde, trachtete man mit der Neugestaltung der Ostfassade und des Innenraumes danach, die gewonnene politische und ökonomische Macht sichtbar zu demonstrieren. Die finanziellen Möglichkeiten der Stadt in den 30er Jahren des 14. Jahrhunderts erlaubten dies. Der kostbare Glasfund stützt augenfällig diese neue Annahme.

Auf den als Verstärkung missverstandenen Mauerrest am Westende der ursprünglichen Hallennordwand des Kernbaues wurde bereits verwiesen. Bei Aufmaßen ergaben sich insbesondere bei dem als Kämmereigewölbe bezeichneten mittleren der drei nördlichen Räume ungewöhnliche Resultate. Unklar war vor allem der tonnengewölbte 1,50 m breite Teil, während sich zur Außenwand ein Kreuzgewölbe spannt. Dazu ge-

Abb. 17: Fundamentrest im Erdgeschoss des Anbaues von 1568; Foto: Verfasser

Die Bauforschung

Abb. 18: Der Sechspass des Masswerkfensters in der Ostfassade von Bau II b; Foto: Verfasser

hörte im Abschnitt der Tonne eine andere Wandflucht gegenüber der von Nord ankommenden Wand, in die die Tür 1692 eingebrochen worden war.

Untersuchungen im ehemaligen Geschoss darüber trugen zur Klärung der zunächst rätselhaft bleibenden Erscheinungen bei. Die dort im Wandbereich über der darunter liegenden 1,50 m breiten Tonne sichtbaren Mauerwerksbruchstücke erwiesen sich als zu einer Treppenüberwölbung gehörig[67]. Bei einer gezielt angesetzten Schuttberäumung an dieser Stelle wurde der Türsturz - ein Konsolsturz - freigelegt, der zum Treppenzugang vom östlichen Raum - der Alten Kämmerei - (z. Z. Ausstellungsraum) gehört. Mit diesem Sturz werden am Kernbau (Bauabschnitt I bzw. Bauabschnitt II b) drei dieser Art ausgemacht. Auch der Zugang zur Alten Kämmerei weist

ihn auf, der jedoch von einem späteren spitz-bogigen aus Holz kaschiert wurde. Ein weiterer gehört zu der in die Nordwand des Trauzimmers eingebrochenen Tür. Alle drei könnten daher zum Bauabschnitt II b gehören und in das 2. Viertel des 14. Jahrhunderts datiert werden. Von der ursprünglichen Wand hatte man ein etwa 0,6 Meter breites Mauerstück als nördliche Treppenwand ausgebildet, während die südliche Treppenwand ein Teil des Neubaues der Hallennordwand ist. Um unter Beibehaltung eines Teiles der ursprünglichen Wand mit ihrer alten Flucht trotzdem die Breite des Treppenaufganges konstant zu halten, wurde hier die neue Wand mit ihrer veränderten Flucht im Treppenaufgang entsprechend ausgeklinkt, es entstand eine keilartige Nische. Da die Tür wie üblich rechtwinklig zum Treppenlauf (=Treppenhaus) angelegt wurde, entstand in der Südwest-

Die Bauforschung

ecke der Alten Kämmerei auch eine Abweichung von der Flucht der ankommenden Zwischenwand wie auf der anderen Seite im Kämmereigewölbe. So konnten die Befunde im Dachraum und in den darunter befindlichen beiden Räumen eine plausible Erklärung finden. Die südliche Tonnenwölbung im Kämmereigewölbe wurde nach Aufgabe der Dachräume und dem dadurch möglichen Abbruch der Treppe eingezogen. Der Zeitpunkt dafür ist nicht bekannt. Möglich ist, dass er mit dem Abbruch der alten Spitztonne in der Rathaushalle und dem Einziehen der neuen um 1740 in Verbindung steht. Sicher ist nur, dass die Tonne im Eingangsbereich des Kämmereigewölbes den Platz der Treppe nach deren Abbruch einnahm. Dafür käme auch die Zeit nach 1802 in Frage, da die jüngsten im Verfüllmaterial für den Treppenaufgang verwendeten Akten aus jenem Jahr stammen. Die im Dachraum noch sichtbaren Farbspuren könnten dazu unter Umständen eine Aussage machen.

Zum Zeitpunkt der Errichtung der Trennwand zwischen Silberkammer und Kämmereigewölbe dürften auch die beiden nördlichen Gewölbe eingezogen und für das entstandene Kämmereigewölbe eine dritte Tür in die Rathaushallennordwand eingefügt worden sein, da dieser Raumteil ansonst keinen Zugang gehabt hätte. Die in diesem Raum schon befindliche Treppe zwang dazu, die Türöffnung in die äußerste westliche Raumecke zu legen. Der Zugang zur Silberkammer führte zunächst weiter durch die Spitzbogentür vom Umbau und durch die ältere vom Kernbau. Da hier später ein Zugang vom Fachwerkanbau eingebrochen

Abb. 19: Freigelegter Türsturz in der Wand zwischen Alter Kämmerei und Kämmereigewölbe für den Zugang zum Obergeschoss im umgebeuten Nordbereich von Bau I; Foto: Verfasser

Die Bauforschung

Abb. 20: Rathaus Ostfassade (um 1340), Rekonstruktionsvariante; Zeichnung: Verfasser

wurde, konnte die innere spitzbogige Tür zugemauert werden. Das erzeugte eben jenen irreführenden Eindruck, hier sei eine Verstärkung der Sicherheit wegen erfolgt. Eine Tür in der Zwischenwand zu vermuten, ist auf Grund der Zugangstüren in der Ost- und Südwand des Raumes gegenstandslos. Die Gewölbe in beiden Räumen sind von der Ausführung her als unsolide einzustufen.

Dies deutet auf eine Baumaßnahme im Barock hin, wo eine solche Ausführungsqualität am häufigsten angetroffen wird. Denn wenn in einem Vermerk vom Jahr 1644 noch von der Silber- und Kaiserkammer als ein Raum die Rede ist, dann kann der Türdurchbruch in der Wand zwischen Ausstellungsraum und Stuhllager, also Kämmerei und Silber- und Kaiserkammer im Jahr 1692 im Zusammenhang mit dem Einbau der umstrittenen Trennwand stehen. Die Trennwand kann dabei ein zweites Fensterchen in der besagten Kammer zugesetzt haben. Ein einziges in der Nordwand des ehemals nicht unterteilten Raumes ist kaum vorstellbar. Fernstervermauerung und Türleibungsfortsetzung in der Trennwand gaben die Richtung der Trennwand vor. Sie steht dazu aus diesem Grund auf keinem konstruktiv tragenden Element des Erdgeschosses wie Gurtbogen vom Gewölbe im nördliche Umgang oder einer Mauer, was mit zur Rissbildung in der Trennwand geführt hat.

6. Ostanbau 1568/69 (Bauabschnitt III)

Mit der Schließung des Minoritenklosters veränderte sich die städtebauliche Situation im Bereich des Rathauses grundlegend. Die platzabschließende westliche Klostermauer und die Klostergebäude wurden abgebrochen und die Neue Straße angelegt. Vor die Kirchenwestfassade und bis zur Einmündung der Neuen Straße konnten nun ohne Rücksicht Wohnhäuser gesetzt werden. "Der Straßen quetschende Enge" begann sich auch hier abzuzeichnen.

Der Platz um das Rathaus herum begann zu schrumpfen, der Schauwert der Ostfassade sank. Das Ritual im Chörlein war passé und so das Bauteil selbst überflüssig. Einer Osterweiterung, die offensichtlich aus Mangel an Büroflächen erforderlich geworden war, stand nun nichts mehr im Wege.

Zahlreiche Spolien im Mauerwerk lassen ihre Herkunft vom benachbarten Kloster erkennen. Ein besonders schönes Stück ist die Tür zum erdgeschossigen Raum mit ihrem aufwendig gearbeiteten Gewände. Die spitzbogige Zugangstür von der Ratsstraße her führte zu ähnlichen Irritationen wie bei dem erhaltenen Mauerrest im Obergeschoss in der Silberkammer. Man hielt sie für den Zugang zur vermeitlich 1455 erbauten Kapelle. Ein Aufmaß an dieser Stelle zeigt folgenden Sachverhalt: Der Ostanbau wurde mit einer eigenen Giebelwand von 0,6 bis 0,8 Metern Stärke errichtet. An der geplanten Tür sparte man eine 1,90 Meter breite Öffnung aus, die einen Segmentbogen erhielt. Man hat sie offensichtlich deshalb so breit angelegt, um bei den Arbeiten am Mauerdurchbruch für die spitzbogige Tür genügend Bewegungsfreiheit zu haben. Deren Maße sind sichtlich geringer. Sie liegt zudem nicht in der Achse der Öffnung im Anbau. Das spitzbogige Gewände stammt sicher auch aus den abgebrochenen Klostergebäuden. Für den Zugang zu einer Kapelle hätte man wohl kaum solch ein schlichtes Gewände gewählt.

Interessant ist die Ausbildung des Rauchabzugs von der Feuerstelle im Erdgeschoss aus. Er ist lediglich eine röhrenförmige Öffnung, die in der Außenseite der Nordwand endet. Die Feuerstelle der Kanzlei wurde vom Treppenhaus, in dem sich auch die Toiletten befanden, beschickt. Der dortige Zugang von der Rathaushalle her stammt aus dieser Zeit. Auch heute führt er zu den Toiletten.

Während es über die Zweckbestimmung des Raumes im Obergeschoss des Anbaues Nachrichten gibt, fehlt für den großen unteren Raum jeglicher Hinweis. Auch die eigenwillig angeordneten sitznischenartigen Aussparungen in den Zimmerwänden finden noch keine Deutung.

7. Südanbau 1595 (Bauabschnitt IV)

Mit dem Südanbau wurde eine weitere Fassadenfläche des Kernbaues (Bauabschnitt I) der Betrachtung entzogen. Im Gegensatz zum Ostanbau (Bauabschnitt III), der wie der Kernbau ebenfalls zweigeschossig war, errichtete man hier ein dreigeschossiges Bauwerk. Da das Erdgeschoss als Marstall

Die Bauforschung

diente, für den funktionell mit den darüberliegenden Bürogeschossen keine Verbindung erforderlich und wohl auch nicht erwünscht war, erfolgte die Erschließung der beiden Obergeschosse nur über Treppen von der Rathaushalle her.

Die Erschließung der Archivräume, ursprünglich als Zinsmeisterei genutzt[68], erfolgte offensichtlich nur von der Rathaushalle über eine steile Treppe, mit 46° Steigung im anfangs ungeteilten Vorraum. Sie war wie die heutige mit einer Stichkappe überwölbt. Ab 1615 verlegte man die Zinsmeisterei in das darüberliegende 2. Obergeschoss und verlagerte dafür das Archiv dorthin[69], wo es sich unverändert bis in die heutige Zeit befindet. Am 15. August des selben Jahres teilte man mit einer Wand den Vorraum im westlichen Bereich, um einen Teil des städtischen Schatzes zu deponieren. Eine solide Metalltür bot gewisse Sicherheit. Ihren jetzigen Standort fand sie in zurechtgestutzter Form im heutigen Vorraum der Herrentoilette nordöstlich der Halle.

Nach 1623 hatte man eine entschiedenere Sicherheitsmaßnahme getroffen. Der Trennwand wurde eine zweite Mauer vorgesetzt, hinter der auch die Tür verschwand. Verputzt und mit Malerei versehen deutete nichts mehr auf dieses Räumchen hin. Auch die Tür zur Rathaushalle wurde zugemauert und verschwand unter Putz. Die Stichkappe über der alten Treppe, die aus dem Fußboden des 2. Obergeschosses herausragte - wie die jetzige im Zimmer des Oberbürgermeisters -, brach man ab und konnte dort den Fußboden einebnen. So beseitigte man drei verräterische Indizien auf dieses kleine Verwahrgelass.

Abdrücke der Stufen von der ersten Treppe finden sich an den Wänden in dem abgetrennten Raum. Da aber der Putz an der Decke dem auf der Trennwand gleicht, in dem

Abb. 21: Vermauerte Tür zur Rathaushalle im 1615 abgetrennten Teildes Archivvorraumes mit der Treppenstufenmarkierung im Putz rechts im Bild; Foto: Verfasser

sich das östliche Treppenprofil abzeichnet, müssen sich die Stufen noch in dem Räumchen befunden haben, als die Treppe schon nicht mehr in Funktion war. So kann nicht mit letzter Sicherheit gesagt werden, ob die Treppenverlegung schon 1615 mit der Abtrennung erfolgt ist oder erst mit der Errichtung der vorgesetzten Wand nach 1623. Offen bleibt dann auch die Frage, wann die Treppenstufen entfernt wurden.

Auf Grund der Lage der ursprünglichen Tür zum 1. Obergeschoss des Südanbaus in der Südwestecke des Kernbaues ist die Annahme naheliegend, dass man hier eine ältere Türöffnung genutzt hat. Es wurde bereits dargelegt, dass in diesem Bereich der Zugang zum Ur-Rathaus gelegen haben muss, zu dem das gotische Türgewände gehörte, das heute in der Hallensüdwand neben dem Archivzugang den zweiten Aufgang zum zweiten Obergeschoss des Südanbaues (Bauabschnitt IV) bildet. Da dieses Gewände zu einer Außenwand zu gehören scheint, muss auf eine Zweitverwendung geschlossen werden, eben ehemals als Ratshalleneingang. Ob schon zum Kernbau von 1300 gehörig oder erst zum Umbau nach 1335, wird kaum zu klären sein. Hinsichtlich der Treppendatierung gibt es an dieser Stelle ein weiteres Problem. Es betrifft die Treppe zum Zwischengeschoss in der Rathaushalle. Sie war noch um 1900 mit einer metallenen Falltür abgedeckt[70]. Nun ist dies just der Wandabschnitt, in dem sich auch der ursprüngliche Zugang zum Archiv im Südanbau befand. Zwar wäre der Zutritt über die eiserne Falltür möglich gewesen, aber nur bei geschlossener Falltür. Daraus kann abgeleitet werden, dass die Treppe zum Zwischengeschoss erst nach der Vermauerung des ursprünglichen Zutritts zum 1. Obergeschoss im Südanbau angelegt worden ist. Dafür kommt somit frühestens das Jahr 1615, als der Vorraum geteilt wurde, in Frage oder eben erst die Zeit nach 1623, als der Trennwand im Vorraum die zweite Mauer davor gesetzt wurde. Doch die Falltür überdeckt schon eine verschmälerte Treppe, denn diese war ursprünglich breiter und sicher nicht mit einer Falltür abgedeckt. Damit liegt der Zusammenhang des Treppeneinbaues mit der genannten Türvermauerung nahe.

Beachtenswert ist dabei, dass es mit der nachträglich eingefügten Treppe von der Rathaushalle in das Zwischengeschoss möglich war, den angenommenen älteren Zugang zu schließen. Hier ergeben sich Bezugspunkte zu den Veränderungen im Bereich am Westende der Arkade über dem Bachgewölbe, die sich im Einzelnen jedoch nicht mehr klären lassen.

8. Zusammenfassung

Die 1999 abgeschlossene mehrjährige Etappe der Bauforschung am Rathaus hat zu neuen wesentlichen Erkenntnissen vor allem hinsichtlich der Baugeschichte geführt. Dies wurde nicht nur über einige Freilegungen erreicht, die zum größten Teil erst nach Beendigung der Sanierungsarbeiten vorgenommen wurden. Der neue Stand der Erkenntnisse wurde auch durch freimütige Diskussionsrunden sowohl über offensichtliche Irrtümer in früheren Publikationen zur Baugeschichte als auch über Wertung neuer Befunde erreicht.

Die wichtigsten Ergebnisse im Überblick:

1. Der Kernbau (Bauabschnitt I) um 1300

- Der Kernbau wurde um 1300 auf einem freien Platz errichtet und möglicherweise von den Grafen von Gleichen finanziert bzw. mitfinanziert.

- Dabei fand keine Überbauung des Schwemmnotte genannten Mühlgrabens statt, der zu diesem Zeitpunkt noch nördlich am Kernbau vorbei führte. Diesen Kunstgraben als Grenzmarkierung zwischen Alt- und Neustadt zu betrachten, entbehrt der wissenschaftlichen Begründung.

- Die Ostfassade war sehr wahrscheinlich schon eine der Schauseiten ebenso die südliche Wand mit dem Treppenaufgang.

- Die Nordwand der Rathaushalle stand auf der Erdgeschossmauer, so dass die Halle einen schiefwinkligen Grundriss aufwies.

- Die Dachneigung war geringer. Ihr Verlauf markiert sich im Westgiebel.

- Weder für eine Flachdecke noch für eine hölzerne Tonne konnten Nachweise erbracht werden. Doch auf Grund der ehe-

Die Bauforschung

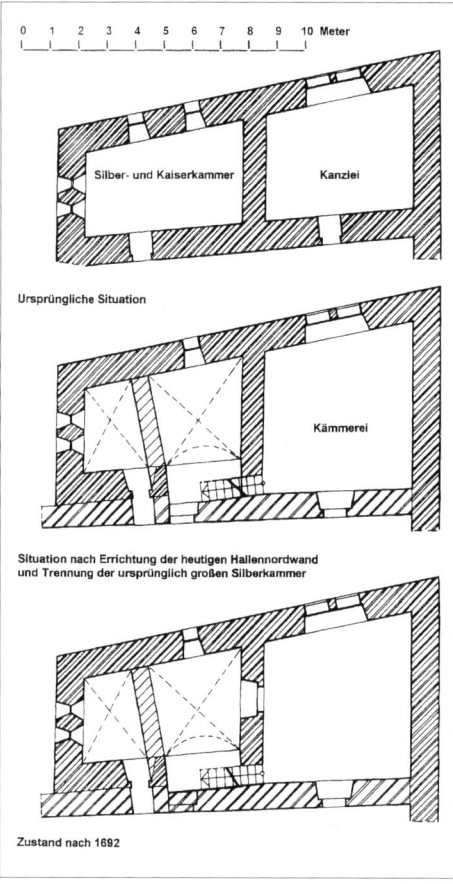

Abb. 22: Die baulichen Veränderungen der nördlichen Nebenräume des Kernbaues; Zeichnung: D. Kohl nach Entwurf des Verfassers

maligen Grundrisskonfiguration und der ursprünglichen Raumhöhe ist am ehesten auf eine Balkendecke zu schließen.

2. Der Westanbau (Bauabschnitt II a) 1332 - 1335

- Mit dendrochronologischen Untersuchungsergebnissen konnte die Bauzeit der westlichen Erweiterung des Kernbaues exakter als bisher bestimmt werden. Für die Hölzer der Balkendecke über dem Zwischengeschoss und des gesamten Dachtragwerkes wurden die Fälljahre 1328 bis 1332 ermittelt, so dass die Bauzeit in die darauf folgenden 2 bis 3 Jahre, also 1332 bis 1335, fällt.

- Erst mit dem Erweiterungsbau wurde der Mühlgraben (die Schwemmnotte) an den Gebäudekomplex herangezogen und durch die Nordseiten geführt.

- In der Arkade wurde ein Zwischenboden eingezogen, der die Bögen 20 cm unter den Kämpfern überschnitt und als Zugang zum Zwischengeschoss gedient haben kann.

- In der von der Rathaushalle mit einer Holzkonstruktion abgetrennten Ratsstube befand sich die Feuerungsstelle. Sie markiert sich in der ehemaligen 1,86 m breiten und 1,98 m hohen Öffnung, die sich am nördlichen Ende neben dem massiven Eingangsteil befindet. Da sich die gotische Malerei auf dieser Holzwand schon über diese Öffnung hinwegzieht, kann die Beheizung der Ratsstube von dieser Stelle aus nur im Zeitraum von 1335 - der Fertigstellung des Erweiterungsbaues - bis etwa 1475 - der Ausführung der Wandmalerei - stattgefunden haben.

- Das dem Kernbau im Abstand von 2,20 m zunächst gelegene Gewölbe I war bei der Westerweiterung mit integriert und die Abstandsfläche mit einer Tonne überwölbt sowie mit Verbindungsmauern zwischen Kernbau und Gewölbe geschlossen worden.

3. Der Umbau des Obergeschosses vom Kernbau (Bauabschnitt II b) nach 1335

- Aus der Tatsache, dass der westliche Erweiterungsbau eine mit einer hölzernen Spitztonne überwölbten Halle erhielt, folgt zwangsläufig, dass von vornherein geplant war, diesen Raum mit dem im Kernbau vorhandenen zu einer Einheit zu verbinden, zumal das neue Fußbodenniveau schon Bezug auf das östlich vorhandene nahm.

- So dürfte die westliche Erweiterung als eine Voraussetzung angesehen werden, Baufreiheit für den Umbau des Kernbauobergeschosses zu schaffen, der damit als Teil einer einzigen Baumaßnahme gelten kann, die von der Planung her in zwei gesonderten Schritten erfolgte. Der von einem Spitzbogen abgefangene Durchbruch, der die Verbindung zwischen den beiden Hallenteilen bildet, wird das finale i-Tüpfelchen dieser umfangreichen Bauarbeiten gewesen sein.

- Die neue Hallennordwand wurde in Flucht der vom Westbau ankommenden gesetzt. Die alte blieb dahinter zunächst bis an die Alte Kämmerei bestehen.

- In der Alten Kämmerei legte man zwischen beiden Wänden eine Treppe an. Sie erschloss das durch die etwa 2,0 m hohe Aufmauerung der Wände des Kernbaues über den bisherigen Räumen angelegte weitere Geschoss. Von der Treppe sind das Gewände der Zugangstür - ihr Sturz wurde bereits freigelegt - und Reste der Treppenüberwölbung erhalten.

- Die östliche Abschlusswand der alten Halle wurde völlig neu gestaltet. Unter dem bereits bekannten Sechspassfenster wurde das spitzbogige farblich gefasste Gewände des Zutritts zu einem Chörlein angelegt. Ob und inwieweit sich an dieser Stelle bereits in der abgebrochenen Wand ein Chörlein befand, wird kaum noch zu ermitteln sein.

- Im Fußboden des späteren östlichen Anbaues (Bauabschnitt III von 1568/69) hat sich ein Mauerrest erhalten, der mit großer Wahrscheinlichkeit zu dem Chörlein in der Ostfassade gehört.

- Mit der hölzernen Spitztonne, dem Maßwerkfenster und dem Chörlein erfuhr nicht nur die umgebaute Rathaushalle eine neue gestalterische Qualität, sondern auch die platzseitige Ostfassade.

- Die bisherige Interpretation der Nachricht über die Einrichtung einer Vikarie vom Jahre 1455 als Datum für die Errichtung einer Rathauskapelle erweist sich nicht nur vom Text her, sondern auch auf Grund der Befunde als unzutreffend.

- Die Nachricht von einem Brand im Rathaus im Jahre 1367, die nur auf einem späteren Nachtrag eines Unbekannten in den chronikalischen Aufzeichnungen zurückgeführt wird, kann nicht mehr als Datierung des ganzen Umbaues betrachtet werden. Mit ihr kann ein kleinerer lokaler Brandschaden vermerkt worden sein. Ansonsten hätte das Rathaus reichlich 30 Jahre lang über zwei Ratshallen verfügt, eine flachgedeckte im Osten und eine tonnengewölbte im Westen und die nördliche Wandflucht wäre am spitzbogigen Durchbruch abgeknickt verlaufen.

4. Der östliche Anbau von 1568/69 (Bauabschnitt III)

- Die mit der Reformation bedingte Auflösung des benachbarten Franziskanerklosters bot der Stadt die Möglichkeit, eine Straßenverbindung zwischen Ratsstraße und Linsenstraße quer durch das Klosterterritorium herzustellen. Diese Maßnahme hatte zwangsläufig den Abbruch von klösterlichen Baulichkeiten zur Folge und damit Veränderungen in der bisherigen städtebaulichen Situation.

- Der Ostbau wurde auf dem Platz zwischen Rathaus und Klostermauer errichtet, was zur Liquidierung des Platzes führen musste.

Die Bauforschung

- Vorgefundene Spolien im Ostanbau zeugen von der Wiederverwendung abgebrochenen klösterlichen Baumaterials.

- Die Nachricht vom Abbruch der Kapelle im Jahre 1568 bezieht sich auf das Chörlein in der Rathausostwand, was durch die Befunde nachweisbar ist. Da es keine ebenerdige Kapelle am Ostende des Rathauses gab, wie aus der Nachricht von 1455 bisher fälschlicherweise abgeleitet wurde, können natürlich auch keine Bauteile davon übernommen worden sein.

5. Zum südlichen Anbau von 1595 (Bauabschnitt IV)

- Die Untersuchungen reduzierten sich hier auf das Verbindungsstück zwischen dem bestehenden Rathausbau des 14. Jahrhunderts und dem Anbau, das als Standort der ersten Treppe zum Rathaus zu betrachten ist.

- Ob und inwieweit sich die vermauerte Tür in der Nordwestecke des ehemals ungeteilten Vorraumes zum Archiv aufgrund dieser Lage als zutreffend für den ursprünglichen Zugang zum Kernbau erweisen lässt, kann nicht mit letzter Sicherheit gesagt werden. Sie war auf jeden Fall bis 1615 der einzige Zugang in das Archivgeschoss.

- Die heutige Treppe zum Archiv wurde frühestens nach dem Einziehen der Zwischenwand im Jahre 1615 angelegt.

- Die Schräge auf einer Mauer im heutigen Dachboden des Südanbaues nimmt die Schräge eines in der Südwand des (aufgemauerten?) Kernbaues enthaltenen Gesimsrestes auf und lässt daher auf eine zum Treppenaufgang gehörige Konstruktion schließen.

9. Das Mühlhäuser Rathaus in der Literatur

Sieht man von den durch Stephan überlieferten Erwähnungen des Rathauses (Mitte des 17. Jahrhunderts)[71] und durch den Chronisten Graßhof im 18. Jahrhundert[72] ab, so findet sich die erste Beschreibung aus baugeschichtlicher und kunsthistorischer Sicht in einem denkmal- pflegerischen Inventarband von 1881[73].

Dazu wurden drei Grundrisse abgedruckt, die den Text anschaulich ergänzen. In dieser Publikation wird der Bach, die Schwemmnotte, die zu diesem Zeitpunkt noch im Bauwerk verlief, als Grenzziehung zwischen der Alt- und Neustadt definiert. Als Beispiel einer derartigen Standortwahl wurde das Rathaus der Städte Berlin und Kölln a. d. Spree von 1307 herangezogen, das auf der Brücke über einen die Grenze zwischen beiden Städten bildenden Spreearm errichtet wurde[74].

Dieses Beispiel nimmt Aulepp zum Anlass, auf eine analoge Situation in Heiligenstadt nordwestlich von Mühlhausen mit der Geislede hinzuweisen, die ebenfalls eine Grenze zwischen einer Alt- und Neustadt dargestellt haben soll[75].

Er bezeichnet aber schon völlig richtig die Schwemmnotte als künstlich geführten Mühlgraben[76]. Selbst Badstübner dichtet der Errichtung des Rathauses über einem Kunstgraben noch eine Klammerfunktion an[77]. Dabei ist Sommers Gleichsetzung von einem Mühlgraben und einem natürlichen Flußlauf schon an sich mehr als bedenklich. Dass dieser Gedanke jedoch kritiklos bis in die jüngste Vergangenheit, also mehr als 100 Jahre fortgeschrieben wurde, verwundert dann doch.

Eine nächste kurze Baubeschreibung gibt Heydenreich knapp 20 Jahre später ab. Auch er fügt die drei Grundrisse bei, wie sie schon bei Sommer zu finden sind. Darüber hinaus geht er explizit auf den Bildschmuck an der westlichen Brettertonne ein. Er lässt weiterhin wie schon Sommer die Schwemmnotte unbekümmert durch die Erdgeschosse fließen[78].

Im Handbuch der Deutschen Kunstdenkmäler vom Jahre 1905 findet sich zum Rathaus in Mühlhausen ein einziger Satz: "Planloses Aggregat verschiedenartiger Räumlichkeiten ohne ausgeprägten Stilcharakter"[79]. Bei einer solchen Einschätzung nimmt es nicht wunder, wenn das im selben Jahr erschienene Standardwerk zu deutschen Rathäusern das von Mühlhausen überhaupt nicht erwähnt[80].

Dafür publizierte Kettner wenige Jahre später - 1913/14 nach Abschluss größerer Umbauarbeiten - eine um so bemerkenswertere Geschichte des Rathauses, die für seine Zeit ein hohes wissenschaftliches Niveau aufweist und noch heute eine Fundgrube für den Bauforscher darstellt[81]. So bringt er schon baugeschichtlich differenziertere Grundrisse, die dem Leser das Verständnis hinsichtlich der einzelnen Bauabläufe erleichtern. Mit der Abbildung der Ostwand der älteren Rathaushalle entsteht allerdings eine nicht unerhebliche Verwirrung, wird doch damit der Eindruck erweckt, als sei dies der Querschnitt insgesamt mit Satteldach und First[82]. Mit dem Text wird die optische Irritation eliminiert. An der Klammerfunktion des Rathauses über dem "Grenzbach" und der Kellerbezeichnung der beiden Tonnengewölbe im Westteil der gotischen Bauabschnitte rüttelt auch Kettner nicht. Selbst für das darüber(!) liegende Zwischengeschoss wird die Bezeichnung Keller in Anspruch genommen, hier als "Ritterkeller"[83].

Wie vorsichtig man chronikalische Überlieferungen werten muss, kann man einer Publikation von Bader entnehmen. Er zitiert aus der Mühlhäuser Chronik einen Brand im Jahre 1422, bei dem auch "das Rathaus" betroffen wurde, "welches ausbrannte"[84]. "Anno 1422. Am Abend Mariae Lichtmeß ..." (das war der 1. Februar). "Andere schreiben, es sei geschehen am Fronleichnams-Abend." (das war der 12. Juni)[85]. Die Daten stehen dem geneigten Leser zur Auswahl. Zweifelsohne wird im Jahre 1422 in Mühlhausen ein Brand gewütet haben, aber zumindest blieb der ganze westliche Dachstuhl des Rathauses unbeschädigt, sonst wären dort keine originalen Dachtragwerkskonstruktionen aus der Zeit um 1330 bei der dendrochronologischen Bestimmung vorgefunden worden, sondern nur angekohlte.

Zu Funden, die in der großen Ratsstube bei den Arbeiten um 1913 gemacht wurden, äußert sich Wintruff. Er beschreibt, dass die Wände im Jahre 1791 tapeziert wurden und die heute sichtbaren Wandmalereien - sowohl die aus der Gotik als auch die aus der Renaissance - damit völlig überdeckt waren. Das Gemälde "das heilige Römische Reich in seinen Gliedern" an der Westwand wurde zwischen Juli 1571 und dem 6. März 1572 ausgeführt, wie erhaltene Verträge und Notizen im Kämmereiregister belegen[86]. Der Kurfürstentag vom selben Jahr warf seine Schatten voraus.

Da bisher keine schriftliche Quelle über den Baubeginn des Rathauses ermittelt worden ist, nimmt es nicht wunder, dass sich Autoren immer wieder mit diesem Thema beschäftigen. So auch Wechmar im Jahre 1954[87]. In den Betrachtungen spielt auch bei ihm die Schwemmnottengrenze eine Rolle und damit die Klammerfunktion des Rathausbaues. Einen wichtigen Hinweis führt er mit der im Jahr 1304 erfolgten Verpachtung von Räumen in der "unteren Laube", der späteren "Tuchhalle" an. Seine Schlussfolgerung, dass die Aufgabe dieser Räume die Fertigstellung des Rathauses voraussetzt, lässt sich urkundlich allerdings nicht untersetzen.

Die Bauforschung

In diesem Sinne äußert sich Aulepp zwei Jahre später[88]. Während Wechmar für die Datierung des Baubeginns eine kaiserliche Urkunde vom 12. April 1290 - sicher nicht zu Unrecht - als quasi "Initialzündung" ansieht, sind für Aulepp bautechnische Details wie Zangenlöcher und die Oberflächenbearbeitung des Natursteinmaterials seine Datierungshilfen.

Als Heft im Taschenbuchformat erscheint 1971 erstmalig eine handliche kurzgefasste Beschreibung des Rathauses von Rita und Gerhard Günther[89]. Zur Baugeschichte selbst werden darin im wesentlichen die Angaben in komprimierter Form wiederholt, wie sie schon bei Kettner zu finden sind. Darüber hinaus verbinden die Günthers das Rathaus mit Ereignissen, die sich am und im Gebäude abspielten, insbesondere in der Ratshalle und Ratsstube, wie beispielsweise das Wirken eines von der gesamten Bürgerschaft gewählten Rates 1525 oder der Kurfürstentag 1572. Auch der Archivbestand findet Erwähnung. In der Reihe "Baudenkmale" stellt Günther 1975 in gedrängter Form nochmals die Baugeschichte in der gewohnten Art und Weise dar[90].

Ein weiterer Beitrag aus der Feder des Heimatforschers Aulepp widmet sich erneut dem Thema der Entstehung des Rathauses[91]. Da über die städtebauliche Situation am Standort des Rathauses zu dessen Bauzeit zwar keine Aufzeichnungen vorliegen, müssten solche zur Beschreibung herangezogen werden, die erst aus späterer Zeit stammen, wie z. B. Kettners Erwähnung der Nachricht über die 1610 erfolgte Freigabe zur Bebauung der Fläche nördlich des Rathauses[92]. Er sieht in der Ratsstraße auf Grund der mit einer Speerlänge abgesteckten Straßenbreite eine "dichte spätromanische Besiedlung"[93], was der Zeit nach 1200 entspräche, d. h. etwa 50 bis 100 Jahre vor dem Rathausbau. So sei das Rathaus auf der Parzelle eines aufgeteilten Großgrundstückes, das einem Patrizier gehört haben soll, errichtet worden[94]. Aulepp geht dabei soweit, dieser Familie eine "wirtschaftliche Entwicklung der Ratsstraße" zuzuschreiben.

Mit der Frage, ob die erste Rathaushalle zunächst nur mit einer Balkendecke versehen wurde, bringt Aulepp erstmals eine interessante Überlegung ins Spiel. Daraus resultieren seine Zweifel, dass das Maßwerkfenster mit dem Sechspass dann nicht zum Urbau gehören kann und erst in späterer Zeit eingebaut worden sein müsste[95].

Außer diesen speziell dem Thema Rathausgeschichte gewidmeten Beiträgen und Monographien wurde das Rathaus erneut im Rahmen von Publikationen über die Stadtgeschichte behandelt. Über die üblichen Annahmen, das Rathaus sei über der Schwemmnotte errichtet, die Rathaushalle sei von Anfang an mit einer hölzernen Spitzbogentonne versehen gewesen, 1455 sei eine Kapelle an die Ostwand angefügt worden[96], enthält die Publikation von Günther/Korf auch die These von Aulepp, dass das Rathaus auf ein Ministerialengrundstück zurückginge[97].

In seiner Publikation von 1989 geht auch Badstübner noch von der Errichtung des Rathauses über der Schwemmnotte aus[98]. Bemerkenswert ist die Wiederholung der These Aulepp's, dass die älteste Rathaushalle flach gedeckt gewesen sein kann, wobei er die Möglichkeit eines offenen Dachstuhls einräumt, was bei den in gleicher Ebene nördlich der Halle anschließenden Räumen aus gestalterischen Gründen wenig glaubhaft ist[99]. Auf der Grundlage der fehlerhaften Interpretation einer Urkunde vom Jahre 1455 meint Badstübner, dass der Ostanbau von 1568/69 eine Kapelle integriert hat, die er mit "Dreikönigskapelle" bezeichnet[100].

Die Bauforschung

Mit dem Beitrag von Mahr und Sünder finden die Publikationen zur Rathausgeschichte zunächst ein Ende[101]. Die Autoren vermeinen einige neue bzw. bisher nicht beachtete Befunde so interpretieren zu müssen, dass es sich beim Rathaus um den Umbau eines früheren Wohnturmes der Familie Leiterboum handelt. Hierfür wird der Name der heutigen Lattermannsgasse in Feld geführt. Warum ausgerechnet die Fläche hinter dem Nordende der etwa 100 m langen Gasse als Standort eines älteren Wohnturmes erkoren wird und nicht irgend ein Grundstück auf der Ost- oder Westseite dieser Gasse, bleibt für den Leser unklar. Die Frage nach einem Mauerblock an der Südwestecke des älteren Rathausteiles wird gestellt. Zu ihm soll der 1615 abgetrennte Teil des Archivvorraumes zählen, auf dessen Entstehung schon Kettner ausführlich einging[102]. Die Meinung Wechmars, dass die Verpachtung der "Alten Laube" 1304 die Fertigstellung eines neuen Rathauses voraussetzt[103], schließen sich die Autoren an.

Die Auswertung der aufgeführten Literatur verfolgte die Absicht, die bisher zur Rathausgeschichte gemachten Darlegungen der einzelnen Autoren daraufhin zu überprüfen, welche neuen Erkenntnisse nach den umfangreichen Sicherungs- und Sanierungsmaßnahmen in den letzten Jahren zur Rathausgeschichte über die bisherigen hinaus gewonnen wurden und zu welchen Korrekturen sie Anlass geben. Da für die Bauforschung der Wissenschaftlichkeit oberste Priorität eingeräumt werden sollte, wird von spektakulärem Wunschdenken abgesehen.

Die Literatur bis zu Beginn der Bauarbeiten Anfang der 90er Jahre erschöpfte sich in der Beschreibung des Bauwerkes mit der Interpretation dieses oder jenes Baudetails und der Aufführung schriftlicher Quellen, die mit unterschiedlich wissenschaftlichen Anspruch ausgewertet wurden. Über eine Bauforschung im engeren Sinn liegt nichts vor, wenn man von den Aufzeichnungen über die Restaurierungsarbeiten in der Ratsstube in der ersten Hälfte der 70er Jahre absieht. Da die Möglichkeiten zur Bauforschung während der Bauarbeiten nur unzureichend ausgeschöpft wurden, sollten weitere Untersuchungen nach Abschluss der Bauarbeiten die bis dahin gewonnenen Erkenntnisse soweit wie möglich noch ausbauen.

Dass im Ergebnis dieser Untersuchungen von einigen liebgewordenen Vorstellungen Abstand genommen werden musste, ist so neu nicht. Dazu äußerte sich Heydenreich schon im Jahre 1900 wie folgt: "Man hat der Geschichtswissenschaft vorgeworfen, dass sie gerade die schönsten Geschichten zerstöre; es sei eine beklagenswerte Wissenschaft, welche uns z. B. nachweist, dass ein Tell in der Schweiz zur Zeit der Befreiung der Urkantone nicht gelebt, noch viel weniger den Apfelschuss ausgeführt hat."[104]. Man erinnere sich an die Urkunde von 775, die als nicht auf Mühlhausen zutreffend erklärt werden musste[105].

Anmerkungen:

1   Annales Wormatienses. - In: Quellen zur Geschichte der Stadt Worms, hrsg. von V. H. Boos, Teil III. Berlin 1893. S. 145, zitiert nach: Töpfer, Bernhard u. Engel, Evamaria, Vom staufischen Imperium zum Hausmachtkönigtum, Deutsche Geschichte vom Wormser Konkordat 1122 bis zur Doppelwahl 1314. Weimar 1976. S. 60, Anmerkung 62.

Die Bauforschung

2 Boockmann, Hartmut: Die Stadt im späten Mittelalter. Leipzig 1986, S. 125.

3 Boockmann (wie Anm. 2), S. 125 f.

4 Stiehl, Otto: Der Wohnbau des Mittelalters - In: Handbuch der Architektur, 2. Teil, 4. Band, 2. Heft, 2. Auflage. Leipzig 1908, S. 191.

5 Wechmar, Ernst: Unser Rathaus und seine Vorgänger. In: Mühlhäuser Warte 6/1954, S. 9.

6 Günther, Gerhard u. Korf, Winfried: Mühlhausen Thomas-Müntzer-Stadt. Leipzig 1986, S. 81 - 86; 116 - 118.

7 Kettner, Emil: Geschichte des Rathauses zu Mühlhausen i. Th. - In: Jahrbuch für Denkmalpflege der Provinz Sachsen 1913/14, S. 83.

8 Stiehl, Otto: Das deutsche Rathaus im Mittelalter. Leipzig 1905, S. 7.

9 Kettner (wie Anm. 7), S. 110.

10 Jordan, Reinhard:Chronik der Stadt Mühlhausen in Thüringen, Bd. III, Mühlhausen 1906, S. 15

11 Kostof, Spiro: Die Anatomie der Stadt. Geschichte städtischer Strukturen. Frankfurt/New York 1993, S. 165.

12 Kettner (wie Anm. 7), S. 83.

13 Mahr, Bernd u. Sünder, Martin: Neue Erkenntnisse zur Baugeschichte des Mühlhäuser Rathauses. In: Mühlhäuser Beiträge 17/1994, S. 39.

14 Sommer, Gustav u. Otte, Heinrich: Beschreibende Darstellung der älteren Bau- und Kunstdenkmäler der Provinz Sachsen. Heft 4: Kreis Mühlhausen. Halle 1881. S. 106 - 112.

15 Picard, Gaston: Mühlhausens alte Wasserläufe. In: Mühlhäuser Geschichtsblätter 32. Mühlhausen 1933, S. 130.

16 Picard (wie Anm. 15) Karte zum Beitrag, S. 131. Da der "stärkere Arm" als Kunstgraben zur Schwemmnotte wurde, müsste der "kleinere Arm" im natürlichen Bachbett weiterfließen. Aulepp meint dagegen, auch dieser sei ein vom Popperöder Bach abgezweigter Wassergraben. Dann bliebe aber die Frage offen, wo das ursprüngliche Bachbett verlief, bevor man Gräben anlegte. (Aulepp, Rolf: Die Wasserversorgung im mittelalterlichen Mühlhausen. In: Mühlhäuser Beiträge, Sonderheft 5. Mühlhausen 1983. S. 66).

17 Picard (wie Anm. 16), S. 131.

18 StadtA MHL 0/996.

19 StadtA MHL 0/1036.

19A Stiehl, Rathaus (wie Anm. 8), S. 10.

19B Sydow, Jürgen: Städte im deutschen Südwesten. Stuttgart, Berlin, Köln, Mainz 1987, S. 82. Hinweis von Peter Bühner, Mühlhausen.

20 Kettner (wie Anm. 7), S. 94 und Abb. 2.

21 Herquet, Karl: Urkundenbuch der ehemals freien Reichsstadt Mühlhausen in Thüringen (Geschichtsquellen der Provinz Sachsen 3) Halle 1874, Nr. 119.

22 Herquet (wie Anm. 21), Nr. 395.

23 Zenker, Robert: Aus der Geschichte des Marstalles der freien Reichsstadt Mühlhausen i. Thür. - In: Mühlhäuser Geschichtsblätter 3. Mühlhausen 1902. S. 52 u. 54.

24 Badstübner, Ernst: Das alte Mühlhausen. Leipzig 1989, S. 59.

25 Wechmar (wie Anm. 5), S. 9.

26 Kettner (wie Anm. 7), S. 86.

27 Boockmann (wie Anm. 2), S. 125.

28 Badstübner (wie Anm. 24), S. 59.

29 Meckseper, Cord: Mittelalterliche und frühneuzeitliche Rathäuser in Niederdeutschland. In: Das Rathaus in Höxter. München/Berlin 1994, S. 134.

30 Kettner (wie Anm. 7), S. 88.

31 Kettner (wie Anm. 7), S. 99; Günther, Gerhard: Mühlhausen in Thüringen - Das Rathaus. Mühlhausen 1971. S. 24.

31A Herquet (wie Anm. 21) Nr. 610.

32 Volkert, Wilhelm: Adel bis Zunft. Ein Lexikon des Mittelalters. München 1991, S. 81.

33 Boockmann (wie Anm. 2), S. 34.

34 Sommer/Otte (wie Anm. 14), S. 108 f.

35 Kettner (wie Anm. 7), S. 92.

36 Wechmar (wie Anm. 5), S. 9.

37 Aulepp, Rolf: Eine neue These über die Entstehung des Mühlhäuser Rathauses - In: Eichsfelder Heimathefte 1/1980, S. 375.

Die Bauforschung

38 Günther/Korf (wie Anm. 6), S. 83; Badstübner (wie Anm. 24), S. 59.

39 Dendrochronologischer Bericht Mühlhausen Rathaus von der Otto-Friedrich-Universität Bamberg. Bamberg, d. 06.06.1997. Dendrochronologische Untersuchung im Rathaus Mühlhausen vom Büro für Bauten- und Kunstgutforschungerfurt. Erfurt , d. 15.04. 1998.

40 Bader, W.: Die grossen Brände in Mühlhausen. In: Aus alter Zeit. Geschichtliches aus Mühlhausen in Thüringen (Sonderausgabe der Beiblätter zum Mühlhäuser Anzeiger). Mühlhausen 1912. S. 6.

41 Kettner (wie Anm. 7), S. 91.

42 Günther, Das Rathaus (wie Anm.31), S. 19 f.

43 Heydenreich, Eduard: Aus der Geschichte der Reichsstadt Mühlhausen in Thüringen. Halle 1900, S. 24.

44 Badstübner (wie Anm. 24), S. 59.

45 Kettner (wie Anm. 7), S. 94 und Abb. 2.

46 Aulepp (wie Anm. 37), S. 378.

47 Kettner (wie Anm. 7), S. 94; Günther, Das Rathaus (wie Anm. 31), S. 27.

48 Horny, Frank u. Reinhardt, Holger: Holzstuben in Thüringen. Erfurt 1999, S. 17.

49 Dendrochronologische Untersuchung (wie Anm. 39).

50 Dumitrache, Marianne: Heizanlagen im Bürgerhaus. In: Stadtluft, Hirsebrei und Bettelmönch. Die Stadt um 1300. Stuttgart 1992, S. 280 - 287.

51 Dumitrache (wie Anm.50), S. 286.

52 siehe dazu Akten im Thüringischen Landesamt für Denkmalpflege, Erfurt.

53 Neuburger, Albert: Die Technik des Altertums. Hypokaustenheizung. Leipzig 1919. Neudruck Leipzig 1977, S. 262 - 267.

54 Dendrochronologische Untersuchung (wie Anm. 39).

55 Kettner (wie Anm. 7), S. 88.

56 Aulepp (wie Anm. 37), S. 374.

57 Günther/Korf (wie Anm. 6), S. 84.

58 Badstübner (wie Anm. 24), S. 59.

59 Boockmann (wie Anm. 2) Abb. 223.

60 Reallexikon zur deutschen Kunstgeschichte. Hrsg. von Ernst Gall und L. H. Heydenreich. III. Band. Stuttgart 1954, Spalte 538 - 546.

61 Kettner (wie Anm. 7), S. 100 f; Günther, Das Rathaus (wie Anm. 31), S. 46; Günther/Korf (wie Anm. 6), S. 85; Badstübner (wie Anm. 24), S. 62. An dieser Stelle sei Prof. Pilvousek gedankt für seine Erläuterungen zum Thema Vikarie.

62 StadtA MHL 0/996. Ebenso StadtA MHL 0/1036 von 1459.

63 Boockmann (wie Anm. 2) Abb. 224.

64 Kaiser, Beate: Mühlhäuser Neubürger im 15. Und 16. Jahrhundert. In: Mühlhäuser Beiträge, Sonderheft 1, 1979. Mühlhausen 1979, S. V.

65 Reallexikon (wie Anm. 60) Sp. 540.

66 Kettner (wie Anm. 7), S. 83.

67 Mahr/Sünder (wie Anm. 13), S. 39; die Verfasser deuteten diese Relikte irrtümlich als auf der Außenwand eines Wohnturms (=Vorgängerbaues).

68 Kettner (wie Anm. 7), S. 107.

69 Kettner (wie Anm. 7), S. 108.

70 Heydenreich, Eduard: Aus der Baugeschichte des Mühlhäuser Rathauses - In: Mühlhäuser Geschichtsblätter 1/1900, S. 59.

71 StadtA MHL Stephans Akte 14.

72 Graßhof, B. C.: Commentatio de originibus atque antiquitatibus S. R. I. liberae civitatis Mulhusere. Leipzig und Görlitz 1749. S. 11.

73 Sommer/Otte (wie Anm. 14), S. 106 - 112.

74 Sommer/Otte (wie Anm. 14), S. 107.

75 Aulepp (wie Anm. 37), S. 380.

76 Aulepp (wie Anm. 37), S. 377.

77 Badstübner (wie Anm. 24), S. 59.

78 Heydenreich (wie Anm. 70), S. 56 - 62.

79 Dehio, Georg: Handbuch der Deutschen Kunstdenkmäler. Band I: Mitteldeutschland. Berlin 1905, S. 215.

80 Stiehl, Rathaus (wie Anm. 8).

81 Kettner (wie Anm. 7), S. 82 - 114.

Die Bauforschung

82 Kettner (wie Anm. 7), Abb. 5 auf S. 88.

83 Kettner (wie Anm. 7), S. 95.

84 Bader (wie Anm. 40), S. 6.

85 Bader (wie Anm. 40), S. 6.

86 Wintruff, Wilhelm: Funde in der großen Ratsstube. - In: Mühlhäuser Geschichtsblätter 13. Mühlhausen 1913, S. 146 - 148.

87 Wechmar (wie Anm. 5), S. 5 - 9.

88 Aulepp, Rolf: Zur Entwicklungsgeschichte des Mühlhäuser Rathauses. In: 700 Jahre städtische Selbstverwaltung in Mühlhausen, Mühlhausen 1955, S. 40.

89 Günther, Das Rathaus. (wie Anm. 31).

90 Günther, Gerhard: Mühlhausen Thomas-Müntzer-Stadt, Rathaus. (Baudenkmale 39), Leipzig 1975.

91 Aulepp (wie Anm. 37), S. 373 - 381.

92 Kettner (wie Anm. 7), S. 110.

93 Aulepp (wie Anm. 37), S. 377.
Hier vermeidet Aulepp eine Bezugnahme auf Junghanns, Kurt: Die deutsche Stadt im Frühfeudalismus. Berlin 1959, der auf dieses Thema auf S. 98 f. eingeht und das Stangenrecht eindeutig als "rein militärisches Räumungsrecht" definiert und eben nicht als Planungsgröße für neu anzulegende Straßen. Zu der verfälschten Interpretation müssen in diesem Zusammenhang auch die angeblich "eindeutigen Kellerbefunde" kritisch bewertet werden, wie allein schon der von Aulepp als "spätromanische Tonnenkeller" unter Nr. 103 in seinem Katalog aufgeführte.

94 Aulepp (wie Anm. 37), S. 379.

95 Aulepp (wie Anm. 37), S. 374.

96 Günther/Korf (wie Anm. 6).

97 Günther/Korf (wie Anm. 6), S. 22.

98 Badstübner (wie Anm. 24), S. 58 - 63.

99 Badstübner (wie Anm. 24), S. 59.

100 Badstübner (wie Anm. 24), S. 62.

101 Mahr/Sünder (wie Anm. 13).

102 Kettner (wie Anm. 7), S. 108.

103 Wechmar (wie Anm. 5), S. 9.

104 Heydenreich (wie Anm. 70), S. 13.

105 Gockel, Michael: Mühlhausen oder Mölsen? Zur Identifizierung des 775 genannten fränkischen Königshofs "Molinhuso". In: Mühlhäuser Beiträge, 11/1988, S. 26 - 33.

Rolf Aulepp
Die Steinmetzzeichen an den gotischen Teilen des Mühlhäuser Rathauses*

Die Aufnahme der am Mühlhäuser Rathaus vorkommenden Steinmetzzeichen durch den Verfasser erfolgte zwischen 1953 und 1997. Die Zeichen wurden in Originalgröße abgepaust bzw. gezeichnet[1].

An über zwanzig gotischen Bauwerken in Mühlhausen konnte vom Verfasser eine große Zahl von verschiedenen Steinmetzzeichen, über siebzig insgesamt, aufgenommen werden. Hierbei zeigen sich an den einzelnen Bauteilen Zeichengruppen, die den Gesellen und Meistern der Mühlhäuser Steinmetzinnung oder Zunft angehörten. Da diese Zeichen bei der Freisprechung der Gesellen verliehen wurden, war deren ordnungsgemäße Anwendung gesichert. Dabei wurden etliche Zeichen in folgenden Generationen wieder neu vergeben. Durch die gefundenen Gruppen wurde die Relativdatierung vieler Bauteile ermöglicht. So konnten fast alle Bauteile der Gotik in Mühlhausen in ihrer zeitlichen Abfolge eingeordnet werden.

Die Zeichen unterlagen einem Zeitstil. So finden sich identische Zeichen in Mühlhausen, in Wetzlar und Eßlingen. In der 2. Hälfte des 13. Jahrhunderts kommen noch recht große Zeichen bis 20 cm Länge vor, die dann kleiner werden. Außer Handwerksgeräten und Buchstaben als Zeichen der städtischen Innung kommen viele geometrische Zeichen vor, die dem Mutterzeichen der für Mühlhausen zuständigen Haupthütte in Straßburg entnommen sind. Gruppen von Zeichen einer auswärtigen Bauhütte können vermutlich auch bei größeren Bauvorhaben in Mühlhausen verwendet worden sein.

Durch die am Rathaus gefundenen Steinmetzzeichen konnte an den beiden gotischen Bauteilen eine zeitliche Gliederung festgestellt werden. Das Fehlen von Zeichen am 2. Obergeschoss der Westerweiterung deutet sogar auf einen weiteren Abschnitt an diesem, der durch eine dendrochronologische Untersuchung datiert werden konnte. Es zeigte sich außerdem, dass eine einheitliche, unverputzte Mauer durchaus in zwei oder mehr Bauabschnitten errichtet worden sein kann.

Die am Rathaus vorkommenden Zeichen als Gruppe kommen kaum in dieser Zusammenstellung an anderen Mühlhäuser Bauten vor. Es sind demnach immer nur einzelne Steinmetze am Rathaus tätig gewesen. Das zeigt sich besonders am jüngsten Bauabschnitt des Kernbaues mit dem Maßwerkfenster im Osten der Halle.

a) *Der älteste Abschnitt des Kernbaues* an und über der Straße mit seinen drei Zeichen hat keine Entsprechungen an anderen Mühlhäuser Bauten. Dieser Bauteil mit den Zangenlöchern wurde vom Verfasser bisher in die 70er Jahre des 13. Jahrhunderts datiert.

b) Zeitlich folgt *in der Westerweiterung* nach dem Bau zum Gewölbe I mit Obergeschoss das Gewölbe II mit Obergeschoss über den Gewölben I und II.

Im Vergleich ist das wichtigste Zeichen der lange Pfeil von 18,5 - 21 cm Länge. Dieser Pfeil findet sich auch an der Haube des Südturmes der Blasiuskirche

---

* Der Aufsatz wurde redaktionell um die historische Einordnung der Steinmetzzeichen gekürzt, da diese im Widerspruch zu den Aussagen anderer Aufsätze des Heftes steht, denen sich die Redaktion angeschlossen hat. Der vollständige Text des Aufsatzes sowie weitere Arbeiten Rolf Aulepps sind im Stadtarchiv Mühlhausen einzusehen.

Steinmetzzeichen

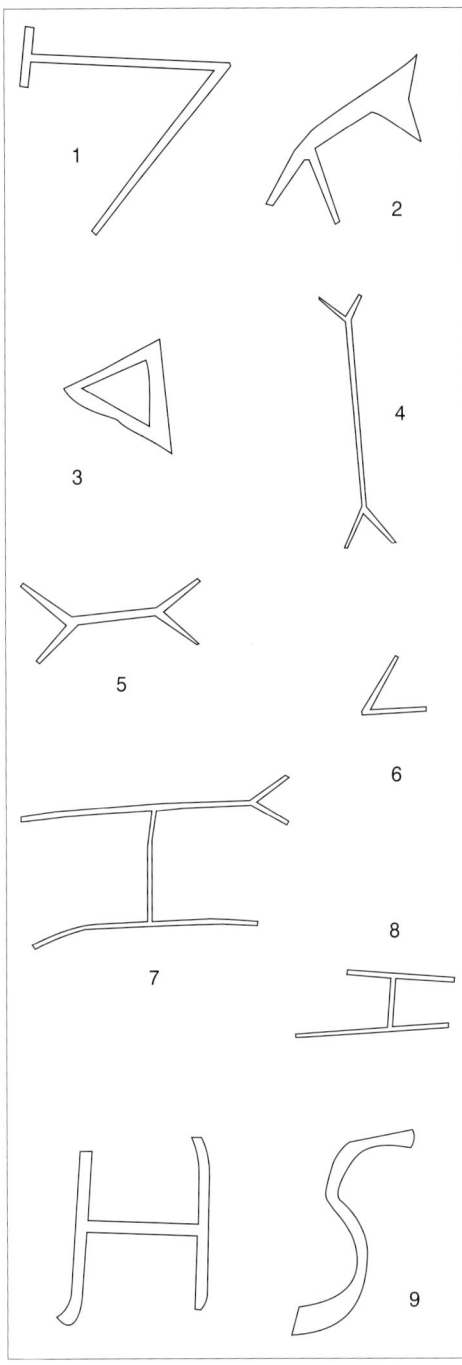

Abb. 1: Steinmetzzeichen (Maßstab 1: 3)

Fig. 1   Kernbau, Erdgeschoss
Im Westteil des breiten mittleren Gurtbogens der Straßenüberwölbung, etwas über der halben Höhe, 1 mal gezeichnet. An dem darüber befindlichen Quader besteht ein Zangenloch.

Fig. 2   Kernbau, Erdgeschoss
Im Ostteil des breiten Gurtbogens etwa 2,30 m hoch, 1 mal gezeichnet

Fig. 3   Kernbau Ostseite, oben unterhalb des Giebels
Nördlich unterhalb des Maßwerkfensters am 1. Quader nördlich neben dem oberen schmalen Keilstein des Fenstersturzes, 1 mal vertüncht. Das Zangenloch befindet sich links vom Zeichen. (Vergleiche: Südseite Chor der Blasiuskirche und Südseite Langhaus der Georgikirche).

Fig. 4   Westerweiterung
Im nördlichen Gewände der Pforte zum Gewölbe II etwa 1 m hoch, 1 mal

Fig. 5   Westerweiterung
An Innenseite des 1. Obergeschosses (Ritterkeller) an der Südwand zwischen dem 3. und 4. Fenster von Osten, 1 mal flüchtig geschlagen an einem diagonal behauenen Quader. Darüber befindet sich ein Zangenloch. Östlich vom westlichsten Fenster, 1 mal. (Vergleiche sind schwer zu ziehen, da dieses Zeichen oft und zu verschiedenen Zeiten vorkommt.)

Fig. 6   Westerweiterung
An Südwand im mittleren Drittel, 1 mal.

Fig. 7   Westerweiterung
Innenseite des Ritterkellers: am Ostende der Südwand neben dem östlichsten, zugemauerten Fenster, 1 mal grob geschlagen. Darüber befindet sich ein Zangenloch.
(Vergleiche: Querschiff Marienkirche)

Fig. 8   Westerweiterung
Im nördlichen Gewände der Pforte zum Gewölbe II, 1 mal und etwa 2,20 m hoch im Vorraum 1 mal.

Fig. 9   Westerweiterung
Innenseite des Ritterkellers: im Ostgewände des 3. Fensters von Osten, 1 mal vertüncht. Es handelt sich um eine Zeichenzusammenstellung. Das zweite Zeichen fand sich im Bauabschnitt nicht nochmals.

Steinmetzzeichen

Fig. 10 Westerweiterung, Erdgeschoss
In der Mitte der Westwand etwa 1,20 m hoch, 1 mal am rechten Quaderende schwach erkennbar. Im östlichen Drittel der Südwand am linken Quaderende, 1 mal. Am westlichen Ende der Südwand etwa 2 m hoch, 1 mal mit spitzem Winkel.
(Vergleiche: Chor der Marienkirche)

Fig. 11 Westerweiterung, Erdgeschoss
An der Südwand in ca. 1,20 m Höhe, 1 mal. Die Quader dieser Wand sind etwas grob diagonal behauen und haben nach oben zunehmend Zangenlöcher.

Fig. 12 Westerweiterung, Erdgeschoss
An der Südseite der Südwestecke an einem Eckquader ca 3,5 m unter dem Abschlusssims in Höhe der Fensterbänke, 1 mal verwittert und gezeichnet.

Fig. 13 Westerweiterung, Erdgeschoß
An der Südwestecke am Eckquader 1,50 m hoch unter der Abschlußsimshöhe, 1 mal verwittert und gezeichnet.
(Vergleiche: südliches Querhaus Blasius-, Nordwand Georgikirche, Chor Kornmarkt- und Marienkirche)

Fig. 14 Westerweiterung
Im Ritterkeller an der Südwand östlich neben dem westlichsten Fenster, 1 mal gezeichnet.

Fig. 15 Westerweiterung, Ritterkeller
Im Westgewände des 3. Fensters von Osten, 1 mal. Im Ostgewände ds 1. Fensters 1 mal nach links und im Westgewände 1 mal nach rechts gerichtet. Außerdem an der Nordwand der nordwestlichen Ecke neben dem Fachwerkanbau etwa 3 m hoch, 1 mal.

Fig. 16 Westerweiterung, Ritterkeller
Oben im Sturz des 3. Fensters von Osten, 1 mal etwas unsauber geschlagen, in der Westseite des 2. Fensters von Osten 1 mal und in der Mitte der Westwand.

Fig. 17 Westerweiterung, Ritterkeller
In der Mitte der Südwand 1 mal mit 15 cm langem Schaft und 1 mal mit 13 cm langem Schaft in gleicher Richtung, im 2. Fenster von Westen der Südwand 1 mal. Im östlichen Drittel der Südwand, 1 mal nach Westen gerichtet.
(Vergleiche: Blasiuskirche und Marienkirche)

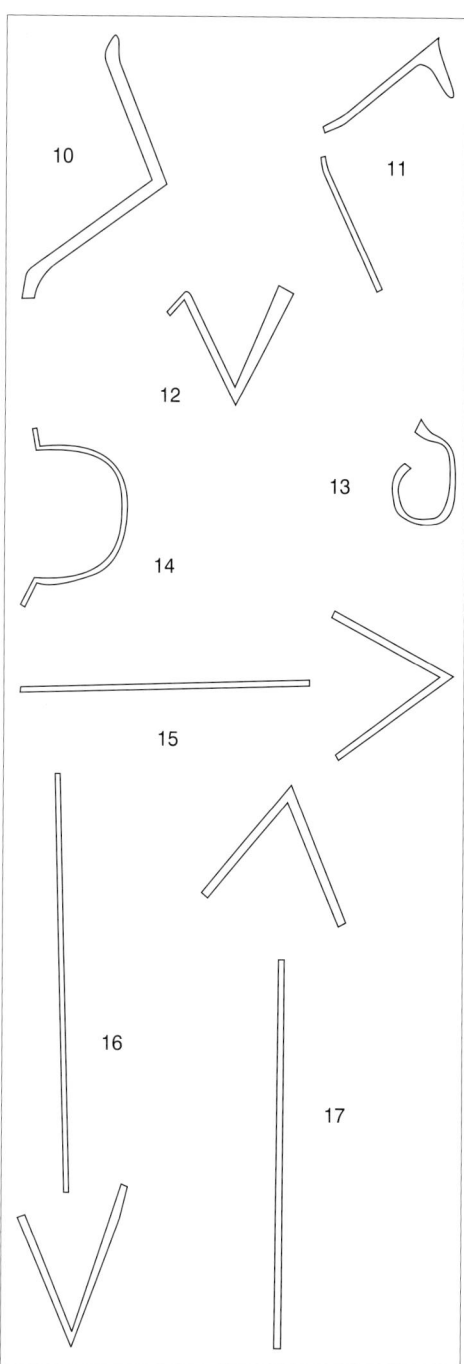

Steinmetzzeichen

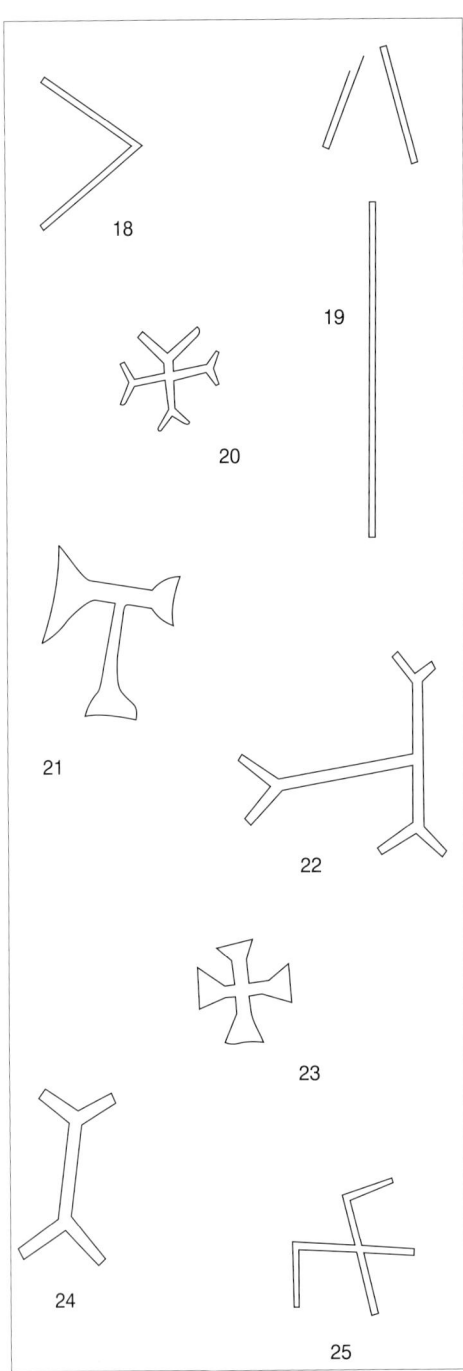

Fig. 18 Westerweiterung, Ritterkeller
Im Westgewände des 1. Fensters von Osten, 1 mal gezeichnet. Vermutlich gehört dieser Winkel mehr zu den Pfeilen, es fehlt der Schaft.

Fig. 19 Westerweiterung, Ritterkeller
An der Südseite der Südwestecke am Eckquader in ca 4,20 m Höhe in etwa der anlaufenden Mauerhöhe vom Nachbargrundstück (Nr. 19 a), 1mal nach rechts und darunter in ca. 3 m Höhe, 1 mal nach links.

Fig. 20 Westerweiterung
Im Ritterkeller östlich vom westlichsten Fenster in der Südwand, 1 mal.

Fig. 21 Westerweiterung
An der westlichen Ecke der Südwand ca. 1,80 m hoch, 1 mal schwer erkennbar in dem porösen Tuffstein.
(Vergleiche: ganze Blasiuskirche, Nordwand Georgii)

Fig. 22 Westerweiterung
Nordwestlicher Einbau: An der Nordwand etwa 1 m hoch, 1 mal flach geschlagen.
(Vergleiche: Südseite Blasiuskirche, wenige Vorkommen mit schrägem Fuß)

Fig. 23 Westerweiterung
An der Nordwand neben dem Fachwerkanbau ca. 1,70 m hoch, 1 mal tief eingeschlagen, im westlichen Drittel ca. 1,50 m hoch, 1 mal schlecht erhalten. Im nördlichen Teil der Westwand ca 1,40 m hoch, 1 mal tief geschlagen in einem roh behauenen Quader.
(Vergleiche: Seitenchöre Blasius-, Chor und Querschiff Marien- und die meisten anderen Kirchen, wie Kiliani und Turm Martini)

Fig. 24 Westerweiterung
Im Nordende der Westwand ca 2 m hoch, 1 mal tief eingehauen.
(Zeichen ist oft vertreten, so an der Blasius- und Marienkirche)

Fig. 25 Westerweiterung
Außen an der Westwand in Norden beidseitig der Gewölbespitze je einmal. Das Zeichen ist schmal und schwach eingeschlagen.
(Vergleiche: Blasiuskirche, Langhaus Kiliani-, Westriegel und Sakristei der Jakobikirche; Chor Kornmarkt-, Turm Martini- und Nordwand sowie Turm Nikolaikirche)

Steinmetzzeichen

Fig. 26 Westerweiterung
Im Westende der Nordwand etwa 0,5 m hoch, 1 mal in einem roh behauenen Quader.
(Vergleiche: Südwand vom 1. Joch von Osten des Langhauses der Marienkirche)

Fig. 27 Westerweiterung
In der Mitte der Westwand etwa 1,75 m hoch, 1 mal. Durch Verwitterung undeutlich erkennbar. Vergleiche mit gleichartigen Zeichen sind kaum möglich, da die „Wolfsangel" in verschiednen Generationen vorkommt, so auch an der Marienkirche um 1300.

Fig. 28 Kernbau, Ostgiebel
Im Nordgwände des großen Maßwerkfensters an der Außenseite, 1 mal.

Fig. 29 Kernbau, Ostgiebel
An der Außenseite des Südgewändes vom großen Maßwerkfenster, 1 mal. Der untere Teil ist tiefer ausgeschlagen als die obere Schleife.
(Vergleiche: Langhauspfeiler in der Marienkirche)

Fig. 30 Kernbau, Ostgiebel
An der Ostseite, oben, südlich unter dem Maßwerkfenster an der Außenseite an dem oberen schmalen Keilstein, 1 mal sehr sauber geschlagen. Das Zangenloch befindet sich darüber; der Quader ist sehr sauber diagonal behauen. Außerdem nach Mahr am Südgiebel des Kernbaues im obersten Teil an einem gut behauenen Quader vorhanden.
(Vergleiche: Querschiff und Langhaus Marienkirche, Nordwand des Langhauses der Georgikirche, Sakristei der Martinikirche)

Fig. 31 Kernbau, Ostgiebel
Oben im Norden an der Innenseite (Westseite) des großen Maßwerkfensters (von Mahr aufgenommen), 1 mal.
(Vergleiche: Westabschluß der Marienkirche; Eckstrebenpfeiler an den Türmen der Blasiuskirche; Nordwand Georgii-, Turm Martini- Chor und Nordwand Petrikirche und Stadtmauer am Kreuzgraben)

Fig. 32 Kernbau, Ostgiebel
Über dem Rücksprung mit dem aufsitzenden, großen Maßwerkfenster, an der Ostseite in einem Quader, 1 mal. Vor einigen Jahren wurde das Zeichen in gleicher Ausrichtung an der Südseite oben rechts an einem Quader am Einlauf des Strebepfeilers 1 mal von Sünder erkannt.
(Vergleiche: 1. bis 3. Joch von Osten an dem Langhaus der Marienkirche)

Steinmetzzeichen

(Datierung nach R. Aulepp [R.A.] 1260/70[2], und B. Wedemeyer [B.W.] 1265[3]) und im Chorbereich bis nördliches Querhaus der Blasiuskirche (R.A. 1275-95; B.W. 1276 - 87). An der Marienkirche befindet er sich an der Südseite im Hauptchor (RA. 1295 - 1310; B.W. 1318-27) und der Sakristei (R.A. 1300 - 25; B.W. 1318 - 27).

Das "H" befindet sich nur an der Marienkirche im Querhausbereich (R.A. 1309 - 1325; B.W. 1341 - 49) und an dem 3. Joch des Langhauses von Osten (R.A. 1300 - 1325; B.W. 1375 - 90).

Die oft vorkommenden Zeichen der Wolfangel, dabei großes Zeichen mit 11 cm Länge, des Kreuzes mit gespaltenen Enden und des Striches mit gespaltenen Enden sowie des Winkels in unterschiedlichen Formen lassen sich kaum vergleichen, da diese an den anderen Bauten in verschiedenen Zeiten auftauchen und somit auf Generationsfolge von Steinmetzen hinweisen. Die übrigen einzelnen Zeichen sind auch kaum zu vergleichen.

c) *Westerweiterung mit nordwestlichen Eckeinbau mit Heizraum*
Dieser Einbau gehört zur Aufstockung des 2. Obergeschosses mit dem heutigen Rathaussaal und Ratsstube, nach Cramer/Eißing ab 1330[4].

An dem aufgestockten zweiten Obergeschoss mit Saal und Ratsstube konnten bisher noch keine Steinmetzzeichen gefunden werden, auch nicht an den drei Arkaden unter der Nordseite. Nur am nordwestlichen Eckeinbau mit dem Heizraum und dem darunter befindlichen Spitzbogengewölbe für den Durchfluss der Schwemmnotte befinden sich etliche Zeichen.

Zum Vergleich scheidet der genannte Quader mit dem langen Pfeil aus. Auch der genannte Strich mit gespaltenen Enden ist unsicher durch die Generationsfolge dieses Zeichens. Ein "T" ist mit seinem einmaligen Auftreten nicht aussagefähig. Gleiches trifft auf das große "F" mit 11 cm Länge zu. Das kleine, tief ausgeschlagene Kreuz kann im Zusammenhang stehen mit dem etwas größeren mit aufgespaltenen Enden, das auch eine Generationsfolge aufweist. Die gleichartigen kleinen Kreuze sind aber auch schon am Chor der Blasiuskirche von Ende des 13. Jahrhunderts und später am Turmunterteil der Kornmarktkirche aus der Zeit um 1365 zu finden.

Gut vergleichbar ist das Zeichen mit den gekreuzten zwei Dreschflegeln mit dem am Langhaus der Blasiuskirche (R.A. 1300 - 10; B.W. 1288 - 1300), an den drei Jochen der Südwand der Jakobikirche (R.A. um 1315; B.W. 1319 - 22), dem Obergeschoss der Turmgruppe (R.A. 1350 - 60; B.W. 1330 - 35) und der Sakristei der Jakobikirche (R.A. um 1300; B.W. 1294 - 96?), der Nordseite des Langhauses der Kilianikirche (R.A. um 1350; B.W. 1350), dem Turm der Martinikirche (R.A. 1365 - 70) und an der Nikolaikirche am Chor (R.A. Ende 13. Jahrhundert; B.W. 1314?), der Nordwand (R.A. 1300 - 10; B.W. ab 1314), dem Turm (R.A. 1300 - 10; B.W. ab 1350 - 80 oben) und an der Südseite des Langhauses (R.A. 1330 - 40; B.W. 1324 - 40).

d) *Kernbau, Umbau 14. Jahrhundert*
Vergleichbar ist der Buchstabe "x" mit dem Zeichen an der Nordwand der Georgiikirche (R.A. ab 1325; B.W. 1365 - 70), mit dem an der Nordseite des Querhauses der Marienkirche (R.A. 1300 - 25; B.W. 1341 - 49), mit dem an der Sakristei der Martinikirche (R.A. um 1370).

Das Zeichen des Striches mit gespaltenen Enden und "Aufsatz" gleicht dem an der Marienkirche am 1. - 3. Joch der Nordseite des Langhauses (R.A. 1300 - 25; B.W. 1375 - 90) und an den Innenpfeilern des Langhauses (R.A. 1362 - 70; B.W. 1375 - 90).

Das Zeichen des "gelegten M" mit Strich befindet sich am 1. - 3. Joch der Nordseite des Langhauses der Marienkirche (R.A. 1300 - 25; B.W. 1375 - 90) und das Dreieck an der Ost- und Südseite der Georgiikirche (R.A. 1340 - 50; B.W. 1367 - 70) und am Westende der Marienkirche (R.A. 1360 - 70; B.W. 1375 - 90).

Kaum zu vergleichen ist der Buchstabe "R", der vielfach vom 13. Jahrhundert bis zur Mitte des 14. Jahrhunderts vorkommt. Es dürfte auch hier ein Generationswechsel vorliegen.

Anmerkungen:

1 Aulepp, Rolf: Die Steinmetzzeichen an den beiden gotischen Teilen des Mühlhäuser Rathauses und ihre Aussage zum Baugeschehen. Manuskript (maschschr.) v. 4.10.1997.

2 Aulepp, Rolf: Steinmetzzeichen und kunstgeschichtliche Merkmale helfen, die Entstehungszeit der Bauabschnitte von mittelalterlichen Gebäude in Mühlhausen zu erkennen. Manuskript (maschschr.) v. 12.5.1963. Datierungen ab S. 37.

3 Wedemeyer, Bernd: Die Blasiuskirche in Mühlhausen und die thüringische Sakralbaukunst zwischen 1270 und 1350, Bd. I, (Braunschweiger kunsthistorische Arbeiten 2). Berlin 1997. S. 138f, S. 344ff, S. 591ff und S. 600ff.

4 Cramer, Johannes u. Eißing, Thomas: Dächer in Thüringen. (Arbeitshefte des Thüringischen Landesamtes für Denkmalpflege 2). Wiesbaden 1996. S. 99.

Uwe Wagner
Restauratorische Untersuchungen an Putzen und Bemalungen

Im Zuge bauhistorischer Untersuchungen am Rathaus waren restauratorische Untersuchungen an Putzen, Farbfassungen und Wandmalereien erforderlich. Anhand der Befunde soll eine zusätzliche Datierungshilfe baulicher Abläufe erschlossen werden. Im Einzelnen waren folgende Fragen zu klären:

I. Bereich alte und neue Treppe im Archiv: hatte die alte Treppe ebenfalls ein Gewölbe, oder hörte das Gewölbe der neuen Treppe an der Vermauerung vom 15.08.1615 auf. Vornehmen der Datierung der dekorativen Ausmalungen im Archiv.
II. Wann sind die Malereien des Rathaussaales an der Ostwand im Bereich über der barocken Tonne entstanden.
III. Datierung von Verputzen und Bemalungen an der Ostwand der Rathaushalle vor der Kanzlei. Sind in diesem Bereich Befunde von Malereien vor 1913 erhalten.
IV. Stuhlraum und Poststelle: untersuchen der Putz- und Fassungsfolgen insbesondere der Wandanschlüsse der Ostwand zur zeitlichen Einordnung des Wandeinbaus zwischen diesen Räumen.
V. Datierung der Bemalungen in der Kanzlei.

1. Das Archiv

Die Existenz eines Stadtarchives Mühlhausen ist aktenkundlich bis in das 14.JH. zurückzuverfolgen. In den Jahren 1595/96 ist der südliche Anbau des Rathauses erfolgt. Die Mühlhäuser Chronik berichtet von dem Beschluß der Bestimmung der Kanzlei und des Archives im "untersten Gewölbe" im Jahre 1615 (Kettner). Lokalisiert wurde das "unterste Gewölbe" in dem Zwischengeschoß des neuen südlichen Anbaus von 1595/96. Die kleine Kammer rechts neben der von der Rathaushalle in das Archiv füh-

renden Treppe wurde seit dem 15. August 1615 als geheime Schatzkammer bestimmt. In Zusammenhang dieser Kammer stellen sich folgende Fragen:

1. Führte das Gewölbe des ersten Archivraumes auch in die Kammer?
2. Besaß die Kammer ehemals eine Treppe in den Saal, also befand sich hier der ursprüngliche Zugang zum großen Rathaussaal?
3. Wann erfolgte die erste Ausmalung der Archivräume?

Die Mauerwerkabdeckung an den Wänden der Kammer beschränkt sich lediglich auf einen weißen mit Strohhäcksel und tonigen Bestandteilen versetzten einlagigen grob verstrichenen Verputz, der anschließend mit einer inzwischen stark gegilbten und verschmutzten Kalktünche überfaßt wurde.

Die Decke ist als Stichkappe ausgebildet. Die zeitliche Einordnung des Einbaus dieser Decke ist nicht geklärt. Auch waren hier bis dato keine Hinweise eines ehemaligen Gewölbes erkennbar.
Im Sockelbereich der an die Nordwand der Kammer angrenzenden Bereiche der Ost- und Westwand weisen Spuren auf eine ehemalige Treppe in die Rathaushalle.
Putz und gealterte Kalkfassung führen auf der Südwand bis unter die anschließende für die Vermauerung bestimmte Nordwand. Der Putz und die gealterte Kalktünche können eindeutig in die Zeit vor dem Zusetzen der Kammer datiert werden. Dieser älteste Putz war monochrom weiß gefaßt.
Visuell lassen sich deutliche Unterschiede zwischen dem mit Malereien dekorierten Verputz der übrigen Archivräume und dem nur mit einer Kalkschicht versehenen Verputz der Kammer erkennen. Im ersten

Putze und Bemalungen

Archivraum sind Mörtel mit einer rötlichen, hingegen in der Kammer mit einer sehr hellen weißen Eigenfärbung und Zusätzen von Strohhäcksel und tonigen Einschlüssen aufgetragen worden. Der rötliche Verputz hat neben Sand, groben Kieselzuschlägen, Kalkbröckchen und Ziegelstücken zusätzlich Strohhäcksel als Mörtelbestandteile erhalten. Damit ist ein zeitlicher Abstand zwischen den Verputzungen belegt. Das läßt den Schluß zu, eine einheitliche künstlerische Dekoration der Gewölbe und Wände des Archivs erfolgte erst nach der ersten Vermauerung (restauratorische Untersuchungen und chemisch-physikalische Analysen können hier weitere Informationen zu Schichtenaufbau von Putzen und Farbschichten, sowie zu Material und Zusammensetzung der historischen Mörtel erbringen). Die Einrichtung der Kammer zu einer geheimen Schatzkammer wurde, nach Informationen aus dem Aktenbestand des Rathauses, am 15. August 1615 ausgeführt, als in dem kleinen Raum "wichtige Sachen" vor den Heimsuchungen des Dreißigjährigen Krieges geschützt werden sollten.

Die Wände des der Kammer anschließenden Archivraumes lassen mit dem vorliegenden Farbschichtenaufbau die Ausführung der dekorativen Malerei auf rötlichem Putz erkennen. Die wohl 1615 errichtete Trennwand zwischen Kammer und Archiv weist überwiegend zwei aufeinanderfolgende fast identische Bemalungen auf. Der Malereiträger ist der bereits erwähnte rötliche Verputz mit Anteilen von Strohhäcksel. In der Zeit des Dreißigjährigen Krieges wurde die Vermauerung 1622 und 1623 kurzzeitig geöffnet, unmittelbar danach jedoch wieder geschlossen. Dabei kann die partielle Wiederholung und Überarbeitung der Malerei erfolgt sein, um die Vermauerung der Kammer unerkennbar zu kaschieren.

Kunstgeschichtlich ließe sich die künstlerische Dekoration an Gewölben und Wänden des Archivs in die erste Hälfte des 17. JH. da-

Abb. 1: Grotesker Rollwerkdekor der Bemalungen um die Laibungen der Archivtüren aus der Zeit der ersten Ausmalung 1615;
Foto: Thüringisches Landesamt für Denkmalpflege

tieren. Dargestellt sind in Form von manieristisch anmutenden dekorativen Arrangements um Tür- und Fenstergewände, Fensterlaibungen und auf den Gewölbegraten Ornamentierungen der späten Renaissance. Zu sehen ist die Vielfalt reifer Beschlag- und Rollwerkdekoration (Abb. 1) kombiniert mit Schweif- und Knorpelwerk, Früchten, grotesken Masken, vegetabilen Gebinden, die auch Teils erste barocke Elemente aufweisen. Gründlich zu untersuchen wären der Putz- und Farbschichtenaufbau, die exemplarischen Details und Formen, sowie die Pigmente und Bindemittel der Ausmalungen. Erneuerungen und Korrekturen an den Dekorationen erfolgten in größeren Zeiträumen seit der Entstehung der Dekoration.

Putze und Bemalungen

Abb. 2: Grotesker Rollwerkdekor mit barocken Elementen vegetabiler Gebinde, die in eine spätere Überarbeitung eingeordnet werden kann, vermutlich nach der letzten Kammervermauerung von 1623; Foto: Thüringisches Landesamt für Denkmalpflege

Die dargestellten Ornamentformen fanden in Deutschland noch bis zum ausgehenden 17.JH. Verwendung (Abb. 2).

Zusammenfassung:

1. Spuren von Stufenwangen im Material der Ost- und Westwand weisen auf die Existenz einer ehemaligen Treppe von der Rathaushalle in die Kammer.
2. Gewölbereste, die eine ursprüngliche Funktion und eindeutige konstruktive Zuordnung dieser Kammer zum ersten Archivraum bestätigen würden, waren bisher nicht gefunden worden.
3. Der helle weiße Verputz und die Kalkfassung der zugesetzten Kammer sind in die Zeit **vor** der Vermauerung von **1615** zu datieren. Dieser Verputz führt unter das Mauerwerk der Vermauerung. Es ist wahrscheinlich, daß vor der Bemalung der Archivräume hier ein einheitlicher heller weißer Verputz mit Kalkanstrich vorlag.
4. Die rötlichen Putze in den Archivräumen können möglicherweise in Zusammenhang mit der **Ausmalung** gebracht werden. Die Befunde unserer ersten Untersuchungen geben Anlaß zu dem Schluß eines einheitlichen Neuverputzes der Archivräume im Zuge der Vermauerung der Kammer im Jahre **1615**. Die im Archiv ausgeführten dekorativen Malereien der Spätrenaissance können mit Stand der bisherigen Kenntnisse in die Zeit dieses Neuverputzes datiert werden.
5. Auf der Vermauerung der Kammer sind in zeitlichen Abständen zwei nahezu identische Ausmalungen erfolgt, während alle übrigen Wände des ersten Archivraumes lediglich eine Ausmalung erhielten. Die Putze auf der Vermauerung und den übrigen Wänden des Archivs sind identisch (vergleichende Analysen der Putzusammensetzungen sind jedoch hierzu noch erforderlich und anzuraten).
6. Korrekturen an den Malereien und spätere formale Ergänzungen können durchaus noch bis in das späte 17.JH. erfolgt sein. In den 20er Jahren dieses Jahrhunderts erfolgte eine grundlegende Überarbeitung des Bestandes.

2. Malerei und Putze im Bereich der Ostwand der Rathaushalle

Die Malerei über der barocken Tonne von 1746/47

Putze und Fassungen
Teile ältester Gestaltungskonzeptionen der Rathaushalle sind in Resten über der hölzernen Tonne von 1746/47 in Form eines go-

Putze und Bemalungen

tischen Maßwerkfensters und Putzresten mit Malereifragmenten erhalten. Der Scheitel des Spitzbogens der barocken Tonne kennzeichnet fast exakt die Mittelachse des gotischen Spitzbogenfensters.

Die ältere höher gezogene spitzbogige Tonne führte im Scheitel unmittelbar unter den Scheitel des Spitzbogens des Fensters. Das Fenster war zur Zeit der älteren Tonne unvermauert. Auffällig ist der Verlauf der gotischen Tonne in den Scheitel des Spitzbogenfensters, der durch die Tonne teils verdeckt worden ist.

Insbesondere die nördlich des Fensters erhaltenen Putze und Fassungen (Bereich zwischen der älteren Tonnenbegrenzung und der jüngeren barocken Tonne), weisen aller Voraussicht nach sämtliche Fassungselemente aus der Zeit vor dem Einbau der barocken Tonne auf.

Die erste Fassung auf der letzten Putzschicht ist in Form einer Wandmalerei erhalten geblieben. Erkennbar ist eine Fahne mit Kreuz und rechts von der Fahne Federbüsche, offensichtlich die Helmzier eines Ritters. Die Malerei erfolgte auf einer grauweißen Tünche. Deutlich sind schwarze Konturen der Malereiformen ähnlich einer Binnenzeichnung erhalten.

Möglich ist eine zeitliche Eingrenzung der Entstehung dieser Malerei insbesondere durch Zuhilfenahme von Befunden restauratorischer Untersuchungen.

Im Bereich der Ostwand erfolgten drei Putzungen:

I - Mauerwerk mit festem gelblichen Fugenmörtel (grobe Zuschläge, Kalkklümpchen) und einer dünnen Lage eines Ausgleichsmörtels (weiß, evtl. Gipsmörtel), darauf mehrere Kalktünchen (teils Grau),

II - Putz, gelblich, lockere Bindung, darauf eine (?) Kalktünche,

III - Putz, fest, rötlich (Ziegelmehl, Strohhäcksel, Kalkklümpchen), darauf die Wandmalerei und eine größere Anzahl Kalktünchen.

Reste der ersten beiden Putzlagen mit den dazugehörigen Fassungen sind auch in den Mauerwerksbereichen außerhalb der ehemaligen gotischen Spitztonne nachzuweisen.

Der letzte Verputz, der als erste Fassung die Malerei erhielt, ist nur auf den Bereich unter der gotischen Tonne ausgeführt worden. Die Malerei war mit einer größeren Anzahl von Tünchen überdeckt und somit bereits längere Zeit vor dem Einbau der barocken Tonne nicht mehr sichtbar. Malerei und Übertünchungen sind zu jeder Zeit bis zum Einbau der barocken Tonne in Bezug zu dem offenen Spitzbogenfenster zu sehen. Der bemalte Verputz führt auf Null auslaufend auf die Fensterlaibung und ist auch in deren unteren Bereichen zu erkennen. Endgültig zugesetzt wurde das Fenster in seinem unteren Teil erst im Zuge der barocken Umgestaltung von 1746/47.

Die Steingewände des gotischen Maßwerkfensters aus der Zeit zwischen 1330 und 1340 weisen noch Farbschichten ältester Fassungen auf der Innen- und Außenseite auf:

1. Innenseite (über der Rathaushalle)
   - auf dem Stein rote Farbspuren,
   - es folgen eine weiße,
   - eine helle gelbliche,
   - eine dunkle graue und wieder
   - eine helle gelbliche Farbschicht.

2. Außenseite (über der Kanzlei, ehemalige Fassade)
   - auf dem Stein eine weiße Grundierung, auf der
   - ockrig-gelbe Farbspuren liegen, vermutlich als Erstfassung,
   - darauf eine dunkle graue Farbschicht mit starken Verkrustungen an der Oberfläche.

Der Wechsel der roten Fassung der Innenseite zu dem Ocker der Außenfassung erfolgt im Bereich des Fensterfalzes.

Visuell erkennbare Ähnlichkeiten von Putzen bestehen bei dem ältesten Mörtel auf dem vermauerten und verputzten gotischen

Putze und Bemalungen

Spitzbogen im unteren Bereich der Hallenostwand und des bemalten Mörtels über der barocken Tonne. Vergleichende Analysen könnten hier genauere Informationen hinsichtlich der Putzphasen erbringen. Gegenwärtig kann eine zeitgleiche Verputzung und Bemalung des (vermauerten) Spitzbogens und der gesamten Ostwand bis unter die ehemalige gotische Tonne vermutet werden. Dieser Mörtel hat auch weiterhin Ähnlichkeit mit dem Verputz des Archivs und der Kanzlei(!). Eine zeitliche Übereinstimmung der Putzausführung ist anzunehmen, zumindest jedoch würde ein engerer Zeitraum umgrenzt, in dem eine bestimmte charakteristische Mörtelzusammensetzung in Gebrauch war. Das ist der Zeitraum zwischen 1570 und 1615 (mögliche Datierung einer Putzausführung in der Kanzlei und später im Archiv). Bevor jedoch nicht vergleichende Mörtelanalysen erfolgt sind, sollten die o.g. Fakten noch als Vermutungen bestehen bleiben.

Zur Datierung der Malerei
Die sehr lebendige Malweise der Helmzier und der Fahne mit dem Kreuz (könnte ein Sühne- oder Weihekreuz darstellen) läßt sich in den spätgotischen Stil oder auch bereits in den Renaissancestil einordnen. Merkmale der Renaissance sind die geschwungenen Ornamentierungen in der Fahne. Auch die buschige Helmzier ist in der hier dargestellten Form erst seit der Renaissance anzutreffen. Die Materialzusammenstellung des bemalten Putzes weicht ganz erheblich von bekannten Mischungen der Gotik ab. Signifikant ist der Anteil von Strohhäcksel. Ältere Putze hatten an massiven in Stein errichteten Sacral- und Profanbauten eher höhere Bindemittelanteile, feinere Siebgrößen der Zuschläge und (nach bisherigem Kenntnisstand) auf Grund der Stabilität und Festigkeit dieser Mörtel keine Zusätze von Strohhäcksel.
Würden sich durch Analysen Übereinstimmungen der Putze der Ostwand der Rathaushalle, des Archivs und der Kanzlei bestätigen, könnte eine zeitlich enger begrenzte Datierung der **Wandmalerei** in die Zeit **zwischen 1570 und 1615** erfolgen.
Allein die große Anzahl der Übertünchungen (visuelle Untersuchungen mit Lupen bis 6fache Vergrößerung, neun Kalkschichten) geben Hinweise auf einen größeren Zeitraum von der Entstehung der Malerei bis zum Einbau der barocken Tonne 1746/47.

Zusammenfassung:

1. Auf dem Mauerwerk der Hallenostwand sind in dem Bereich über der Tonne von 1746/47 drei Putzphasen mit Fassungen nachzuweisen. Der letzte Verputz erhielt als Erstfassung eine Bemalung. Auf der Bemalung sind eine größere Anzahl von Tüncheschichten aufgebracht worden. Somit ist ein großer Zeitraum zwischen der Ausführung des letzten Verputzes mit der Bemalung und dem Einbau der barocken Tonne anzunehmen.
2. Möglicherweise gibt es Übereinstimmungen in Farbe und Zusammensetzung der letzten Putzschicht an der Hallenostwand über der barocken Tonne und in den Bereichen der Vermauerung des großen Spitzbogens vor der Kanzlei, sowie mit dem Verputz der Kanzlei und des Archivs. Hier sind die Untersuchungen weiterzuführen.
3. Auf Grund der bisherigen Erfahrungen hinsichtlich der Zusammensetzung gotischer Putze und der stilistischen Merkmale der Malerei ist die Zuordnung des vorliegenden bemalten Putzes über der barocken Tonne in den Zeitraum der Renaissance zutreffend.
4. Nach den Analysen des Büro für Bauten- und Kunstgutforschung, Erfurt (Frau Fuchs, Bericht vom 18.06.1999), sind die häckselhaltigen Kalk-Mörtel der bemalten Verputzungen des Archivs, der Ostwand im Bereich über der Tonne der Rathaushalle und der alten Kanzlei in ih-

Putze und Bemalungen

rer Zusammensetzung nahezu identisch und in die Zeit zwischen 1570 und 1615 einzuordnen.
5. Der haarhaltige Kalk-Gips-Mörtel auf der Ostwand der Rathaushalle ist jünger datiert (Barock).

Die Malerei an der Ostwand der Rathaushalle

Putze und Fassungen
Zwischen 1908 und 1915 erfolgten Umbauten und eine künstlerische Überarbeitung der Rathaushalle. 1912 begannen die Ausführungsarbeiten an der Ausmalung der Halle. Albert Leusch ist als Autor der restauratorischen Arbeiten an der Holztonne und der Ausmalungen an den Wänden genannt, Professor Max Kutschmann (an der Unterrichtsanstalt des Kunstgewerbemuseums Berlin) als künstlerischer Leiter[1].
Im Jahre 1956 sind die Ausmalungen z.T. abgearbeitet und übertüncht worden. Bei Freilegungen der Reste der Malereien in den Fensterlaibungen und um die Türen der Halle konnten spärliche Reste der Ausmalungen sichtbar gemacht werden. Diese lassen jedoch nur die ursprünglichen Formen erahnen. Gut sichtbar hingegen sind im Streiflicht Ritzungen, die zur Vorbereitung der Malerei in den trockenen Putz gebracht worden sind. Die Rißkanten weisen Reißspuren auf, die nur entstehen, wenn mit einem geeigneten Werkzeug der trockene ausgehärtete Putz angerissen wird. Rißführungen sind durch grobe Kiesel teils abgelenkt worden, oder weichere Zuschlagteile wurden aufgerissen, bzw. durchbrochen.. Je nach Eigenfestigkeit der Mörtelbereiche weisen die im Verputz sichtbaren Ritzungen unterschiedliche Tiefe und Breite auf (Abb. 3).
Der Verputz erfolgte in einem hellen rötlichen Mörtel mit Anteilen von Ziegelbröckchen, Holzteilchen, kurzem Haar und groben Sandzuschlägen. Dieser Mörtel stammt aus der Zeit der ersten großflächigen Überputzung des Spitzbogens

Abb. 3: Detail der dekorativen illusionistischen Architekturmalerei der Rathaushalle um den Zugang in die Kanzlei von 1912. Deutlich erkennbar sind die Ritzungen mit den charakteristischen Ritzkantenausbrüchen als Merkmal einer Ritzung in den trockenen Putz; Foto: Thüringisches Landesamt für Denkmalpflege

und kann in den Zeitraum des Barock eingeordnet werden. Eine exakte Datierung dieses Putzes ist mit dem gegenwärtigen Kenntnisstand nicht möglich. In diesem Verputz lassen sich einige großflächige und teils plombenartige Mörtelergänzungen jüngerer Zeit erkennen. Es sind teils grobe schwach gebundene und auch sehr feste Mörtel mit grauer Eigenfarbe (Zementanteile?).
Die Ritzungen führen in den Malereibereichen grundsätzlich über die unterschiedlichen Mörtelqualitäten. Somit sind diese Mörtel der Zeit vor bzw. um 1912 zuzuordnen. Vorhanden sind jedoch auch jüngste

Putze und Bemalungen

Putzergänzungen, in dessen Bereichen die Ritzungen deutlich unterbrochen wurden.
Die Wandanstriche erfolgten 1912 in einem Rotbraun. Dieser Farbton ist als Grundfarbton der Malereien zu sehen. Unter der rotbraunen Farbschicht liegen weitere ältere monochrome Fassungen (Anzahl der Farbschichten und deren Farbtöne nicht weiter untersucht).
Malereien oder Spuren einer dekorativen künstlerischen Ausgestaltung aus der Zeit vor 1912 waren in den Bereichen um die Türen nicht nachweisbar.

In einer ältesten Fassung liegen Putze vor, die bis an die Profile des großen gotischen Spitzbogens vor der Kanzlei herangeführt worden sind. In diesem sehr frühen Gestaltungskonzept ist der Spitzbogen als "Architekturzitat" sichtbar belassen und einheitlich in einem Wandfarbton Grau gefaßt worden.

Zusammenfassung:

1. Die in Fragmenten erhaltenen Ausmalungen um die Türlaibungenen in der Rathaushalle entstanden zwischen 1912 und 1915.
2. Um 1956 wurden diese Bemalungen zerstört, die Wände der Rathaushalle erhielten eine neue Farbgebung.
3. Befunde einer künstlerischen Ausgestaltung der Wände aus der Zeit vor 1912 liegen nicht vor.
4. In einer Fassung vor dem barocken Verputz der Rathaushalle war der große Spitzbogen im Bereich um den Eingang zur Kanzlei noch zu sehen. Dieser Befund kann als ein exemplarisches Beispiel einer "historischen denkmalpflegerischen Konzeption" vor 1600 gesehen werden, in der ein Architekturelement nach Umbauten archäologisch sichtbar belassen worden ist.

3. Silberkammer und östlicher Nebenraum

Eine diese beiden Räume trennende Wand ist nach Meinung des Autors beidseitig mit der anschließenden Nord-, bzw. Südwand verzahnt. Der Verputz in der Silberkammer hat eine einheitliche rötliche Eigenfärbung und ist mit Haar, Ziegel- und Kalkstücken versetzt. Vergleichbar ist dieser Mörtel mit dem Verputz des Archives. Hinweise auf die Existenz einer ursprünglichen Einheitlichkeit beider Räume sowie Befunde von Bemalungen oder künstlerischen Dekorationen in den Räumen fehlen. Erstfassungen dieser Räume sind einheitliche monochrome helle Anstriche. Eine definitive Klärung des Status der Zwischenwand erfordert weitere Untersuchungen.

4. Die Kanzlei

In dem um 1568 errichteten Ostanbau weist eine intarsierte Jahreszahl in der hölzernen Türarchitektur auf die Entstehung der Ausstattung in das Jahr 1570. Die ornamentale groteske Bemalung der Gewölbekappen und Wände ist nicht zeitgleich mit der hölzernen Ausstattung erfolgt. Auch die hölzernen Giebel über den Wandnischen der Nord- und Westwand sind zeitlich jünger als die übrige intarsierte Holzarchitektur einzuordnen. Sichtbar wird das an der etwas groberen und schlichteren Gestaltung dieser Giebel.

- Fassung I:
Die Nischen waren ursprünglich mit hölzernen Wandregalen eingerichtet, wobei der Bereich zwischen der obersten Regalbohle und dem Stichbogen der Nische offen gewesen sein muß. Das belegt ein geglätteter heller Verputz (siehe ältester Verputz des kleinen vermauerten Raumes im Bereich des Archivzuganges) auf dem rötlichen Schalungsmörtel des Bogens, der nur bis an den oberen Regalabschluß heranführt. Dieser Verputz war mit Kalk grundiert und dann in einem Grau gefaßt worden.
Die graue mit Kalk unterlegte Farbschicht war auf den gesamten Wänden und Gewölbekappen als eine erste monochrome Fassung erfolgt. Sie ist der Ausstattung von

Putze und Bemalungen

Abb. 4: Westwand der Kanzlei. Intarsierte Holzarchitektur von Paneel und Türumrahmung entstanden 1570, während die Umbauten der Wandnische im 19. Jh. erfolgten. Die grotesken die Holzarchitektur rahmenden Malereien entstanden in einer Zweitfassung um 1615; Foto: Thüringisches Landesamt für Denkmalpflege

1570 zuzuordnen. Die Oberfläche der Erstfassung ist mit einer feinen Schmutzschicht überzogen. Das kann als Indiz für einen größeren Zeitraum zwischen der Erstfassung und der Ausführung einer zweiten Fassung gewertet werden.

- Fassung II:
Die Zweitfassung ist eine helle gelbliche Farbschicht, auf der die grisailleartigen grotesken Malereien erfolgt sind. Die Malerei ist als rahmende Dekoration (analog der Archivausmalung) um die Nischen und die hölzerne Ausstattung gelegt worden.

- weitere Fassungen:
Der Verputz des ehemals offenen Stichbogens über dem Wandregal läßt noch neun weitere Farbschichten unterschiedlicher farblicher Tönung erkennen, wobei die Gesamtoberfläche der letzten grauen Fassung stark verrußt ist. Die hölzerne Giebelarchitektur um das Wandregal der Westwand, sowie der Nordwand, kann durchaus eine Zutat des 19.Jh. sein.

Offen bleibt vorerst die Datierung der grotesken Malerei, die in ihrem Charakter mit der Archivausmalung vergleichbar ist. Die figürlichen Details sind allerdings von einer wesentlich hochwertigeren ästhetischen Qualität. Auch die Umsetzung der Gesamtgestaltung dieser Malerei weist auf eine andere Handschrift.

Die Ausführung der Archivausmalung wurde in die Zeit der ersten Vermauerung des kleinen Raumes im Eingangsbereich des

Putze und Bemalungen

Archives datiert, die am 15.08.1615 erfolgte. Der Verputz, auf dem diese Malerei erfolgte, hatte eine andere Zusammensetzung (rötlich), als der erhaltene ältere (helle) Verputz in dem kleinen Raum.

Die Malerei in der Kanzlei ist auf einer bereits vorhandenen älteren Fassung erfolgt. Der Verputz hat eine helle Eigenfärbung, die mit dem älteren hellen Verputz des kleinen Raumes im Archiv vergleichbar ist (vergleichende Analysen der Putzzusammensetzungen sind erforderlich). Wir vermuten, die Malerei der Kanzlei entstand zeitgleich mit der Archivausmalung, bzw. unmittelbar vor 1615.

Zusammenfassung:

1. Das Gestaltungskonzept der Erstfassung in der Kanzlei von 1570 war die Ausstattung mit intarsierten Holzarchitekturen und eine monochrome mit Kalk auf hellem Putz grundierte graue Farbgebung der Wand- und Gewölbeflächen.
2. Die Ausmalungen erfolgten zu einer Zweitfassung, die durchaus zeitlich der Ausmalung des Archivs 1615, bzw. unmittelbar vor 1615, zugeordnet werden kann.
3. Die Giebelarchitekturen über der Nord- und Westnische sind zeitlich einem wesentlich jüngeren Gestaltungskonzept zuzuordnen.

Anmerkung:

1 Chronologie der Rathaus-Wiederherstellung, B.Mahr, Mai 1998.

Thomas Schulze
Dendrochronologische Untersuchungen

Dachgeschoss über der großen Ratsstube

Der Dachstuhl mit etwa 60°Dachneigung, seinen geblatteten Kehlbalken, die Art der Abbundzeichen (Pickschläge auf der Südseite) und auch die Abmessungen der behauenen Balken, deuten visuell auf eine Zeit in das 14. Jh.. Die Beprobung der Kehlbalken bestätigen mit einer hohen Kollektivaussage eine Fällzeit im Winter 1326/27. Auch der Balken am Boden, der der Tonne in Westrichtung vorgelagert ist, gehört zu dieser Datierung, weist jedoch keine Baumkante auf, sondern eine Fase.

Die Überzüge zeigen einzeln keine ausreichende Übereinstimmung mit allen verwendeten Referenzkurven für Eiche (Thüringen, Bayern, Hessen u. a.) auf. Untereinander ergibt sich jedoch eine gute Übereinstimmung, deren Mittelwert eine ausreichend abgesicherte Datierung (Fällzeit) 1476+1 erbringt. Ein bei der Beprobung verloren gegangener Splintholzring muss noch addiert werden.

Dachgeschoss über der großen Tonne

Der Dachstuhl über der großen Tonne ist, wie der im westlichen Bereich, als 60° Kehlbalkendach ausgeführt, jedoch verlaufen die Abbundzeichen eine andere Zählrichtung auf. Das Gespärre ist jedoch, bedingt durch die Tonne, zusätzlich in Binderrichtung mit Andreaskreuzen versteift. Die Beprobung zeigt eine Fällung im Winter 1326/27 und auch eine Sommerfällung 1327 auf. Ein beprobter Sparren verweist auf 1597, so dass vermutlich eine Reparatur oder Veränderung nach 1597 erfolgte. Einzeldatierungen sind jedoch prinzipiell mit Vorsicht zu bewerten.

Dachgeschoss im östlichen Bereich

Das Dachgeschoss im östlichen Bereich ist von zahlreichen Veränderungen, unter Nutzung von zweitverwendeten Hölzern (leere Blattsassen u. a.), geprägt. Eine dendrochronologische Datierung in solchen Gebilden erfolgreich durchzuführen, erfordert meist einen größeren Probenaufwand. Mit einer Fällzeit von 1367, im Bereich der Tonne konnten Hölzer mit einer hohen Sicherheit nachgewiesen werden, die vermutlich ursprünglich in diesem Bereich der Tonne sind. Eine weitere Datierung 1464, vermutlich Zweitverwendung, ist als Einzelprobe schwer einzuordnen und als unsicher zu bewerten.

Bei den hier beprobten Sparren konnte keine eindeutige Datierung erzielt werden. Da die ermittelten Zeiten 1869 oder 1874 dicht beieinander liegen, wurden sie mit aufgeführt. Diese Datierung ist jedoch nur unter Vorbehalt verwendbar, passt aber zum visuellen Erscheinungsbild.

Ritterkeller unter der großen Ratsstube

Auch im Ritterkeller erfolgten Umbaumaßnahmen/Versteifungen unter Nutzung von zweitverwendetem Holz. Für den westlichen Unterzug der mittleren Stützkonstruktion wurde Fichte verwendet, Fällung Winter 1366/67 (unter Vorbehalt), der östliche Unterzug aus Eiche wurde im Winter 1636/37 gefällt.

Eindeutig ist in der Datierung ist auch die Stützkonstruktion an der Südseite, deren Hölzer im Winter 1810/11 gefällt wurden.

Beprobte Bohlen aus dem Gefängnis zeigen mit dem letzten feststellbaren Jahresring die Jahreszahlen 1273 und 1336. Beide Bohlen weisen jedoch keine Baumkanten auf, sind

Dendrochronologische Untersuchungen

jedoch sehr grobjährig, so dass nicht allzu viel Jahresringe fehlen dürften. Geschätzt dürfte die erstere Bohle etwa um 1274 bis 1280 gefällt worden sein. Wenn sich die Herkunft der Bohle aus dem Rathaus bestätigt, handelt es sich hierbei um das älteste Holz im Rathaus und gibt ggf. Auskunft über den ältesten Gebäudeabschnitt im Rathaus. Zur Sicherstellung dieser Datierung sind jedoch im Bereich der Bohlenwand weitere Proben erforderlich.

Für die eigenwillige Stützkonstruktion an der Nordwand des Gefängnisses wurden die Hölzer im Winter 1370/71 gefällt.

Im allgemeinen verblieben die Hölzer nach einer Winterfällung bis etwa März/April in den Wäldern und wurden dann sofort auf die Richtplätze zur Verarbeitung gebracht, d. h. der Baubeginn erfolgte unmittelbar nach der Fällung in den Frühjahrs bzw. Sommermonaten. Ist die Holzlieferung nicht ausreichend, dann erfolgte auch eine Sommerfällung.

Bei einer festgestellten Flößung kann sich der Baubeginn um etwa 2 - 3 Jahre nach der Fällung verschieben. Merkmale einer Flößung wurden hier bei den Hölzern jedoch nicht festgestellt.

Falko Bornschein, Ulrich Gaßmann
Fragmente mittelalterlicher Glasmalereien aus dem Rathaus von Mühlhausen

Die Baugeschichte des Rathauses von Mühlhausen ist durch eine Vielzahl von Erweiterungs- und Umbauten gekennzeichnet[1]. Diese für die Bauforschung gleichzeitig mühsame wie auch interessante Situation birgt noch in unserer Zeit so manche Überraschung. Nachdem bereits im Jahre 1913 bis dato verdeckte spätgotische Wandmalereien freigelegt wurden, gelang 1997/98 der Fund von Fragmenten mittelalterlicher Glasmalereien, die im folgenden erstmals kurz vorgestellt und diskutiert werden sollen.
In der östlichen Giebelwand (Abb. 20; S. 38) des Mühlhäuser Rathaushalle befindet sich ein gotisches Maßwerkfenster. Spätestens mit dem Anbau der Kanzlei (1568/69) wurde das Fenster außenseitig durch dessen Dachboden verbaut und verlor damit seine gestalterische und funktionale Aufgabe. Durch Veränderungen infolge einer späteren Umgestaltung der Decke (spätestens 1746/47) ist es heute vom Rathaushalle aus nicht mehr sichtbar und nur über den Dachbodenraum zu erreichen. Um die Dachböden der beiden Gebäude miteinander zu verbinden, wurden das Stabwerk sowie der untere Teil des Maßwerkes entfernt und ein Treppenzugang durch das Fenster geschaffen. Die herausgebrochenen Formsteine wurden vollständig im Bauschutt des Dachbodens aufgefunden und ermöglichten so eine zeichnerische Rekonstruktion. Das Fenster hatte eine Gesamthöhe von ca. 3,80 m und war ca. 1,70 m breit. Es besaß ursprünglich zwei Bahnen, die in Kleeblattbögen endeten. Das Maßwerk selbst war als großer Sechspaß ausgebildet, der seitlich von zwei durchbrochenen sphärischen Dreiecken flankiert wurde (Abb. 18; S. 36).
Bereits die erste Untersuchung des Fensters ergab, daß es ursprünglich verglast gewesen sein muß. Die gesamte Einbausituation mit der Ausbildung der Steinfalze und den zahlreichen Putzleistenfragmenten auf der Außenseite führte zu dieser Schlußfolgerung.
Form und Lage der erhaltenen Kalkmörtelreste verwiesen darauf, daß man bei der Herausnahme der Verglasung keine besondere Sorgfalt walten ließ. Eine eingehende Untersuchung der Eckbereiche der Fensteröffnungen erbrachte den Fund von zwei Glastücken in situ. In einem der sphärischen Dreiecke im Maßwerkbereich der Bahn a wurde ein violettes Glasstück geborgen. Die Größe der Öffnung und der Vergleich mit anderen Maßwerkfenstern läßt vermuten, daß diese Öffnung nur durch ein einzelnes, dieser Form angepaßtes Glas verschlossen war. Ein Umblei konnte nicht festgestellt werden. Das Glas saß unmittelbar im Steinfalz. Beim Herausschlagen des Glases war der kleine Splitter zwischen Steinfalz und Putzleiste erhalten geblieben. Dies war zugleich der erste eindeutige Hinweis darauf, daß sich in diesem Fenster eine Farbverglasung befunden haben muß. Ein zweites Glasfragment konnte in der Nut der Fensterbank der Bahn a sichergestellt werden. Es handelte sich hierbei um ein leicht grünliches Waldglas. Im Bereich dieser Fundstelle wurden auch Reste der ursprünglichen Randverbleiung geborgen.
Eine weitere Untersuchung im Bereich der Steinfalze, die zur Aufnahme der Verglasung dienten, ermöglichte die Rekonstruktion der Einbauverhältnisse. In den 2 cm breiten Falzen befand sich in jeder Bahn eine 68 cm breite Bleiverglasung. Die Gesamthöhe der Bahnen betrug 2,47 m. Die auf Grund der Verankerung im Stein rekonstruierte ursprüngliche Lage der horizontalen Quereisen ergab eine vierzeilige Verglasung. Die beiden Felder in Zeile 1 waren 52 cm hoch, die Felder der zweiten Zeile 91 cm, die der dritten 59 cm. Die Höhe der Kopffelder in

69

Mittelalterliche Glasmalereien

Zeile 4 betrug 42 cm. Nur das Quereisen direkt unterhalb des Maßwerkes in Zeile 4 durchlief in einem Stück das Stabwerk und war im Gewände verankert. Dies ermöglichte die Stabilisierung des gesamten Fensters. In den umlaufenden Steinfalzen der Bahnen und des Maßwerkes wurden zahlreiche Windeisenlöcher nachgewiesen. Die heute nicht mehr vorhandenen Windeisen verstärkten das Bleinetz auf der Außenseite. Als zusätzliche Arretierung der Verglasung dienten eingelassene Holzdübel im Steinfalz, in die kleine gekröpfte Eisenhaken eingeschlagen wurden. Die Reste der Putzleiste aus Kalkmörtel sind ein Hinweis auf eine außenseitige, umlaufende Abdichtung der Verglasung.

Sensibilisiert durch die beiden ersten Glasfunde im Maßwerkfenster wurden nachfolgend weitere 66 Glasfragmente aus dem Bauschutt im Dachboden geborgen.

Bei der Entfernung der Rückwand eines Einbauschrankes in der Kanzlei konnte der Teilbereich eines weiteren Fensters freigelegt werden. Es befindet sich ebenfalls in der Ostwand der Rathaushalle, seitlich versetzt, unterhalb des Maßwerkfensters. Der Vergleich mit einem ähnlichen Fenster auf der Südseite legt die Vermutung nahe, daß es sich hierbei um ein zweibahniges Fenster mit geradem Abschluß handelt. Die beiden Bahnen sind jeweils 53 cm breit. Die geschätzte Höhe des Fensters beträgt ca. 2 m. Im außenliegenden Steinfalz läßt sich die ursprüngliche Lage der Quereisen und Windeisen ablesen. Die beiden Felder in der Zeile 1 waren ca. 48 cm hoch, die in Zeile 2 ca. 56 cm.

Bei der Vermauerung des Fensters von der Rathaushalle aus gegen die Rückwand des Einbauschrankes wurde die darin befindlichen Farbverglasung nicht vollständig entfernt. Einzelne Glasstücke fielen beim Fortgang der Arbeiten in den noch feuchten Mörtel und wurden eingeschlossen. Andere lagen lose hinter der Holzverkleidung. Insgesamt wurden hier 173 Glasstücke geborgen.

Die Untersuchung der insgesamt 239 Glasstücke aus beiden beschriebenen Fundkomplexen zeigt, daß die Verglasungen des Maßwerkfensters und des darunterliegenden Fensters gleichzeitig entstanden sind und deshalb auch einheitlich betrachtet werden können.

Die Größe der Glasstücke reicht von 2 mm^2 bis zu 46 cm^2 und liegt meist im Bereich von wenigen Quadratzentimetern. Nur einzelne Teile ließen sich aneinanderfügen. Neben einem leicht grünlich getrübten sogenannten Waldglas wurden Gläser in den Farben: Hellblau, Violett, Gelb und Rot gefunden. Etwa zwei Drittel der Scherben sind in der Masse gefärbt, etwa ein Drittel sind überfangen. Alle violetten Gläser besitzen einen seltenen zweifachen Überfang mit einem dünnen Farbglas zwischen zwei Waldgläsern. Etwa zwei Drittel des Bestandes weisen eine Schwarzlotbemalung in Form von Kontur- und Lasurmalerei auf.

An der Bundesanstalt für Materialforschung und -prüfung Berlin (BAM) wurden insgesamt fünf repräsentativ ausgewählte Proben einer Elektronenstrahlmikroanalyse (ESMA) zur Bestimmung der chemischen Zusammensetzung des Glasmaterials unterzogen. Drei der untersuchten Gläser gehören demnach zum Typ der Holzascheläser mit einem K2O/CaO-Verhältnis größer als 1, die im Mittelalter weit verbreitet waren. Zwei Proben zählen zu den selteneren Glassorten von Holzasche-Kalk-Gläsern mit einem CaO/K2O Verhältnis größer als 2[2]. Die Schwarzlotmalerei wurde an drei Proben untersucht. Hierbei wurden große Unterschiede im Mischungsverhältnis von Glasfluß und Farbkomponente festgestellt[3].

Alle Gläser waren an ihrem Fundort über sehr lange Zeit keiner unmittelbaren Bewitterung ausgesetzt. Sie befinden sich in einem guten Zustand. Nur ansatzweise sind Korrosionsphänomene wie Craquellierung, Lochfraß, Flächenfraß und Wettersteinbildung feststellbar.

Die hellblauen und violetten Glasfragmente zeigen ein gleichartiges Muster von zarten Blattranken, die aus einem Halbtonüberzug von Schwarzlot ausradiert wurden. Die Ranken erwachsen aus einem ebenfalls herausgearbeiteten schmalen Randsteg und enden jeweils in einem Dreiblatt mit länglichem Mittellappen, der am Stilansatz von zwei rundlichen Blättern flankiert wird. Bei einem der Fragmente ist in die Ranke ein kreuzständiges schmetterlingsförmiges Gebilde (Blätter oder Knospen?) einbezogen worden. Der flächenmäßig größte Teil der Scherben sind Gläser mit einem blassen wässrigen Grünton (Waldglas). Ein Großteil davon trägt mit dem Pinsel aufgetragene Inschriften in gotischen Majuskeln. Zwei Fragmente gehören zu einer Scherbe mit einem aussparend aufgemalten, gefingerten Blatt und einer unbemalten Randbegrenzung von etwa 3 mm zur gekröselten Kante. Das Blatt hat gebuchtete Blattlappen und durch feine Pinselstriche aufgemalte Nerven. Das vollständige Glas war ursprünglich offenbar rautenförmig. Ein großes Bruchstück aus Waldglas besitzt sich kreuzende vertikale und horizontale Linien mit fensterartigen Gebilden, die auf den Horizontalen aufsitzen. An den gekröselten Kanten wird die Scherbe durch eine Kontur abgeschlossen. Das Fragment dürfte aus einem architektonischen Zusammenhang stammen. Gleiches gilt für weitere kleine Teile der gleichen bzw. einer ähnlichen Glassorte, die gerade Linien und Rundungen in unterschiedlicher Anordnung aufweisen. Eine andere Scherbe des Fundes zeigt geschwungene Linien und dürfte eher einem figürlichen oder vegetabil-ornamentalen Zusammenhang (vielleicht auch einer Helmdecke eines Wappens) entstammen. Die gelben Fragmente sind unbemalt oder mit Halbtonüberzügen versehen. Lediglich eines der Stücke besitzt eine Binnengliederung mit rautenförmiger Kreuzschraffur und einem zahnfriesartigen Abschluß.

Nach den Untersuchungen der Bundesanstalt für Materialforschung und -prüfung Berlin lassen sich die Gläser mit einiger Wahrscheinlichkeit ins 14. Jahrhundert datieren[4].

Etwas enger kann die Datierung der Stücke durch die Form der Schriftzeichen gefaßt werden. Auf den zu einem einheitlichen Bestand gehörenden Gläsern mit Inschriften und Inschriftenfragmenten treten die Buchstaben: C, D, E, G, H, I, L, N, O und R auf (Abb. 1). Sie sind durchgehend als gotische Majuskeln ausgebildet und zeigen bis auf das kapitale D unziale Formen. Die Buchstaben tendieren zur breiten Form der gotischen Majuskel. Sie besitzen eine geschlossene Silhouette, die einem gedrungenen Oval bzw. einem nahezu quadratischen, stehenden Rechteck angenähert ist und neigen zum Abschluß des Buchstabenkörpers. Die Buchstaben sind klar gegeneinander abgegrenzt und mit relativ breiter Strichstärke bei relativ schmalen Binnenräumen ausgeführt worden. Ihre Bögen sind geschwellt und schließen bei den Buchstaben C, D, E, G und N innen gerade ab. Die unregelmäßig ovalen Buchstaben C und E besitzen rechts einen weit ausladenden segmentbogenförmigen Abschlußstrich. Am Ende des oberen Bogens des G ist ein bogenförmiger Sporn ausgebildet, das untere Bogenende wurde leicht eingerollt. Die Buchstaben H, I, L, N und R zeigen an den Schaftenden weit ausladende, rechtwinklig angesetzte Sporen, die beim H und beim N an den Fußpunkten zu Abschlußstrichen verschmolzen sind. Das L trägt über dem Sporn einen keilförmigen Balkensporn. Das R hat eine nach außen kräftig geschwellte, nach innen leicht bogenförmige, spitz auslaufende Cauda. Die anderen Buchstaben besitzen nicht die in der Spätphase der gotischen Majuskel üblichen perlartigen Verdickungen bzw. Einschnürungen, obwohl die rundbogigen Buchstaben in ihren Bögen bereits leichte Ausbauchungen aufweisen.

Mittelalterliche Glasmalereien

Abb. 1: Gläser mit Inschriften und Inschriftenfragmenten; Foto: Thüringisches Landesamt für Denkmalpflege

Nach dem Charakter der auftretenden Buchstaben und unter besonderer Berücksichtigung von Werken der Glasmalerei ist eine Entstehung der o.g. Inschriften am ehesten in der ersten Hälfte des 14. Jhds. (unter Umständen erst nach 1350) anzunehmen.

Diese Datierung wird auch durch die Form der Rankenornamentik unterstützt. Die oben beschriebenen Blattranken der blauen und der violetten Gläser entsprechen stilistisch der Zeit zwischen dem Ende des 13. und der Mitte des 14. Jhds. Sie sind kalligraphisch schwungvoll und zart gezeichnet, wachsen relativ frei und wirken recht lebendig. Frühere Ranken neigen mehr zu einer Stilisierung bzw. Ornamentalisierung, die späteren sind weniger schlank, meist kleeblattähnlich oder aber stark gefiedert und in einem ausgeglicheneren „Figur-Grund-Verhältnis" ausgebildet. Ähnliche Blütenformen wie in den Mühlhäuser Rathausfragmenten finden sind bereits um 1280/90 im Auferstehungsfenster des Konstanzer Doms (heute Badisches Ladesmuseum Karlsruhe), in einem wohl aus der Kölner Dominikanerkirche stammenden Fragment eines trauernden Johannes (um 1310, heute Suermondt-Ludwig-Museum Aachen) oder in den Stifterfeldern aus der Konstanzer Mauritiusrotunde (1318, heute Freiburg i. Br.)[5]. Sie sind in abgewandelter Form aber auch noch in den im letzten Viertel des 14. Jhds. entstandenen Fenstern der Stendaler Jacobikirche anzutreffen[6].

Interessanterweise ergeben sich sowohl in der Ausbildung der Buchstaben als auch in der Form der Rankenornamentik auffallende Ähnlichkeiten zu einem Glasmalereibestand der Stadt Mühlhausen selbst, nämlich zu Fenstern der hiesigen Blasiuskirche. Die oben beschriebenen Ranken finden sich vergleichbar, wenn auch etwas fülliger und mit nicht ganz so langgestrecktem Mittellappen, im Hintergrund des Heiligenfensters süd III (um 1340/50). Der Charakter der gotischen Majuskeln auf den aufgefundenen Fragmenten kommt dem der Inschriften auf den Spruchbändern der Apostel des Apostelfensters nord II (um 1340) nahe, auch wenn die letzteren prächtiger ausgestattet sind und senkrechte Zierstriche sowie geschwungene Sporen aufweisen. Außerdem wurden die Buchstaben insgesamt runder angelegt. Die Art der Blattfragmente ähnelt der Gestaltung des vegetabilen Hintergrundes im Jungfrauenfenster nord III (um 1340), erstere sind jedoch wieder etwas einfacher ausgeführt[7].

Alles in allem ist es sehr wahrscheinlich, daß die aufgefundenen Glasmalereifragmente im Umfeld der Verglasung der Mühlhäuser Blasiuskirche entstanden sind[8]. In welchem zeitlichen Verhältnis die Arbeiten zueinander stehen, läßt sich anhand der wenigen Rathausfragmente nur schwer einschätzen. Es ist zu vermuten, daß die Rathausscheiben parallel zur Glasmalerei der Blasiuskirche (um 1340/50) entstanden sind oder aber diesen unmittelbar vorausgingen. Eine spätere Entstehung (nach 1350) ist weniger wahrscheinlich, jedoch nicht ausgeschlossen.

Die beiden Fenster, aus denen die beschriebenen Glasmalereien stammen, befinden sich wie schon erwähnt in der Ostwand der Rathaushalle. Die Ostwand samt Fenster wurde nach neuesten Untersuchungen durch Udo Sareik im Anschluß an den Erweiterungsbau des westlichen Raumes bald nach 1335 errichtet[9]. Sollte sich in der Zukunft ein Einbau der Fenster vor 1350 (oder um 1350) bestätigen, wären in dem aufgefundenen Glasbestand die Reste der Erstverglasung zu sehen. Anderenfalls dürften die Glasmalereifragmente eher in einer Wiederverwendung in die Fenster eingebracht worden sein.

Die aus ikonographischer Sicht interessantesten Fundstücke sind zweifellos die Gläser mit den aufgemalten Inschriften (Abb. 1).

Ein nur leicht beschädigtes Zwickelstück in Form eines Trapezes mit leicht kurvig verlaufenden Seiten und ca. 10 cm unterer Kantenlänge trägt die noch vollständig erhaltene zweizeilige Inschrift „GE / LICHEN". Ein zweites, in Form und Größe gleichartiges Stück, ließ sich aus Splittern ergänzen. Es trägt die Aufschrift „DORIN / GEN". Bemerkenswert ist, daß die Wörter in deutscher Sprache abgefaßt sind. Der frühe Zeitpunkt wird vorrangig auf den profanen Zusammenhang zurückzuführen sein. Nach der Form der Gläser wäre es durchaus möglich, daß diese Inschriften entsprechenden Wappen zugeordnet waren.

Die Inschriften lassen sich als „Gleichen" bzw. „Thüringen" deuten[10] und dürften sich wohl auf die Grafen von Gleichen bzw. die Landgrafen von Thüringen bezogen haben. Die ersteren hatten bis 1385 mehrere Besitzungen und Rechtsansprüche in und um Mühlhausen[11], während die freie Reichsstadt weitestgehend vom Herrschaftsgebiet der thüringischen Landgrafschaft umgeben war. Landgraf Friedrich verzichtete im Jahre 1332 gegen eine Zahlung von 5000 Mark Silber auf seine Ansprüche auf die Stadt Mühlhausen, die durch Kaiser Ludwig den Bayern an ihn verpfändet worden war[12]. Demnach könnte die in der ersten Hälfte des 14. Jhds. entstandene Verglasung der Ostfenster etwa im Zusammenhang mit weiterer Wand- und Deckenmalerei sowie anderer Ausstattungsgegenstände der alten Rathaushalle die politische Einbindung bzw. Stellung der freien Reichsstadt Mühlhausen vergegenwärtigt haben, die sich durch geschickte Politik gegenüber einheimischem Adel, Kirche und König- bzw. Kaisertum ihre wirtschaftliche und politische Autonomie zu sichern suchte[13]. Die Wandmalereien der großen Ratsstube mit der Darstellung von Burg- und Landgrafen aus dem 15. Jhd. und gegenüberliegend den 1572 entstandenen Bildnissen des Kaisers und der sieben Kurfürsten sowie der Verweis auf die übrigen Stände durch entsprechende Wappen und

Mittelalterliche Glasmalereien

Inschriften wären dann als eine Fortführung dieses ikonographischen Programms zu betrachten[14]. Die Rathaushalle soll nicht nur Versammlungsort der Stadträte gewesen sein, sondern auch zum Empfang kaiserlicher Gesandter, Fürsten und hoher Adliger gedient haben[15]. Die bildliche Darstellung des Herrschaftssystems bzw. mit dem Regiment verbundener sittlich-moralischer Wertvorstellungen gehörten im Mittelalter im allgemeinen zur Rathausikonographie. Die umfassendste noch erhaltene Umsetzung im Glasmalereigenre beherbergt das Rathaus von Lüneburg. Sie zeigt Spruchmedaillons mit Halbfiguren von Propheten und Weisen (Gerichtslaube um 1430), Darstellungen der Neun Guten Helden (ebd. um 1410), Wappen der Stadt und des Herzogtums Lüneburg (ebd. um 1430) sowie weitere Wappen (Ende 15. - Anfang 16. Jhd.) und Bürgermeisterbildnisse (Körkammer, um 1491)[16].

Die Verglasung der Rathausfenster ist ein weiterer Mosaikstein im reichen Spektrum der mittelalterlichen Glasmalerei Mühlhausens und ein Indiz für eine von GISELA RICHTER erwogene örtliche Glasmalereitradition in der ersten Hälfte des 14. Jhds.[17]

Anmerkungen:

1 Zur Baugeschichte des Mühlhäuser Rathauses vgl. Heinrich Otte und Gustav Sommer: Beschreibende Darstellung der älteren Bau- und Kunstdenkmäler des Kreises Mühlhausen (=Beschreibende Darstellung der älteren Bau- und Kunstdenkmäler der Provinz Sachsen 1). Halle 1881, S. 106-113; Emil Kettner: Geschichte des Rathauses zu Mühlhausen. In: Mühlhäuser Geschichtsblätter 15 (1914/15), S. 1-34; Gerhard Günther: Mühlhausen - Das Rathaus (=Baudenkmale 39). Leipzig 1975; Rolf Aulepp: Eine neue These über die Entstehung des Mühlhäuser Rathauses. In: Eichsfelder Heimathefte 4(1980), S. 373-381; Ernst Badstübner: Das alte Mühlhausen. Kunstgeschichte einer mittelalterlichen Stadt. Leipzig 1989, S. 58-63; Bernd Mahr und Martin Sünder: Neue Erkenntnisse zur Baugeschichte des Mühlhäuser Rathauses. In: Mühlhäuser Beiträge 17(1994), S. 39 f.; Georg Dehio: Handbuch der deutschen Kunstdenkmäler. Thüringen. Bearb. von Stephanie Eißing, Franz Jäger u.a. München 1998, S. 852.

2 Vgl. Prüfberichte BAM vom 10.12.1998 (Aktenzeichen Nr. 12/98-IV.21 M) und vom 22.01.1999(Aktenzeichen Nr. 17/98-IV.21 M). Die Untersuchungsergebnisse im Einzelnen vgl. ebd.

3 Wie Anm. 2.

4 Vgl. Prüfbericht BAM vom 10. 12. 1998 (Aktenzeichen Nr. 12/98-IV.21 M). Interessant in diesem Zusammenhang ist die Tatsache, daß die untersuchten Proben hinsichtlich der prozentualen Masseverteilung der Haupt- und der Spurenelemente starke Ähnlichkeiten zu einer Glasprobe aus dem nach 1403 entstandenen Tiefengrubenfenster des Erfurter Domes aufweisen. Vgl. Wolfgang Müller, Manfred Torge, Detlef Kruschke, Karin Adam: Sicherung, Konservierung und Restaurierung historischer Glasmalereien (=BAM Berlin, Forschungsbericht 217). Berlin 1997, S. 51 Tabelle 10 Probe 2. Dieses Untersuchungsergebnis hat weniger Einfluß auf die Datierung der Glasmalereien, als daß es uns wiederum deutlich vor Augen führt, wie wenig wir über Glashandel und Werkstattpraxis in der Zeit vor dem 15. Jahrhundert wissen.

5 Vgl. Rüdiger Becksmann: Die mittelalterlichen Glasmalereien in Baden und der Pfalz (=CVMA Deutschland II,1). Berlin 1979, S. 72, 100, 108 u. Abb. 86, 125f. Zu dem Kölner Fragment vgl. AK Köln 1998. Himmelslicht. Europäische Glasmalerei im Jahrhundert des Kölner Dombaus (1248 - 1349). Katalog zu Aus-

stellung im Schnütgen-Museum Köln. Hrsg. Von Hiltrud Westermann-Angerhausen. Köln 1998, S. 252.

6   Vgl. Karl-Joachim Maercker: Die mittelalterliche Glasmalerei in Stendal. Teil 2: Jakobikirche (=CVMA Deutschland XVIII,2). Berlin 1995, insb. Abb. 76, 82, 91f., 96, 111 (süd II); 158f., 164f., 171, 187 (süd III) und Abb. 201, 203, 225, 233 (süd IV).

7   Zum Glasmalereibestand der Blasiuskirche Mühlhausen vgl. Christa Richter: Die Mittelalterlichen Glasmalereien in Mühlhausen/Thüringen (=CVMA Deutschland XVI). Berlin 1993, S. 3-64.

8   Zur Erhärtung dieser These wären vergleichende Untersuchungen zur Materialzusammensetzung ähnlicher Gläser aus dem Bestand der Blasiuskirche wünschenswert.

9   Vgl. die Ergebnisse zur Bauforschung von 1992-1999 durch Udo Sareik in dem vorliegenden Heft (S.11 ff). Sareik setzt sich ausführlich mit der Literatur auseinander und plädiert aufgrund von bautechnischen Befunden und dendrochronologischen Untersuchungen im Westerweiterungsbau für eine Fertigstellung der Westerweiterung spätestens um 1335 sowie einen zügigen Weiterbau in der östlichen Rathaushalle. Schon Kettner 1914/15 (wie Anm. 1), S. 8 u. 12 datierte das Spitzbogenfenster zwischen 1300 und 1350. Dem gegenüber nimmt Aulepp aufgrund von Steinmetzzeichen eine Entstehung des Fensters erst in der 2. Hälfte des 14. Jhds. an (vgl. Aulepp 1980 [wie Anm. 1], S. 374; siehe auch den Aufsatz in dieser Publikation. S.45-51).

10 Die o.g. Schreibweisen sind relativ selten, lassen sich jedoch schon früh nachweisen. Vgl. Wilhelm v. Tettau: Geschichtliches über die Grafen von Gleichen. In: Mitteilungen des Vereins für die Geschichte und Altertumskunde von Erfurt 6 (1871), S. 1-124, hier S. 30 (1195: Graf „Lambert von Gelichen" erwähnt, auch als „Glichen") u. S. 37 (1250: Graf „Ernst von Gelichen"); Karl Herquet: Urkundenbuch der damals freien Reichsstadt Mühlhausen in Thüringen (Geschichtsquellen der Provinz Sachsen 3). Halle 1874, Nr. 804 (1325: "Doringen").

11 Zu den Grafen von Gleichen vgl. Ernst Brinkmann: Mühlhausen kauft die Güter der Grafen von Gleichen 1385. In: Mühlhäuser Geschichtsblätter Bd. 33-35. Mühlhausen 1936, S. 155-157 u. Tettau 1871 (wie Anm. 10), S. 34f.

12 Vgl. Herquet 1874 (wie Anm. 10), Nr. 844f.

13 Auf der Wand neben dem Spitzbogenfenster war ein Ritter mit Fahne aufgemalt. Die Wandmalerei soll aus dem 16. Jhd. stammen. Vgl. Kettner 1914/15 (wie Anm. 1), S. 8 und in diesem Heft S. 61 f.

14 Zur Ausstattung des Rathauses mit Malereien vgl. Kettner 1914/15 (wie Anm. 1), S. 8, 11, 17-19, 24 f., 31; Günther 1975 (wie Anm. 1), S. 8-10; Badstübner 1989 (wie Anm. 1), S. 61; Dehio 1998 (wie Anm. 1), S. 852.

15 Günther 1975 (wie Anm. 1), S. 6.

16 Vgl. Rüdiger Becksmann und Ulf-Dietrich Korn: Die mittelalterlichen Glasmalereien in Lüneburg und den Heideklöstern (=CVMA Deutschland VII, 2). Berlin 1992, S. 80-130.

17 Wie Anm. 7, S. XXXII-XXXIV und S. 25.

Unser Dank für hilfreiche Hinweise gilt insbesondere den Herren Dr. Udo Sareik und Franz Jäger.

Chronologie der Neugestaltung

Bernd Mahr
Chronologie der Rathaus-Neugestaltung 1908 - 1914

Im Jahre 1907 besuchte der Mühlhäuser Oberbürgermeister Trenckmann das im Bau befindliche und später am 9. Juni 1909 eingeweihte Rathaus der Stadt Kassel. Begeistert zeigte er sich von dem nach den Plänen des Architekten Karl Roth in niederländischem Barock errichteten Rathaus, das so ganz den Repräsentationsbedürfnissen der städtischen Oberschicht entsprach.
Ein Detail, ein Wandbrunnen im Inneren des Hauses, erregte Trenckmann's besondere Aufmerksamkeit, so dass er, nach Mühlhausen zurückgekehrt, den Bürgermeister von Kassel schriftlich um die Baupläne des Brunnens bat.
Möglicherweise war jene Rathausbesichtigung in Kassel der Anlass, die mangelhafte bauliche Situation des Mühlhäuser Rathauses, speziell der tristen Rathaushalle zu überdenken.
Im Anschluss trug Oberbürgermeister Trenckmann dem zuständigen Konservator der Denkmäler der Provinz Sachsen entsprechende Überlegungen zur Sanierung der Rathaushalle vor. Wann dies genau geschah, ließ sich aus den vorhandenen Akten nicht entnehmen. Auf jeden Fall beginnen aber die Akten, die Schriftverkehr, Aktenvermerke und Aufzeichnungen zur Rathaus-Neugestaltung beinhalten, mit dem Schriftwechsel zu diesem Wandbrunnen[1].
Auf Anregung des Oberbürgermeisters Trenckmann besichtigte zunächst der Geh. Oberregierungsrat Lutsch, in seiner Funktion als Bautechnischer Dezernent und Konservator der Kunstdenkmäler der Provinz Sachsen, am 17.10.1908 das Rathaus und nahm zu der beabsichtigten Neugestaltung der Rathaushalle, deren Ausschmückung und etwaiger Verbesserung der Beleuchtung Stellung. Seine Eindrücke und ersten Überlegungen hielt er in einem Reisebericht[2] fest:

"Mühlhausen i. /Th. den 17. Oktober 1908 Da die Stadtgemeinde eine Verbesserung der großen Flurhalle des Rathauses anstrebt, habe ich sie auf Veranlassung des Provinzialkonservators heute mit nebenbezeichneten Herren[3] besichtigt. Es handelt sich um ihre Ausgestaltung als Repräsentationsraum, als welche sie, mit Baumzweigen ausgeputzt, gelegentlich schon verwendet worden ist, und außerordentliche Feststimmung ausgelöst haben soll. Das ist bei ihrer eigenartigen Beleuchtung auch sehr wahrscheinlich; bei ihr ist der Gegensatz der hell beleuchteten Ostecke zu dem mäßig beschatteten mittleren Abschnitte und dieses gesamten Südostteiles zu dem in gleichem Rhythmus tiefer beschatteten Nordwestteile die Dominante. Bei so bezeichnetem Verwendungszwecke ist weitere Steigerung der natürlichen Helligkeit nicht von Nöten. Später wird es sich fragen, ob nicht der Vorbau auf der Nordseite ganz oder teilweise wird entfernt werden können, um Treppe und Halle an dieser Wand etwas mehr Licht zuzuführen.
Nur, um der Holztonne dieses Abschnittes mehr Licht zu spenden, werden die inneren Fensterbögen und Gewände etwas abgeschrägt werden können; Die Holzfensterrahmen sind dazu durch Bleiprossenteilung mit im wesentlichen weißem Fensterglas zu ersetzen.
An weiteren Vorarbeiten für die Ausschmückung ist der Dachstuhl mit dem Gerüst für die Holztonne auf ihre Gesundheit hin zu untersuchen. Die Bretter selbst sind tunlichst vollständig zu erhalten und auszuspänen.
Die figürliche Bemalung des jüngeren, aus dem 18. Jahrhundert herrührenden Abschnittes, bedarf fast lediglich vorsorglicher Säuberung durch geschulte Hände. Die ornamentale des älteren, aus dem 16. Jahrhundert herrührenden Abschnittes, wird zum Teil dann in möglichst heller Gesamthaltung wie-

Chronologie der Neugestaltung

derherzustellen sein, ebenso die die Schmalseite abschließende bemalte Schildwand; die Wände darunter bedürfen kaum mehr als einer knappen aufgemalten Friesborte darunter. Doch wird der Putz wohl zu erneuern sein, nachdem zuvor Rohr- und Drahtleitung neu und unauffällig verlegt sind.
Des weiteren handelt es sich um geschickte Ausnutzung der Wandflächen für Aufhängung der vorhandenen (und etwa noch von den Königlichen Museen in Berlin zu erborgenden) Tafelbilder und um Aufstellung der in Form und Farbe auszubessernden Möbel und Geräte, ferner um Herstellung eines Geländers zum "Ritterkeller". Säuberung der Türeinfassungen und ihrer Beschläge u. a. m..
Hauptbedingung für das Gelingen ist die Heranziehung eines tüchtigen Architekten für Aufstellung des Bauentwurfs und die künstlerische Bauleitung. Dazu werden empfohlen: Regierungsbaumeister Schmieden in Charlottenburg, Mommsenstraße 10, und Professor Petersen, Lehrer an der Kunstgewerbeschule zu Berlin.
Die nötigen Schnittzeichnungen in etwa 1 : 100 können vom städtischen Bauamte gelegentlich hergestellt werden.
Der Konservator der Kunstdenkmäler.
gez. Lutsch"

Ergänzend zu dem hier wiedergegebenen Reisebericht äußerte sich auch der beim Besichtigungstermin anwesende Landbauinspektor Fritsch aus Erfurt am 28.10.1908. Hier auszugsweise zitiert:

"An den Magistrat in Mühlhausen Th.[4]
.... Nach Angabe des Oberbürgermeister besteht die Absicht nach mehreren Jahren, wenn die Schuldenlast der Stadt getilgt sein wird, ein neues Rathaus im Anschluß an das alte zu errichten, während die alten Bauteile für Sammlungszwecke und Heimatkunde hergerichtet werden sollen. Vorläufig aber soll inzwischen, um das Denkmalsinteresse wach zu erhalten, die große Halle in Stand gesetzt werden.

Geheimrat Lutsch betonte im Einverständnis mit allen Anwesenden den hohen Denkmalswert der Halle. Es wurde erwogen, wie es möglich sein würde, dem Raum mehr Licht zuzuführen. Am wirksamsten würde eine hohe Durchbrechung an den spitzbogigen Stirnseiten sein. Ob dies möglich ist, muß eine technische Untersuchung der Dachkonstruktion ergeben.
Eine Durchbrechung der Holztonne mit Lichtschächten, wie sie der Provinzial-Konservator vorgeschlagen hat, wurde von Geheimrat Lutsch als unschön verworfen.
Es wurde noch besonders die Kostenfrage erörtert. Geheimrat Lutsch betonte, daß mit keiner zu niedrigen Summe gerechnet werden möchte und daß sich die Arbeiten möglichst auf eine Ergänzung des Vorhandenen beschränken sollten. Ein Betrag aus Staatsmitteln könne vor der Hand nicht in Aussicht gestellt werden.
Die nächste Arbeit wird eine genaue bautechnische Untersuchung und eine sorgfältige Aufnahmezeichnung sein müssen, auf Grund deren man sich über den Umfang der beabsichtigten Arbeiten und die Kosten schlüssig werden kann.
gez. Fritsch Landbauinspektor."

Eine handschriftliche Notiz auf diesem Brief besagt, dass das städtische Bauamt sofort den Auftrag erhielt, Grundrisse anzufertigen. Im Frühjahr des Jahres 1909 erfolgten noch mehrfache Besichtigungen des Rathauses durch Vertreter des Regierungspräsidenten zu Erfurt und Berichte dieser Vertreter an das zuständige Ministerium der geistlichen, Unterrichts- und Medizinalangelegenheiten (Kultusministerium). So z.B. eine Besichtigung durch den bautechnischen Referenten des Regierungspräsidenten zu Erfurt und den Kreisbauinspektor am 1. April 1909 und anschließender Besprechung der Sachlage mit dem Oberbürgermeister Trenckmann[5].
In einem Brief vom 28.05.1909 teilte Dr. Trott zu Solz, Minister der geistlichen, Unterrichts- und Medizinalangelegenheiten/Berlin Ober-

Chronologie der Neugestaltung

bürgermeister Trenckmann mit, dass er Regierungsrat Blunk-Berlin, und nicht den vom Landeskonservator Lutsch empfohlenen Regierungsbaumeister Schmieden, beauftragt habe sich zur Prüfung und näheren Feststellung der Restaurationsarbeiten an der dortigen Rathaushalle nach Mühlhausen zu begeben.

Der Genannte traf am 02.06.1909 in Mühlhausen ein. Nachdem er sich hier mit allen Einzelheiten des Gebäudes vertraut gemacht hatte, beabsichtigte er, den ersten Entwurf in Berlin fertig zu stellen, wie einer handschriftlichen Aktennotiz zu entnehmen ist[6].

Während Regierungsrat Blunk in Berlin seinen Bauentwurf entwickelte, vollzog die Stadtverordnetenversammlung einen wichtigen Schritt zur Finanzierung der beabsichtigten Rathaus-Neugestaltung. Am 05.10.1909 beschloss sie die Annahme[7] einer Schenkung, die die Witwe Dorothea Claes zum Andenken an ihren verstorbenen Gatten, den königlichen Kommerzienrat Ernst Claes, der Stadt Mühlhausen am 18.09.1909 gemacht hatte. 50.000 M sollten wie folgt verwandt werden: 25.000 M zur inneren und äußeren Renovierung des Rathauses, 20.000 M zum Bau eines Jugendheimes nebst Volkslesehalle; 5.000 M zum Bau eines Bismarkbrunnens. Zu den bereits gespendeten 25.000 M., die der Renovierung des Rathauses zu Gute kommen sollten, stiftete die Witwe des Kommerzienrates Claes später noch weitere 5.000 M[8].

Am 23.02.1910 traf dann der von Regierungsbaurat Blunk erstellte Entwurf für die Neugestaltung der Rathaushalle, nachdem er zunächst beim Regierungspräsidenten in Erfurt eingereicht wurde, in Mühlhausen ein. Es handelte sich um eine Mappe mit 11 Zeichnungen und 14 Fotografien nebst eines Erläuterungsberichtes einschließlich Kostenüberschlag. Noch am gleichen Tag bedankte sich Oberbürgermeister Trenckmann bei Regierungsrat Blunk und teilte mit, dass er Herrn Stadtbaurat Messow ersucht habe, einen vorläufigen Kostenanschlag ausarbeiten zu lassen. Gleichzeitig bat er um Geduld, da das Bauamt mit dem Neubau einer Schule und der Kläranlage, und er selbst stark mit Etatarbeiten beschäftigt sei[9]. Nachfolgend in Abschrift der Bauentwurf des Regierungsrates Erich Blunk der im wesentlichen alle, später auch ausgeführten Bauarbeiten beschreibt:

"Entwurf für die Wiederherstellung der Rathaushalle in Mühlhausen i.Th[10].

Erläuterungsbericht und Kostenüberschlag
Dem mir durch Verfügung vom 28 Mai 1909 - U IV a 7573 - erteilten Auftrage gemäß, habe ich zunächst das Rathaus in Mühlhausen eingehend besichtigt und für die Herstellung der erforderlichen hier in Mappe beigefügten Aufnahmezeichnungen Sorge getragen. Hierbei stellte sich mir die Unmöglichkeit heraus, die Wiederherstellung der Rathaushalle in Angriff zu nehmen, ohne zugleich die Zugangsverhältnisse zu verbessern. Der Aufgang zur Halle erfolgt jetzt von der überbauten Durchfahrt unter dem I. Stock des Rathauses (vgl. Blatt 1). Dieser Aufgang besteht in einer sehr roh dem Bestand eingefügten Holztreppe, welche zum Teil über der Wohnung des Rathauswächters liegt. Der Aufgang ist nicht nur dauernd finster, sondern auch in hohem Grade feuergefährlich. Es scheint mir nicht wohl zu verantworten, diesen Zustand zu belassen, wenn man die Halle würdig instand setzt und diese dann vielleicht öfters als jetzt zu Feierlichkeiten benutzt.

Ferner stellt es einen großen Übelstand dar, daß der unter der Halle in einem Zwischenstock befindliche Aktenraum Ritterkeller nur durch ein Loch im Boden der Halle zugänglich ist. Eine architektonische Ausbildung dieses Loches würde den bedenklichen Zustand nur wenig verbessern und es erscheint mir sehr erstrebenswert nicht nur für die Benutzung der Halle, sondern auch zur Bergung der Akten bei Feuersgefahr, für den Aktenraum einen neuen Zugang zu schaffen.

Chronologie der Neugestaltung

Aus diesen Erwägungen heraus ist der in 10 Blatt Zeichnungen beigefügte Entwurf entstanden. Er sieht im einspringenden Winkel des einen Rathaushofes ein neues Treppenhaus vor, welches den direkten Aufgang zum Saale vermittelt, dessen dunkelste Ecke erhellt und zugleich einen Zugang zum Aktenraum schafft. Durch dieses Treppenhaus, welches so liegt, daß es bei künftiger Erweiterung voraussichtlich nie stören kann, wird zugleich das ganze jetzt ungenutzte Erdgeschoß an der Ratsstraße erschlossen, und man gewinnt mit geringen Mitteln eine Reihe stattlicher brauchbarer Räume, deren Beheizung leicht zu ermöglichen ist.

Als Eingang würde sich das schöne im Zuge der Neuen Straße gelegene Portal mit dem Stadtwappen vortrefflich eignen insbesondere dann, wenn man den Bürgersteig vor ihm etwas verbreitert, was sich naturgemäß ergibt (vgl. Blatt 1) und das Pflaster um ca. 15 cm senkt. Dem neuen Eingang gegenüber liegt die neue Treppe, welche zunächst in der allerknappsten Form projektiert ist. Mir erscheint allerdings mit Rücksicht auf die Monumentalität der Halle ratsam, die Treppe gleich etwas stattlicher (vgl. Klappen zu Blatt 1) anzulegen, als vielleicht unumgänglich nötig ist.

Links von der stattlichen Eingangshalle ergibt sich ein von der Straße wie vom Hofe reichlich beleuchteter Büreauraum; rechts werden unter Durchbruch einer neuen Tür 3 Räume zugänglich, deren mittlerer nur mäßiges Licht erhält, während die beiden anderen durch Vergrößerung der Fenster gute Arbeitsplätze erhalten. Diese 3 Räume können vielleicht zum Standesamt eingerichtet werden, derart, daß der mittlere als höchst würdiges Trauzimmer dient, bei dem künstliches Licht nicht nur statthaft erscheint sondern geeignet ist der wichtigen dort vorzunehmenden Handlung eine gewisse Feierlichkeit zu geben.

Durch Fortfall der jetzigen Zugangstreppe ergibt sich im I. Stock neben dem Aufgang zum Dach ein sehr erwünschter Raum für Geräte. Heizmaterial u. dergleichen. In der Halle selber wird eine Neubemalung unter Einbeziehung und Herstellung der alten Malereien die Hauptaufgabe bilden. Diese hat zur Voraussetzung, daß der Fuß der bemalten Wände geschützt wird, etwa mit einem Plattensockel des heimischen Kalksteins und alle Rohrleitungen sachgemäß neu verlegt und die Decke im Holzwerk ausgebessert wird. Es empfiehlt sich, das von der Decke durchschnittene ehemalige Fenster an der einen Schmalseite zu vermauern und an der anderen den rohen Holzpfosten und die sehr häßliche Wand zum Ratsaal zu verkleiden. Zum oberen Abschluß dieser Verkleidung und des Vorbaues, welcher die Saaltür enthält, könnte eine ca. 1m breite Galerie angelegt werden, welche das Bild des Saales nicht nur bereichern, sondern auch als Platz für Musikanten bei Festlichkeiten praktisch benutzbar sein würde (vgl. Blatt 8. 9 und 10). Über der Tür zum Rathaussaal kann eine im Museum befindliche Steinplatte mit dem Stadtwappen gute Verwendung finden. Der vorhandene Wasserauslaß an der einen Langseite würde in schlichter Art monumental als Wandbrunnen zu fassen sein. Zugleich wäre der durch Entfernung der alten Treppe in den Umbau einbegriffene alte Vorraum vor der Halle einfach instand zu setzen; dabei könnte eine alte im Museum aufbewahrte hölzerne Türumrahmung vor der Tür des Herrn Oberbürgermeisters wieder verwendet werden.

Da mir die Preisverhältnisse in Mühlhausen nicht bekannt sind, so ist die folgende Kostenzusammenstellung nur nach allgemeinen Erfahrungen geschätzt. Im ganzen wird sie etwa zutreffen. Sobald bestimmte Entschließungen über das Bauprogramm vorliegen, wird sich hier schnell durch das Stadtbauamt eine genaue Grundlage auch im einzelnen schaffen lassen.

Wesentlich scheint mir, daß an den Kosten für die Malerarbeiten nicht gespart wird, und daß für die weitere Bearbeitung der architektonischen Teile ein tüchtiger Künstler gewonnen wird. So einfach die Aufgabe dem Laien er-

Chronologie der Neugestaltung

scheinen mag, so erfordert sie doch zu einer würdigen Lösung weit mehr als nur technisches Können.

Kostenüberschlag.
1. *Neubau des Treppenhauses nach der Variante rd.*   7.000 M
2. *Wiederherstellung der Erdgeschoßräume unter Beseitigung der alten Treppe*   3.000 M
3. *Wiederherstellung der Halle und des Vorraumes ohne Malerei*   3.000 M
4. *Ausmalung der Halle unter Herstellung der alten Malereien (Schätzung des Malers Kutschmann in Friedenau)*   10.000 M
5. *Ausbesserung am Dachstuhl und an der Dachdeckung*   1.000 M
6. *Honorar für weitere Bearbeitung der Details und für künstlerische Oberleitung*   1.000 M
7. *Für Unvorhergesehenes rd. 20 %*   5.000 M

                zusammen   30.000 M

(gez.) Erich Blunck – Regierungsrat."

Am Sonnabend, dem 11. Juni 1910, weilte dann Regierungsrat Blunk persönlich in Mühlhausen, um sein Projekt zur Rathaus-Neugestaltung dem Magistrat und den Stadtverordneten im Sitzungssaal der Stadtverordneten zu erläutern.
Diese beschlossen am 22.09.1911 einstimmig, einer Beschlussvorlage des Oberbürgermeisters Trenckmann vom 16.09.1911 zuzustimmen, in der er nochmals auf die bisher geleistete Arbeit einging und einen überarbeiteten Kostenvoranschlag unterbreitete:

"*Beschlußvorlage des Bürgermeisters Trenckmann an die Stadtverordneten*[11]
..... . Der vom Baurat Messow in Verbindung mit Blunck ausgearbeitete Kostenanschlag schließt mit 41 000 M ab.

2. *Zur Deckung dieser Kosten sind vorhanden:*
a) *Geschenk der Frau Kommerzienrat Claes*   25.000 M
b) *weiteres Geschenk der Frau Kommerzienrat Claes*   5.000 M
c) *Zuschuß des Kultusministers*   4.000 M
d) *Zinsen von 25.000 bzw. 5.000 M bis 1. April 1912*   2.710 M
          zusammen: 36.710 M
Außerdem aus privaten Mitteln stehen zur Verfügung: 1.200 M

          zusammen: 37.910 M

Es fehlen demnach an der Anschlagsumme von 41.000 M = 3.090 M.
Wir haben uns auch an die Provinz und den Verein für Denkmalpflege gewandt.
Die Provinz hat einen Beitrag abgelehnt; der Verein für Denkmalpflege hat einen Zuschuß von 1000-2000 M in Aussicht gestellt. Da indes die Sache nicht ganz sicher ist, so empfiehlt es sich, vor der Hand nicht damit zu rechnen. Wird der Zuschuß uns nachher zu teil, um so besser. Der Minister hat seine Beihilfe von 4000 M davon abhängig gemacht, daß **"die Aufbringung der noch fehlenden Mittel gesichert und die Wiederherstellung in der geplanten Weise angeordnet ist"** *(sic!).*
Die Wiederherstellungsarbeiten können zum Teil im Winter vorgenommen werden; es empfiehlt sich daher, den Beschluß über die Aufbringung der noch fehlenden Mittel und die Wiederherstellung in der geplanten Weise um so eher schon zu fassen, als wir mit der Überweisung der 4000 M in die Lage kommen, auch dieses Geld vorläufig noch zinsbar anzulegen.
Mit der Herstellung der Rathaushalle wird unsere Stadt um eine Sehenswürdigkeit mehr bereichert sein. Die an der Ratsstraße liegenden massiven, charaktervollen Gewölbe, welche bis jetzt nur zum Unterbringen von Holz benutzt sind, werden für den Gebrauch nutzbar gemacht, um so unserem charakte-

Chronologie der Neugestaltung

ristischen Rathaus einen ganz neuen Reiz zu verleihen. Außerdem werden an Stelle der jetzt ganz nutzlos liegenden Räume einige gut verwendbare Räume gewonnen.
Daß der jetzige Treppenaufgang verschwindet, ist im allgemeinen Interesse zu begrüßen. Der Aufgang ist so dunkel, daß ständig Licht brennen muß, und die Treppenstufen selbst sind geradezu gefährlich. Es ist beinahe zu verwundern, daß bisher ein größeres Unglück nicht vorgekommen ist, denn viele Leute sind auf den Stufen schon ausgerutscht.
Nachdem Frau Kommerzienrat Claes zum Andenken an ihren Gemahl 30.000 M zur Erneuerung der Rathaushalle gestiftet hat, und auch der Minister in Anerkennung des Denkmalswertes der Halle nicht nur das Projekt auf Staatskosten hat ausarbeiten lassen, sondern uns auch noch 4000 M für die Durchführung des Projektes zur Verfügung gestellt hat, halten wir es für eine Ehrenpflicht der Stadt, die noch fehlenden Mittel zu bewilligen. Die vom Verein für Denkmalspflege eventuell noch zufließenden Mittel können später zur Beschaffung von Beleuchtungskörpern oder zu anderer uns geeignet erscheinenden Ausschmückung der Halle verwendet werden.
Nach der bevorstehenden Berechnung bleiben von dem Kostenanschlage 3090 M zu decken. Der Kostenanschlag ist vom Baurat Messow sehr vorsichtigt aufgestellt worden. Immerhin kann man bei einer Restaurierung eines so alten Bauwerkes die Kosten nicht ganz genau berechnen; da indes der Bau sich noch durch den nächsten Sommer hinziehen dürfte, so bringt das vorhandene Kapital zum größten Teil bis zum Herbst nicht unerhebliche Zinsen; dazu kommt der zu erwartende Zuschuß vom Denkmalspflegeverein. Wir dürfen daher hoffen, daß wir mit den vorhandenen Mitteln auskommen.
Die Finanzkommission ist mit dem Antrag einverstanden.
3. An die Stadtverordnetenversammlung,
    H i e r mit den Zeichnungen und dem Kostenanschlag ergebenst, mit dem Ersuchen, sich einverstanden zu erklären, daß
a) die Rathaushalle nach den im Ministerium ausgearbeiteten Plänen wiederhergestellt,
b) und die Aufbringung der noch fehlenden Mittel in Höhe von 3090 M von der Stadt übernommen wird. ..... ."

Es verging also mehr als ein Jahr, bis die Rathaus-Neugestaltung "*energisch in Angriff genommen wird*", wie der Mühlhäuser Anzeiger am 23. und 24. 09.1911 in einer Meldung berichtet. Hier erfuhr erstmals auch die große Masse der Mühlhäuser Bürger von der anstehenden Rathaus-Neugestaltung. Von nun an begleitete die Mühlhäuser Presse, im Besonderen der Mühlhäuser Anzeiger die Bauarbeiten am Rathaus. Sind die im Rathaus geführten Bauakten bzw. die Aktenvermerke von reiner Sachlichkeit bestimmt, beschrieb der Reporter des Anzeigers oft auch die künstlerischen Aspekte der Rathaus-Neugestaltung. So findet sich z.B. in den gesamten Aktennotizen kein beschreibendes Wort zu den ausgeführten Malereien, sie lauten oftmals nur kurz und lakonisch: "*Die Arbeiten gehen ihren Gang*"[12]. In krassem Gegensatz dazu die ausführlichen Berichte der lokalen Presse. Sie stellen, da sich bisher nur die von Regierungsrat Erich Blunk gemachten Bauzeichnungen, aber kein Entwurf zur künstlerischen Ausgestaltung, gefunden haben, zurzeit die einzige Beschreibung der vor allem in der Halle und im Trauzimmer angebrachten Malerei dar. Auch die fotografische Dokumentation ist mehr als spärlich. Die bisher bekannt gewordenen schwarz/weiß Fotos lassen auf Grund ihrer Größe kaum einen Blick auf's Detail zu.

Im Folgendem habe ich alle Zitate aus der Presse, der besseren Übersicht halber, mit dem Kürzel MA = Mühlhäuser Anzeiger oder MZ = Mühlhäuser Zeitung und dem Erscheinungsdatum gekennzeichnet und, um den Fußnotenapparat nicht unnötig aufzublähen, direkt im Text angegeben.

Chronologie der Neugestaltung

Zunächst begann man noch im Dezember 1911 mit dem Türdurchbruch in der Eingangshalle, nördlich neben dem heutigen Haupteingang. Diese Tür bildet den Zugang zu dem als Trauhalle vorgesehen Raum einschließlich des kleinen Vorraumes. Zu jenem Zeitpunkt trennte eine Wand die heutige Trauhalle in zwei Räume, denn Blunk spricht in seinem Bauentwurf von 3 Räumen die durch die neue Tür zugänglich werden. Seit dem Umbau befinden sich dort nur noch der kleine Vorraum und die große Trauhalle. Am 12.12.1911 melden die Akten, das der Türdurchbruch hergestellt und die Vorarbeiten zum Trauzimmer an den Wand und Deckenflächen erledigt sind.
Über den Fortschritt der Arbeiten berichtete die Lokalpresse:

".... Die Vorarbeiten für die Auffrischungen haben bereits vor vier Wochen begonnen. Sonnabend ist nun in der Halle ein Gerüst errichtet und in den nächsten Tagen wird ein Berliner Künstler die Halle eingehend prüfen." **(15.01.1912 MA)**

Ergänzend kann man einer Aktennotiz vom 24.01.1912 entnehmen:

"In der Halle ist eine Rüstung zu Besichtigung der Holztonne aufgestellt, die Öffnung in der östl. Giebelwand ist zugemauert und auch die Blendwand an der westl. Giebelwand hochgeführt u. geputzt. Der Vergebungstermin für die Rathausarbeiten des Treppenhauses hat stattgefunden u. werden die Arbeiten in der nächsten Woche vergeben werden."

Bei der im Text erwähnten Öffnung handelt es sich um den zu jener Zeit zwar noch offenen, aber hinter der Kalendertafel verborgenen, unteren Teil des gotischen Maßwerkfensters.
Um die Last der Blendwand (Ziegelsteinmauer) an der westlichen Hallenseite abzufangen musste zuvor ein Stahlträger als Unterzug im darunter gelegenen Ritterkeller eingezogen werden.
Am 05.02. bzw. am 6.2.1912 teilte der Mühlhäuser Anzeiger mit:

*"... . Gestern weilte, wie wir bereits mitteilten, Regierungsrat Blunck -Erfurt[13] und mit ihm Professor Kutschmann - Berlin hier, um das Rathaus und die darin bis jetzt vorgenommenen Bauarbeiten einer Besichtigung zu unterziehen. Bei den Umbauten handelt es sich im wesentlichen um eine Verlegung der Treppe, die in einem Treppenhause vom Rathaushofe aus emporgeführt werden soll, und um eine Auffrischung der Rathaushalle. Die Neubemalung dieser Halle soll Professor Kutschmann[14] übertragen werden, der sie deshalb gestern besichtigte.
Zur Zeit liegen die Arbeiten des Frostes halber still."* **(06.02.1912 MA)**

Bereits in der ersten Januarwoche des Jahres 1912 hatte der Magistrat die Ausschreibung veröffentlicht:

*"**Ausschreibung**
Die Ausführung der Erd-, Maurer- und Zimmererarbeiten zum Anbau eines Treppenhauses am Rathause hierselbst, soll verdungen werden, wozu auf Montag, den 15. Januar 1912, vormittags 11 Uhr im Stadtbauamte Termin angesetzt ist. Die Angebote sind daselbst portofrei und versiegelt mit entsprechender Anschrift vor der Eröffnung des Termins abzugeben. Die bezüglichen Bedingungen und Zeichnungen können ebenda an den Wochentagen von vormittags 10 bis 1 Uhr nachmittags eingesehen und erstere zum Preise von 0,60 Mark für das Stück von da bezogen werden.
Der Magistrat.*" **(06.01.1912 MA)**

Sieben Bauunternehmer bewarben sich um den Auftrag. Die Angebote lagen zwischen 6377,- M, eingereicht von Bauunternehmer Franz Bader und 3610,- M eingereicht von Maurermeister Karl Hochhaus, der als Min-

Chronologie der Neugestaltung

destfordernder, durch Magistratsbeschluss vom 31.01.1912, den Zuschlag erhielt.
Der Vertrag zwischen Stadtverwaltung und Karl Hochhaus, Ammerstraße 31 wurde am 19.Februar 1912 ausgefertigt.
Am 11.03.1912 begannen die Bauarbeiten zum neuen Treppenhausanbau. Die Lokalpresse berichtete wenige Tage später:

"Der Rathausumbau kann jetzt infolge des milden Frühlingswetters in Angriff genommen werden. Im Rathaus ist die neue Treppe bereits 4 Meter über den Erdboden aufgeführt. Die Arbeiten an der Treppe sollen nun vorläufig abgebrochen werden, dagegen wird mit dem Durchbruche[15] nach der Rathaushalle begonnen werden." **(27.03.1912 MA)**

Am 1. April[16] bewilligte in Magdeburg auch die Provinzialkommision zur Erforschung und zum Schutze der Denkmäler der Provinz Sachsen eine Beihilfe von 2.000 Mark, deren erste Rate von 500 Mark in den Etat eingestellt wurde.
Am Ende des Monats Mai informierte die Lokalpresse ihre Leser:

"Die Deckengemälde im großen Rathaussaal, die das Gewölbe in dem nach Osten gelegenen Teil des Saales zieren, sind gereinigt und nunmehr in allen Einzelheiten und Farben klar zu erkennen. Die von Kreisen umgebenen kleinen Darstellungen, die in dem Teil nach der großen Ratsstube liegen, sind in dem alten Zustande belassen und scheinen so gelitten zu haben, daß sie nicht mehr erkennbar und auffrischbar sind. ..."
(29.05.1912 MZ)

"Der Umbau des Rathauses schreitet eifrig vorwärts. Der Anbau, der den Treppenaufgang nach der großen Rathaushalle enthalten wird, ist im Rohbau fertiggestellt. Die Säuberung und der Ausbau der Türen und Fenster der übrigen Räume in dem an der unteren Ratsstraße jenseits der Durchfahrt gelegenen Teile sind gleichfalls weiter geführt worden. Wie bereits mitgeteilt, werden diese Räume in ein Trauzimmer, das besonders dem Zwecke entsprechende Ausstattung erhalten wird, und in dazu gehörige standesamtliche Bureaus umgewandelt. In der großen Rathaushalle ist die Anlage der geplanten Galerie[17] in Angriff genommen. ....."
(30.05.1912 MZ)

Ende Juli des Jahres waren die Arbeiten so weit abgeschlossen, dass der Mühlhäuser Anzeiger berichten konnte:

"Der Rathausumbau ist in einen Zustand der Ruhe versetzt worden, da die Mauer- und Verputzarbeiten bis auf Kleinigkeiten vollendet sind. Im Rathaushofe ist das Treppenhaus emporgeführt und von diesem aus der Durchbruch zur Rathaushalle hergestellt. Über der Rathaushalle ist die Bedachung erneuert worden. Außerdem sind die Erdgeschoßräume in der Ratsstraße neben dem derzeitigen Eingange zur Aufnahme des Standesamtes hergerichtet. Nun muß der Bau erst trocknen, dann wird mit der Innenausstattung, für die die Arbeiten bereits vergeben sind, begonnen werden können."
(25.07.1912 MA)

Im August des Jahres begannen die Vorbereitungsarbeiten zur Restaurierung der Holztonnendecke in der Rathaushalle mit der Aufstellung eines Gerüstes, das um den 28. August 1912 fertig gestellt wurde. Professor Kutschmann/Berlin, dem die Ausmahlung der Halle übertragen worden war, teilt dem Magistrat mit, dass Herr Leusch[18], der die Arbeiten vor Ort ausführen sollte, am 05.09.1912 in Mühlhausen eintreffen wird. Entsprechend dieser Ankündigung lautete die nächste Aktennotiz vom 06.09.1912:

"Herr Leusch hat sich heute vorgestellt"[19].

Nun folgten in ca. 10 tägigen Abständen die Aktennotizen des städtischen Bauführers Paul Wilke zum Ablauf der Arbeiten:

Chronologie der Neugestaltung

"Ein Gehilfe des Herrn Leusch ist damit beschäftigt die Decke zu reinigen. Ein Zimmermann des Magazins ist ständig dabei, nach Anweisung des Malers die Decke auszuspähnen etc." **(13.09.1912)** [20]; *"Die Arbeiten sind noch im Gange. (Herr Leusch u. 1 Gehilfe), Seit dem 20. d. M. ist außerdem noch ein Arbeiter beim Abwaschen behilflich. der Gehilfe des Herrn Leusch hat den Arbeiter bei mir bestellt mit der Bemerkung, daß die Kosten von Herrn Prof. Kutschmann getragen werden."* **(23. 09. 1912)**. *"Die Arbeiten sind im Gange."* **(04. 10. 1912)**. *"Zur Zeit arbeiten die Maler am vorderen Deckenteile neben der Ratsstube. Der Arbeiter ist seit dem 5. Oktober nicht mehr tätig. Am 2. Oktober war Herr Prof. Kutschmann hier und besichtigte die Arbeiten.*
-(Heute wird mit dem Aufstellen der Wendeltreppe begonnen.)" **(14. 10. 1912)**

Wesentlich ausführlicher als die Notizen Wilkes sind die Berichte, die in diesen Tagen der Mühlhäuser Anzeiger bot. Wichtig auch, weil hier der heute wieder sichtbare Putten- bzw. Wappenfries erstmals beschrieben wird. Er löste bei der Restaurierung im Jahre 1992 erhebliche Irritationen aus, weil er und die ebenfalls freigelegten, gemalten Türumrahmungen von dem ausführenden Restaurator F.G. der Barockzeit (Wappenfries) bzw. der Renaissance (Türumrahmung) zugeordnet wurden. Diese Aussage sollte durch angeblich vorgenommene Farbanalysen bestätigt werden, die jedoch nie vorgelegt wurden. Sie fehlen, wie auch der Restaurierungsbericht des Restaurators, bis heute. (8 Jahre danach !)
Ganz davon abgesehen ist nach meiner Meinung die Wiederherstellung des Wappenfrieses nicht als gelungen zu bezeichnen. So stimmt die Reihung der Wappen nicht immer mit der alten Wappenfolge überein; einige Familienwappen waren in der Folge überhaupt nicht vorhanden. Die Wiederherstellung der Putten und des schmückenden Beiwerkes erscheint nur sehr oberflächlich.

Im Original war der Wappenfries wesentlich detaillierter, die Putten zeigten "Charakter" und waren nicht so schablonenhaft wie heute dargestellt. Vorhandene historische Fotos zeigen diesen Zustand deutlich. Gründlichere Recherchen zum Zeitpunkt der Restaurierung 1992/93 hätten solche Fehler vermeiden helfen. Zudem schlich sich in der Beschriftung des Wappens der Familie Auener ein Schreibfehler ein, der den Familiennamen zu Auerer werden ließ.
Doch folgen wir nun weiter den Berichten des Mühlhäuser Anzeigers:

"In der Rathaushalle herrscht seit einigen Wochen reges Leben. Nachdem bis hinauf zur Decke Gerüst über Gerüst aufgeführt worden ist, konnte im Auftrage Professor Kutschmann-Berlin Kunstmaler Leusch mit der Prüfung der altersschwarzen Decke auf ihre Renovierungsmöglichkeit und daran anschließend mit der Renovierung selbst beginnen. Die Reinigung der alten Bretter, die oft morsch waren und zuweilen große Lükken aufwiesen, war die erste mühsame Arbeit. Besonders die Deckenmalerei im vorderen Teile der Halle, die aus dem 13. Jahrhundert stammt, war infolge einer früheren "Renovierung", die teilweise nur in einem Auftragen grauer, stark nachgedunkelter Farbe bestanden hatte, fast unkenntlich geworden. So kommt es, daß die ursprüngliche Malerei jetzt zuweilen nur noch schwer, oft einzig mit Zuhilfenahme des Vergrößerungsglases kenntlich ist. Die Malerei in der vorderen Halle setzt sich aus einem, allerdings nur auf der dem neuen, noch nicht geöffneten Eingange gegenüber gelegenen Seite erhaltenen Fries und einem mit Ornamenten durchzogenen Sternenhimmel zusammen. So gut wie unkenntlich sind die Medaillons innerhalb der Ornamente eingeschlossenen Gemälde. Spruchbänder, die sich unregelmäßig durch die Ornamente ziehen, könnten vielleicht hierüber Aufschluß geben, und es wäre wohl eine dankbare Aufgabe unserer bewährten Mühlhäuser Alter-

tumsforscher, über den Inhalt der Inschriften Klarheit zu schaffen. Die Wiederherstellung eines der Ornamente, das von allen am deutlichsten zu erkennen war, hat Kunstmaler Leusch bereits vollendet. Es ist das auf der Nordseite im Osten der vorderen Halle gelegene Ornament, das die Fabel vom Fuchs und Kranich vorstellt, die sich gegenseitig zu Gaste laden, und während der Fuchs den Kranich auf einen Bilde auf einer flachen Schüssel bewirtet, aus der dieser mit seinem langen Schnabel nicht fressen kann, setzt der Kranich auf einem anderen Bilde seinem hungernden Gast einen langhalsigen, hohen Krug vor, in den er allein mit seinem Schnabel hineinreichen kann. Anschließend an diese Darstellung ist auch ein Teil des Himmels, auf dem vergoldete hölzerne Sterne wie in früheren Zeiten befestigt wurden, wiederhergestellt. Weiter ein Teil des Frieses, auf dem Jagdszenen dargestellt sind. Mit seinem Verständnis hat der Maler jenes Jahrhunderts der Tierwelt ihre Bewegungen abgelauscht, den Sprung des Hirsches, den Lauf des Hasen usw. Bei den dargestellten Jagdhunden findet sich regelmäßig am Oberschenkel des Hinterbeines eine Spirale wieder, die wahrscheinlich den Haarwirbel an jener Stelle hat wiedergeben sollen. Charakteristisch für jene Zeit ist die Stirnlocke, die keinem der Jäger fehlt, und die man ja auch auf den Kirchenbildern, die gleichzeitig entstanden sind, immer wieder findet. Die Gesichter am Fries der Rathaushalle zeigen charakteristische, wetterharte Züge. Das ist von größtem Interesse, sind doch Profanbilder aus der Zeit der Gotik äußerst selten, vielleicht nur in alten Schlössern noch in ähnlichen Umfange wie in unserem Rathause vorhanden. Der Fries ist, wie schon gesagt, nur an dem oben näher bezeichneten Teile der Halle erhalten. Ein winziges Stück Fries, auf dem anscheinend ein Pärchen und eine Tiergestalt - möglicherweise ein Löwe - dargestellt waren, findet sich nur noch in der rechten Ecke der der friesgeschmückten Wand gegenüber gelegenen Seite. Kunstmaler Leusch hat es*

sich nun zur Aufgabe gestellt, in gleicher Höhe, rings um die Halle einen Wandfries anzubringen, der sich auch unter der im hinteren Teile der Halle sichtbaren und noch relativ gut erhaltenen Darstellung der vier Weltreiche hinziehen und eine Zusammenstellung von Wappen alter Mühlhäuser Familien bringen wird. Das neu zu Malende soll aber keine Kopie alter Gotik werden, sondern es soll den Geist unserer Zeit atmen und sich dennoch möglichst geschickt in die alten vorhandenen Kunstwerke einfügen. Über die weitere Gestaltung der Wand unterhalb des Frieses ist noch nichts endgültiges festgesetzt. Wahrscheinlich wird sich noch ein Profil rings um die Halle daran schließen. Auch die Decke unterhalb der neuerbauten Empore im Westen der Halle soll mit Gemälden geschmückt werden. Die jetzt in verschiedener Größe in die Wand gebrochenen Türen sollen durch Ummalungen auf eine wenigstens scheinbar gleiche Höhe gebracht werden. Mit dem Bau einer Wendeltreppe zur Empore hat man bereits begonnen. All das stellt ein umfangreiches Programm dar, dessen Ausführung noch etwa ein halbes Jahr in Anspruch nehmen wird. Dann erst wird sich unsere altehrwürdige Rathaushalle im neuen Gewande zeigen können."
(15.10.1912 MA)

Wenn der Reporter im Text von *"hölzernen Sternen"* schrieb, so muss er hier berichtigt werden, da Oberbürgermeister Trenckmann in seiner Festansprache zur Rathauseinweihung betonte:

"...Neu sind nur die Sterne. Sie waren nicht plastisch wie jetzt, sondern aufgemalt und zum großen Teil zerschossen. Eine ganze Anzahl der Armbrustbolzen waren noch in der Decke, meist hatten die Bolzen die Bretter durchschlagen. ..." **(02.05.1914 MA)**

Die gemalten Sterne ersetzte man während der Restaurierung 1908/14 durch solche aus vergoldetem Blech, die allerdings 1956 bei

Chronologie der Neugestaltung

der Hallenrenovierung wieder entfernt wurden. Ein Exemplar fand sich während der letzten Restaurierungphase 1996 im Hohlraum zwischen Ratsstube-Bohlenwand und Hallen-Blendwand.
Die damals entfernten Armbrustbolzen wurden aufbewahrt und später durch Archivar Brinkmann an befreundete Heimathistoriker verschenkt.
Leider wurde eine Anregung im Bericht des Reporters nie aufgegriffen. Keiner, der im Text angesprochenen Mühlhäuser Altertumsforscher, unterzog sich der Mühe, die in den Medaillons vorhandenen Gemälde und die Inschriften der Spruchbänder zu entschlüsseln. Auch Professor Dr. Heydenreich äußerte diesen Wunsch, als er in Mühlhausen einen Vortrag hielt:

"Der Altertumsverein eröffnete am Mittwoch die Reihe seiner Wintervortragsabende durch einen Vortrag von Oberregierungsrat Professor Dr. Heydenreich aus Leipzig über die "Familiengeschichtliche Bedeutung des Porträts". Der Redner, früher Archivar unserer Stadt, betonte einleitend, daß das Porträt neben seinem Kunstwerte noch eine besondere edlere Mission zu erfüllen habe. Miniaturen begegnet man schon früh. Das ergibt sich für Mühlhausen aus den Deckengemälden im Rathause. Die gegenwärtigen Renovierungsarbeiten haben dies augenfällig bewiesen. Es sei zu wünschen, daß mit Hilfe der diesen Gemälden beigegebenen Spruchbänder und auf Grund des städtischen Archivs über diese alten Porträtsdarstellungen Licht verbreitet werden möchte."
(17.10.1912 MA)

Schon Adolf Tilesius[21] hat die Porträtdarstellungen 1850 erwähnt, als er über die nachgelassenen Reste der 1577 abgebrochenen Johanniskirche schrieb. Ihm war aufgefallen, dass die Deckengemälde der Johanniskirche in ihrer dekorativen Anordnung große Ähnlichkeit mit der Deckenmalerei der Rathaushalle besaßen. Die Medaillons aus der Johanniskirche zeigten die vier Evangelisten und die Apostel Petrus und Paulus.
Professor Dr. Emil Kettner bemerkt zum Inhalt der Medaillons:

"Ihr Gegenstand war zum Teil Szenen aus Tierfabeln, ..., zum Teil waren es sinnbildliche Darstellungen der Monate, worauf man aus den Umschriften schließen kann"[22].

Im September 1997 habe ich die von der Empore aus zugänglichen Rundbilder mit Streiflicht untersucht und konnte in der roten Umrandung, übermalte Inschriften erkenne. Eine Inschrift war gut lesbar und lautet –AMBROSIUS-[23]. Eine weitere könnte unter Vorbehalt als –ESKULAP-[24] gedeutet werden. Fragmente der erwähnten Porträts im den Medaillons konnte ich nicht erkennen. Sie wurden bereit 1912 wegen ihrer schlechten Erhaltung vom Restaurator Leusch mit der Luther-Rose übermalt. Die hier gewonnen Erkenntnisse und die vorhandenen, jedoch unleserlichen Spruchbänder deuten denn doch mehr auf Porträts, von denen auch Heydenreich spricht, als auf Monatsdarstellungen hin, wie Kettner vermutete.
Bemerkt sei an dieser Stelle, dass der Restaurator Albert Leusch in zwei der Medaillons, kurze Inschriften, die die Umstände der Restaurierung beschreiben, einfügte:

"Im Jahre 1912 –13 wurde diese Gewölbe erneuert. Unter dem Anstrich befand sich die jetzt sichtbare Malerei zum Teil völlig vernichtet. Nur das allernötigste ist neu gemalt. Der Jagdfries an der Nordseite ist noch alt und sorgfältig soweit wiederhergestellt, wie es die dekorative Wirkung erforderte. Das Gleiche gilt für den Fries mit den Darstellungen aus Reinecke Fuchs."

"Der Fries an der Südwand ist völlig neu, das Ornament nach einem noch erhaltenem Bruchstück neu gemalt. Die Malerei der übrigen Kreise ist völlig verloren und schon bei einer früheren Erneuerung abgewaschen. Allen Anschein waren es Darstellungen biblischen Inhalts. Der ganze herumlaufende Fries war früher vergoldet"[25].

Immer wieder berichtete der Reporter über den Fortschritt der Arbeiten:

"... In der Rathaushalle sind bereits einige Familienwappen, die sich als Wandfries um einen Teil der Halle ziehen sollen, fertig gestellt. Auch die zierliche Wendeltreppe führt jetzt bereits zur Empore hinauf. Eine schwere eichene Tür schließt die Halle jetzt gegen den nördlichen Teil des Rathauses ab." **(29.10.1912 MA)**

"In der Rathaushalle ist jetzt im östlichen Teile das obere Gerüst wieder entfernt worden. Die dort befindlichen Deckengemälde, die vier Weltreiche darstellend, sind renoviert und bieten sich nun dem Beschauer wieder in alter Schönheit dar. Den Untergrund bildet ein mit goldenen Sternen besetzter Himmel." **(01.11.1912 MA)**

"Die Rathaushalle wurde gestern wieder einmal von Professor Kutschmann - Berlin und Regierungsrat Blunk - Erfurt besichtigt. Die Renovierung wird im großen Ganzen in der Form fortgesetzt in der sie vom Kunstmaler Leusch begonnen worden ist. Den Fries, der sich rings um die Halle ziehen soll, wird nach unten ein schmales Gesims und Gehänge abgrenzen. Oberhalb des Jagdfrieses an der Nordseite der Halle, den wir kürzlich beschrieben, sollen Inschriften von Daten aus der Geschichte Mühlhausens angebracht werden. Dadurch will man für diesen Fries die gleiche Höhe wie für seine Fortsetzung in der Darstellung von Mühlhäuser Familienwappen erreichen. Die Ostwand oberhalb des Eingangs zu dem Zimmer des Oberförsters Dr. Castendyck soll mit einem schwebenden Adler von großen Dimensionen ausgefüllt werden." **(05. 11. 1912 MA)**

"Der neuangelegte Ausgang ist infolge seiner Lichtwirkungen und der Täfelung ein trefflich gelungenes Werk. Ebenso passen auch die massiv eichenen Türen, die den großen Saal und die unteren Räume zur Straße und nach innen abschließen, vorzüglich der Altehrwürdigkeit ihrer Umgebung an." **(05.12.1912 MZ)**

Zum Ende des Jahres 1912 gingen auch die Renovierungsarbeiten in der Halle ihrer Vollendung entgegen, und wieder berichtete der Mühlhäuser Anzeiger ausführlich, während der eigentlichen Rathausakte zum 07.12. 1912 nur zu entnehmen ist:

"Seit ca. 14 Tagen arbeiten jetzt 4 Mann an der Decke"[26].

"Die Renovierung des östlichen Teiles der Rathaushalle ist jetzt soweit gediehen, daß dieser Raum bereits annähernd einen vollendeten, abgeschlossenen Eindruck hervorruft. Die Renovierung der Decke in jenem Teile der Halle wurde ja, wie wir damals berichteten, schon vor einiger Zeit zu Ende geführt. Jetzt wird der die Decke abschließende Frieß hergestellt, Kinderfiguren, zu Gruppen vereinigt, zwischen die Mühlhäuser Familien-Wappen gemalt werden. Die Bemalung des Bogens, der sich gleich einem Triumphbogen, wie man sie in den Kirchen kennt, zwischen den beiden Teilen der Halle spannt, ist bereits fertig. Er zeigt in ziemlicher Pracht Waffen, Helme usw., kunstvoll zusammengestellt. An den beiden Enden des Bogens befindet sich je eine Tafel, in die einerseits die Namen des Magistrats, andererseits die Namen der derzeitigen Stadtverordneten eingetragen werden sollen. In der westlichen Halle (Ratsstube B.M.) herrscht zur Zeit Ruhe. Die alten Gemälde, die man dort aufgefunden hat, haben wir bereits ausführlich beschrieben bis auf die Bemalung der an die große Ratsstube angrenzenden Wand; soweit sie die Rückwand der neuerbauten Empore bildet. Auf weißem Grunde befinden

Chronologie der Neugestaltung

sich hier sog. bourbonische Lilien und rosenähnliche Rosetten recht dekorativ angeordnet. Von der Empore aus führt eine alte Türe zum Bodenraume über der großen Ratsstube. Sie soll in den alten Farben, rot mit schwarzem Rahmen, wieder hergestellt werden. Es wird dann die ursprüngliche Farbenzusammenstellung schwarz-weiß-rot dort oben besonders ins Auge fallen, eine Farbenzusammenstellung übrigens, die sich in der deutschen Gotik schon auffallend oft vorfindet. Jene eben beschriebene Wand trägt noch die Spuren von etwa 50 Bolzenschüssen, die früher als eine Belustigung dorthin abgegeben worden sein mögen. Auch die Balken, die sich quer durch die Halle ziehen, zeigen ähnliche Spuren. Ferner sind diese Balken teilweise mit eisernen Ringen versehen, die wohl meist zur Befestigung von Fahnen gedient haben mögen." **(11.12.1912 MA)**

Wenige Tage später veröffentlichte der Mühlhäuser Anzeiger einen Aufruf an Mühlhäuser Familien:

"Vom Rathausumbau. Der Magistrat beabsichtigt neben den Wappen der alten reichstädtischen Familien, die an einem Fries in der Rathaushalle angebracht werden, einige Fenster der Halle mit denen jetzt lebender Mühlhäuser Familien zu zieren, um auch die Gegenwart zu ihrem Recht kommen zu lassen. Da aber solche Familienwappen nicht allgemein bekannt sind, müssen deren Inhaber dem Magistrat davon Mitteilung machen, damit ihre Wünsche berücksichtigt werden können." **(19.12 1912 MA)**

Zwei Tage später bat der Magistrat die Thüringer Schwesterstädte Nordhausen und Erfurt um Abbildungen ihrer Wappen für den Giebel der Ostwand.

Gleich zu Beginn des neuen Jahres setzte die Lokalpresse ihre Berichterstattung fort und meldete:

"Nachdem während der Feiertage die Tätigkeit in der Rathaushalle ruhte, haben jetzt die Renovierungsarbeiten dort wieder begonnen. Zur Zeit werden mit Goldschrift auf schwarzem Grunde die Namen der Magistratsmitglieder und der Stadtverordneten auf die von uns bereits erwähnten Tafeln an dem die vordere von der hinteren Halle trennenden Bogen, eingetragen. ..."
(04.01.1913 MA)

Inzwischen hatte auch die Provinzialkommission zur Erforschung und zum Schutze der Denkmäler der Provinz Sachsen für das Jahr 1913 die zweite Rate - 750 M von 2.000 M - für die Wiederherstellungsarbeiten im Rathause zu Mühlhausen bereitgestellt. Die Dritte und letzte Rate von 750 M behielt man sich für das Jahr 1914 vor[27].

Über die in der Rathaushalle und in den Räumen des Standesamtes noch auszuführenden Arbeiten wurden auch in den nächsten Wochen und Monaten von den Reportern der einheimischen Presse berichtet. Nur diese Berichte sind es, die uns einen Eindruck von der künstlerischen Ausgestaltung der Trauhalle vermitteln können. Die Rathausakten schweigen diesbezüglich. Bei der Rathausrestaurierung 1992-98 fanden sich noch nicht einmal Fragmente der 1913 angebrachten Malerei. Fotografische Aufnahmen des Raumes, die den alten Zustand dokumentieren könnten, sind gleichfalls bisher nicht bekannt geworden. Folgen wir nun weiter den Berichten der Zeitung:

"Die Renovierungsarbeiten in der Rathaushalle gehen jetzt rasch ihrem Ende zu. In dem östlichen Teile der Halle sind Deckenmalung und der Fries bereits fertiggestellt, so daß das Gerüst dort etwa in nächster Woche fallen dürfte. Zur Zeit wird das Wandgemälde an der Ostwand ausgeführt. Es zeigt einen heraldischen preußischen Adler von über 4 Meter Flügelspannweite, der den Reichsapfel und das Mühlhäuser Wappen trägt. Unterhalb seiner Fittiche werden die Wappen unserer

Chronologie der Neugestaltung

Nachbarstädte Erfurt und Nordhausen angebracht. Nach dieser Arbeit sind nur noch die Deckenmalung der westlichen Halle und die Renovierung der Wände zu vollenden." **(24.02.1913 MA)**

"In dem östlichen Teile der Rathaushalle ist nun der größte Teil des Gerüstes entfernt worden, die Renovierung der Deckenmalerei in diesem Teile der Halle kann als beendet angesehen werden. Jetzt sollen Versuche wegen der Beleuchtung - Kronleuchter oder Seitenbeleuchtung oder beides - angestellt werden. Zur Begutachtung treffen zu diesem Zweck in den nächsten Tagen hier ein: Professor Kutschmann-Berlin, Regierungsrat Blunk-Erfurt, der Provinzialkonservator und ein Vertreter der Firma Mauß, Frankfurt a. M., als Sachverständiger für Beleuchtungseinrichtungen." **(07.03.1913 MA)**

"Aus der Rathaushalle. Die Arbeiten neigen sich ihrer Beendigung zu. Der rückseitige, niedrigere Flügel ist fertiggestellt und bietet, da das Gerüstwerk entfernt ist, einen sehenswerten Anblick. Die breite Wand des Vordergrundes nimmt in ihrer oberen Hälfte der deutsche Adler ein. Seine auseinandergefalteten Flügel haben von Spitze zu Spitze gemessen eine Spannweite von vier Metern. Unter ihnen prangen, gleichsam behütet und beschützt, links das Kreiswappen und rechts in verkleinertem Maßstabe das städtische Wappen. Die vier Felder der fast spitz zulaufenden Gewölbewand tragen ergänzend zu den alten Gemälden die Namen der Vertreter von vier großen Kulturepochen des klassischen Altertums, nämlich rechts Nimrod und Cyrus, links Alexander den Großen und Julius Cäsar mit den allegorischen Darstellungen, welche die verschiedene Epochen deuten. Der Fries der diese einzelnen Flächen nach unten abschließt, ist mit den Wappen und Namen von altangesehenen Familien der Stadt und ihrer Umgebung geschmückt. Die Reihenfolge, begonnen am Saaleingang links, lautet: v. Weidensee, v. Körner, v. Eigenrieden, von der Margareten, Homberg, Doppelstein, von Heilingen, Rodemann, Bonath, Birkner, Mehler, Hoyer, Tilesius, von Ottera, Fleischhauer, Becherer, Auener, Helmsdorf, Selig, Reinhart, Engelhart, Walther, Oehme, Vockerodt, Schmidt, von Reiß, Grabe, Volkenandt, Kleeberg, Witzenhausen, Mollenfeldt, Meckbach, Grashof, Strecker, Petri, Starcke, Beyreiß, Steinbach, Bernigau, Stephan, Rotschier, Stüler, Hübner, Lutteroth und Kurtze. Zwischen den Wappen sind allegorische Engelsbildnisse angebracht, die vielfach originell anmuten. Die Gewölbeleiste, welche sich durch die Mitte des Saales zieht, trägt an ihren unteren Enden je eine Tafel, die in Goldschrift auf schwarzem Grunde die Namen einerseits des Magistrates, andererseits der vorjährigen Stadtverordneten trägt. Die Einleitung dazu lautet: Im Jahre des Heils 1912 wurde dieser Saal erneuert; den Magistrat bildeten: Oberbürgermeister Trenckmann usw. Auch die Arbeiten in der vorderen, höheren Hälfte der Halle dürften bald beendet sein. Hier weisen die Wandfelder unten kurze Merksprüche auf, von denen einer über dem Eingang heißt: Alten Freund in neuen wandeln, heißt für Früchte Blumen handeln. Ein Prachtstück für den Saal ist nach der Fertigstellung unzweifelhaft die neue, kunstvoll aus Eichenholz gearbeitete Wendeltreppe, die zum Balkon führt. Auch die nach alter Väter Weise in viele Abteilungen zerfallenden eichenen Fensterrahmen und Türflügel des neuen Ausganges, dessen holzgetäfelte Decke augenblicklich gestrichen werden soll, machen einen vornehmen Eindruck und werden daß anheimelnde Milieu der Halle erhöhen." **(12.03.1913 MZ)**

"Vom Rathausumbau. In der Rathaushalle ruht jetzt die Arbeit. Dagegen ist Ende voriger Woche in den unteren, für das Standesamt bestimmten Räumen mit der Deckenmalung begonnen worden. Heute bereits wird die Decke des Trauzimmers vollendet werden. Das Kreuzgewölbe zeigt Ranken-Ornamente von Rosen und anderen stilisierten Blumen. Reizende Einzelheiten in der Bemalung fesseln das Auge des Betrachters stets erneut. So finden sich in dem Rankenwerk u. a. Vöglein die ihr Nestchen bauen, ein anderes, das die nimmersatten Schnäbel seiner Kleinen im Neste füttert. Anschließend an das Trauzimmer wird die Ausmalung der übrigen Zimmer des Standesamtes durchgeführt werden." **(19.03.1913 MA)**

"Rathaushalle. Professor Kutschmann-Berlin weilt zu Zeit hier, um den Fortschritt der Arbeiten in der Rathaushalle zu besichtigen und mit dem hiesigen Leiter der Arbeiten, Kunstmaler Leusch, Besprechungen über die Fortsetzung der Renovierung zu pflegen. In den Bereich dieser Besprechungen fällt vor allem die Grundtönung der Wände, für die wahrscheinlich eine rötliche Färbung gewählt wird. Auch über die Beleuchtung der Halle soll jetzt entschieden werden. Voraussichtlich wird nur Seitenbeleuchtung gewählt. Weiter wird in nächster Zeit die Umrahmung der Türen in der Rathaushalle in Angriff genommen werden. ......" **(27.03.1913 MA)**

"Aus der Rathaushalle. Die Renovierung der Decke der Rathaushalle ist nunmehr vollendet. Heute wird bereits das Gerüst fast vollständig abgebrochen. Nur ein Teil bleibt noch bis nächste Woche stehen, bis auch der letzte Teil des Frieses in der vorderen Halle fertiggestellt ist. Weiterhin bleibt nun nur noch die Bemalung der Wand auszuführen." **(12.04.1913 MA)**

Nachdem die Deckenrenovierung abgeschlossen war, musste die Wandbemalung der Rathaushalle und die Decken- bzw Balkenbemalung der Ratsstube vorbereitet werden. Zu diesem Zweck besuchten Magistratsmitglieder und der Kunstmaler Leusch die Wilhelmsburg in Schmalkalden. Oberbürgermeister Trenckman vermerkt in den Akten:

"Mühlhausen i. Thür.
Im Interesse der Ausmalung des Magistrats-Sitzungs-Zimmer und der Decke in dem neuen Treppenhause sind die Herrn Trenckmann, Messow u. Kunstmaler Leusch mit Auto nach Schmalkalden zur Besichtigung der Wilhelmsburg gefahren. An Zehrungskosten habe ich ausgelegt M. 13,50 u. an Trinkgeld für den Chauffeur 3 Mark. Ich bitte um Erstattung a. Conto Rathausumbau. Trenckmann" [28]

Die auf der Wilhelmsburg gewonnen Eindrücke schlugen sich unmittelbar bei der Wandflächengestaltung, noch mehr bei der Bemalung der Decke bzw. Deckenbalken der Ratsstube nieder. Die Balkenbemalung der Ratsstube ähnelt doch sehr der des so genannten Riesensaals auf der Wilhelmsburg. Auch die Türumrahmung der Hallentüren, im Besonderen die Darstellungen der - geharnischten Ritter - zu beiden Seiten der Ratsstubentür waren eine Reminiszenz an die Wilhelmsburg.

"Aus der Rathaushalle. Seit Anfang dieser Woche ist das Deckengerüst in der Rathaushalle völlig gefallen, die Renovierung der Decke ist beendet. In der Rathaushalle selbst bleibt nun noch die Ummalung der Türen und die Bemalung der Wand, nach deren Fertigstellung erst der Eindruck eines Ganzen hervorgerufen werden wird. Weiter wird dann die Renovierung der großen Ratsstube, über deren Neugestaltung noch keine endgültigen Beschlüsse vorliegen, sowie der unteren Rathausräume und die Ausschmückung des neuen Treppenhausanbaues durchzuführen sein. Die Fenster des Treppenhauses sollen mit Wappen hiesiger Familien, die von diesen zu stiften sind, geschmückt werden. Das erste dieser Wappen, das der Familie Kurtze, ist bereits in die Scheiben eingefügt. Von der hohen geschichtlichen Bedeutung der Rathaushalle, die ihre würdige Wiederherstellung gleichsam als eine Pflicht Mühlhausens erschei-

nen läßt, zeugen folgende zehn Inschriften im Fries des westlichen Teiles der Halle:
A.D. 1295, vom 8.-17. Januar, weilte König Adolf von Nassau hier, als er zum zweiten Male Thüringen erobern wollte.
A.D. 1447, vom 1.-20. September, verhandelten hier die Kurfürten von Sachsen und Brandenburg, die Landgrafen von Hessen und Thüringen vergeblich über den Frieden im sächsischen Bruderkriege.
A.D. 1525, am 25. Mai, zogen nach der Schlacht bei Frankenhausen Kurfürst Johann und Herzog Georg von Sachsen, Landgraf Philipp von Hessen und Herzog Heinrich von Braunschweig als Sieger hier ein.
A.D. 1620, vom 16.-23. März, fand in diesem Hause der Kurfürstentag statt, auf dem der Kurfürst Johann Georg von Sachsen für die Sache des Kaisers gewonnen wurde.
A.D. 1632, vom 16.-30. Oktober, weilte hier vor der Schlacht bei Lützen General Pappenheim und strafte die Stadt für ihren Anschluß an die Schweden.
A.D. 1733, am 10. Mai, rückte hier Prinz Leopold von Dessau ein, als er den Aufstand der Bürger unterwerfen wollte.
A.D. 1802, am 5. August, machte in diesem Hause Graf von Wartensleben im Auftrage des Königs von Preußen der Selbstständigkeit Mühlhausens ein Ende.
A.D. 1806, am 10. Dezember, wurde hier dem Kaiser Napoleon von den Behörden und der Geistlichkeit Mühlhausens der Eid der Treue geschworen, bevor Mühlhausen mit dem Königreiche Westfalen vereinigt wurde.
A.D. 1813, am 1. November, wurde hier die Wiedervereinigung Mühlhausens mit dem Königreiche Preußens verkündet.
A.D. 1866, am 22. Juni, 5 Tage vor der Schlacht bei Langensalza, zog König Georg von Hannover unter dem Torbogen dieses Hauses hindurch." **(06.05.1913 MA)**

Über die Gestaltung der Wände informierte die Mühlhäuser Zeitung am 30. Mai 1913 ihre Leser; vorangestellt hier die spärliche Notiz aus der Bauakte:

"Die Wände der Halle werden z.Zt. gestrichen." (3 Mann)"[29]

"Aus der Rathaushalle. Nachdem die Renovierung der Decke vor einiger Zeit vollendet wurde, ist nunmehr die Bemalung der Wände in Angriff genommen worden. Sie paßt sich ebenfalls, soviel sich übersehen läßt, der geschichtlichen Bedeutung der Halle würdig an. Im Hintergrunde ist eine Gedenktafel angebracht mit dem Bildnis von Ernst Bernhard Claes und der Inschrift: Ernst Bernhard Claes, Königlicher Kommerzienrat, Stadtverordneter von 1879 - 1909, Vorsitzender der Handelskammer von 1889 - 1909.
In geschmackvoller, durchaus künstlerischer und anschaulicher Weise werden die Umrahmungen der Türen ausgestattet. Die Türkrone trägt Antlitze sterbender Krieger, vor der Ratsstube ist die symbolisierte Darstellung einer Schlacht und ist mit Blumengewinden und Früchten eingefaßt. Der Eingang zur großen Ratsstube wird von zwei geharnischten Rittern bewacht....." **(30.05.1913 MZ)**

Der Mühlhäuser Anzeiger berichtete zwei Wochen später noch ausführlicher über das Aussehen der wiederhergestellten Halle. Im Übrigen kann man feststellen, vergleicht man die Reportagen der beiden einheimischen Zeitungen, dass der Mühlhäuser Anzeiger in Qualität und Quantität bei weitem die besseren Berichte veröffentlichte. Auch kann man sich des Eindrucks nicht erwehren, dass einige Berichte der Mühlhäuser Zeitung ein Plagiat des Mühlhäuser Anzeigers sind, wenn sie nicht gar der gleichen Feder entstammen.

"Die Renovierung der Rathaushalle geht in den nächsten Tagen der Vollendung entgegen, ein Werk, nach künstlerischen Gesichtspunkten in seiner Einheit von Professor Kutschmann entworfen, unter Leitung des Kunstmalers Leusch mit hohen künstlerischem Können ausgeführt. Mühlhausen ist durch diese denkwürdige Renovierung in

Chronologie der Neugestaltung

den Besitz einer Sehenswürdigkeit gelangt, wie sie selten eine andere Stadt besitzt und hat gleichzeitig eine würdige Ehrung des Alten, das der Stadt in vielem ihr Gepräge gibt, erreicht. In frischen Farben und doch in getreuer Beachtung des Historischen wölbt sich die reich gezierte Decke, die in ihren Einzelheiten bereits von uns besprochen worden ist und nun in ihrem neuen Zustande hoffentlich wieder viele Jahrzehnte und mehr überdauern wird. Der Wunsch nach einer helleren Ausgestaltung der Deckenmalereien, der besonders in Anbetracht der nur selten günstigen Tagesbeleuchtung in der Rathaushalle laut geworden ist, dürfte wegen künstlerischer Bedenken keine Erfüllung gefunden haben. Die Decke schließt der auch schon von uns beschriebene Fries ab, der mit der auf dunklem Sockel ruhenden rötlich-braunen Wandbemalung zu einem Ganzen zusammenwächst. Aus diesem Farbtone der Wand treten plastisch die neu gemalten Türumrahmungen hervor, deren Stil dem übrigen Schmucke der Halle angepaßt ist. In die Umrahmung der Tür zum Amtszimmer des Oberförsters ist das kürzlich von uns erwähnte Bild des Kommerzienrates Claes[30] geschickt eingefügt. Zu dessen beiden Seiten sind Bildnisse alter Mühlhäuser Ratsherren angebracht, die etwa aus dem Anfang des 18. Jahrhunderts stammen. Das eine stellt den Bürgermeister Petri dar, das andere ist nicht bekannt, vielleicht handelt es sich um den verdienten Bürgermeister Selig. Weiter finden zur Ausschmückung der Halle noch alte, aber renovierte Bilder dreier Ratsherren mit Namen Haberstolz, Beyreiß und Helmsdorf und einige religiöse Bilder ihren Platz. Zu beiden Seiten des Einganges vom jetzigen Ausgange her haben die seinerzeit von der Firma Löbenstein gestifteten, aus alten Schulbänken nach einem Entwurfe des Regierungsrats Blunck - Erfurt hergestellten Wandschränke Aufstellung gefunden. Die ornamentalen Schränke sind mit je einem Mühlhäuser Wappen geziert. Einen weiteren alten Schmuck bildet eine Barock-Uhr, ein hohes Holzgestell, das in drei Kreisen mit den Namen der Monate, den Sternbildern, die die Sonne auf ihrem scheinbaren Wege um die Erde durchschreitet und den Monatsdaten bis 31 bemalt ist. Ein großer Zeiger, der leider nicht mehr beweglich ist, diente dazu, die einzelnen Tage des Monats anzugeben. Von einem Balken, der sich quer durch die Halle zieht, wehen eine Mühlhäuser Bürgerwehr-Fahne und eine französische Fahne aus der ersten Republik. Damit hat aller bisher zur Verfügung stehende Schmuck seine Verwendung gefunden. Zur Beleuchtung der Halle mit elektrischem Lichte werden in dem der Ratsstube zunächst gelegenen Teile vier Kronen, in dem anderen Teile eine große Krone dienen, die allerdings bisher noch nicht angeschafft sind. Ein schmiedeeiserner Wandarm nach einem Entwurfe des Professors am Kunst-Gewerbe-Museum in Berlin, Petersen, wird für eine Beleuchtung des Durchganges nach den südlichen Räumen des Rathauses angebracht werden. Im neuen Treppenhause ist das aus dem Jahre 1791 stammende, im Rokokostil ausgeführte Original-Fabrik-Zeichen[31] der Firma Oppé, das dort neuerdings aufgehängt worden ist, bemerkenswert." **(13.06.1913 MA)**

Die im Text erwähnten Bilder wurden zuvor zum Preis von 505,- Mark durch den Kunstmaler Leusch auf privater Basis restauriert. In einem undatierten Kostenvoranschlag[32] bemerkt er, dass die Bilder sämtlich nach dem Pethenkoferschen Regenerationsverfahren behandelt würden. Den Zustand der Bilder beschreibt er als:

"...stark mit ätzenden Mitteln behandelt, so das bei einigen der rote Bohlusgrund stark hervortritt.... . An einigen sind starke Spuren von Übermalungen... ."

Er schlug deshalb eine Reinigung und Ausbesserung der Malerei und in fast allen Fällen neue Keilrahmen und eine Aufarbeitung der Bilderahmen vor. Arbeiten, die er später

Chronologie der Neugestaltung

dann auch ausführte. Aus dieser Zeit stammen wohl auch die kleinen roten Inschriften auf den Bildern von Petri und Graßhof, die über die Identität der jeweils abgebildeten Person Auskunft geben. Aus diesem Kostenvoranschlag kann auch entnommen werden, welche Kunstgegenstände zur Ausschmükkung der Halle und des Treppenhauses zur Verfügung standen. Nicht erwähnt sind hier die Truhen und eisenbeschlagenen Kästen, die ebenfalls restauriert wurden, wie eine Aufschrift auf einer der Truhen noch heute beweist. Sie gehörten, wie die bisher bekannten zwei Fotos, die die Halle im Zustand vor der Wiederherstellung zeigen, zur ursprünglichen Ausstattung der Halle.

Anbei die dem Kostenvoranschlag entnommenen Bildertitel:

Joseph, Maria mit dem Jesusknaben, Erweckung d. Lazarus, Stadtbild von Mühlhausen i. Th. (1673 von Herting gemalt, heute im Eingangsbereich des Museums aufgehängt), Bildnis des Bürgermeisters Helmsdorf, Bildnis des Bürgermeisters Petri, Bildnis des Stadtkonsulenten Haberstolz, Barockportrait (später als Syndicus Graßhof identifiziert), Bildnis des Bürgermeisters Beyreis, Luchs, Adler, Leuchtermännchen, Zeichnung des Kaisers Ferdinand III (heute im Stadtarchiv aufbewahrt).

Ergänzend sei hier noch mitgeteilt, dass die vier großen Schwerter, darunter zwei sogenannte Flammberger[33], die einst an der Hallenwand über der Eingangstür zur Stifts- und Sparkasse (heute Ausstellungsraum des Stadtarchivs) hingen, zwar von den Schlossern der Firma Claes aufgearbeitet aber anscheinend nie zur Dekoration der Halle verwandt worden sind. Sie blieben jedenfalls in späteren Beschreibungen der Halle unerwähnt. In einer undatierten Inventarliste[34], und bei Sommer[35] werden sie noch genannt; auf den schon erwähnten Fotos kann man sie nicht mehr entdecken.

In der Bauakte[36] findet sich zum 14.06.1913 folgende Notiz:

"Die Halle ist bis auf Kleinigkeiten fertiggestellt. (H. Leusch, Hellgrewe,[37] Göbel) Das Treppenhaus i. Vestibül ist noch fertig zu stellen."

An dieser Stelle erfahren wir auch die Namen der Gehilfen des Kunstmalers Leusch. Auch die neu gewonnene Eingangshalle und der Treppenhausanbau wurden nun von Leusch und seinen Gehilfen gestaltet. Die Bauakte bemerkt zum 05.07.1913:

"Herr Leusch mit 2 Gehilfen arbeitet in den unteren Räumen. (Eingang pp)"[38]

Die Presse gab zum gleichen Datum bekannt:

"Zu einer Besichtigung der Renovierungsarbeiten im Rathause weilten heute Professor Kutschman-Berlin, Regierungsrat Blunck-Erfurt und Provinzialkonservator Hicke-Merseburg hier. Sie haben vor allem über die Ausschmückung der Rathaushalle mit Gemälden endgültig entschieden und auch die Ausschmückung des neuen Treppenhauses besprochen." **(05.07.1913 MA)**

Schon am 05. Juli bot der Mühlhäuser Anzeiger seinen Lesern eine genaue Beschreibung dieser Räumlichkeiten:

".... Tritt man durch die Tür ein, die zu dem neuen Treppenhaus-Anbau führt, so schweift der Blick von dem säulengetragenen Vorraume aus nach rechts in die bereits fast völlig fertigen Standesamtsräume, ein kleines, absichtlich etwas düster gemaltes Vorzimmer, und das hohe, andächtig stimmende Trauzimmer selbst. Dessen reiche Rosenranken-Deckenbemalung haben wir bereits früher einmal beschrieben. Rings um die Wand zieht sich eine der Holzbekleidung nachgeahmte Bemalung, und Linoleumbelag wird später den kapellenartigen Raum noch wohnlicher gestalten. Links des Vorraumes ist das Standesamtsbureau. Die Dek-

Chronologie der Neugestaltung

ke des Vorraumes wird nur durch einige Rosetten geschmückt werden, während die Wände der Deutsche Reichsadler, der Doppeladler des alten Reiches und der Mühlhäuser Adler sowie eine künstlerisch ausgeführte Orientierungstafel zieren sollen. In die Wand des alten Treppenabsatzes, von dem nach rechts ein kurzer Aufstieg in den sogenannten "Ritterkeller" führt, ist ein aus dem 16. Jahrhundert stammender Mühlhäuser Adler eingelassen, während sich darüber eine Decke spannt, zu deren Ausschmückungen in origineller Weise die Mühlhaue verwandt worden ist. In der Ummalung des heraldischen Adlers sind zwei Knaben eingefügt, deren einer die Stundenuhr, der andere den Totenkopf hält. Gleichsam eine Erläuterung zu dieser bildlichen Darstellung bildet der Logausche[39] Sinnspruch:

"Wer die Zeit verklagen will,
Daß sie so zeitig verraucht,
Der verklage sich nur selbst,
Daß er sie nicht zeitig verbraucht",

ein Sinnspruch an einem Balken des Treppenhauses. Bei weiterem Aufstiege fällt das Auge auf ein altes Stadtbild Mühlhausens. Dann biegt die Treppe um, und durch eine hohe Glastür, zu deren Seiten eine Plakette des Kommerzienrates Claes und das Oppé'sche Fabrikwappen hängen, tritt man in die Rathaushalle ein. Rückwärts grüßen noch aus den Fenstern des Treppenhauses die Mühlhäuser Familienwappen, von denen allerdings bisher nur das der Familie Kurtze angebracht ist, während die anderen von Schülern des Berliner Kunstgewerbe-Museums unter Leitung von Professor Kutschmann entworfen und nach diesen Entwürfen auch angefertigt werden sollen. Die Rathaushalle selbst ist von uns bereits ausführlich beschrieben worden. Die Aufhängung der Bilder ist kürzlich von Professor Kutschmann, Regierungsrat Blunck und Provinzialkonversator Hicke derart beschlossen worden, daß sie, in gleicher Höhe mit den Türen, eine ruhige Wirkung ausüben. Ein größeres altes Bild, "Das jüngste Gericht", das an der die große Ratsstube angrenzenden Wand angebracht ist, wird in feinen Farbtönen nebst seiner Umrahmung noch etwas renoviert werden. Es ist zwar grob gemalt und nicht besonders wertvoll, besitzt aber auf der großen Wandfläche ausgezeichnete dekorative Wirkung, so daß es sehr wohl in Ehren gehalten werden kann, bis es einmal durch etwas Besseres ersetzt zu werden vermag. Die Renovierung der großen Ratsstube beginnt in nächster Woche."* **(11.07.1913 MA)**

Ergänzende Meldungen schlossen sich am 26.07. und am 07.08 1913 an:

"In der Rathaushalle sind seit unserer letzten Beschreibung nur noch wenige Veränderungen und Verbesserungen vorgenommen worden, so Ausschmückungen mit einigen Ornamenten und die Aufstellung zweier Truhen. Im übrigen ist die Renovierung der Rathaushalle als beendet und als gelungen zu betrachten." **(26.07.1913 MA)**

"Die Ausschmückung des Rathauses hat, soweit der untere Vorraum des Treppenhauses in Frage kommt, eine Änderung gegen den ursprünglichen Plan erfahren. Zunächst sollten darin nur der Mühlhäuser, der preußische und der doppelköpfige Adler des alten Deutschen Reiches angebracht werden. Nunmehr aber schmücken die Wände in großer Ausführung der Mühlhäuser und der preußische Adler sowie eine Zusammensetzung der Wappen der Städte Mühlhausen, Erfurt und Nordhausen. Außerdem werden in halber Höhe der Wände sowie an der den Raum stützenden Säule die Wappen aller Städte des Regierungsbezirkes Erfurt sowie die der über 10.000 Einwohner umfassenden Städte der beiden anderen Regierungsbezirke der Provinz Sachsen, Magdeburgs und Merseburgs, in zierlicher Form angebracht." **(07.08.1913 MA)**

Chronologie der Neugestaltung

Immer wieder reichte die Lokalpresse noch vielfältige, ergänzende Meldungen nach. Ein Zeichen dafür, dass die Ausgestaltung der Rathaushalle einem ständigen Entwicklungsprozess unterlag. Dies zeigt sich auch in einer Aufstellung[40] des Malers Leusch vom 28.08.1913, in der er die nicht von Professor Kutschmann veranschlagten Extraarbeiten, die bei der Rathausausmalung entstanden sind aufzählt und sie dem Magistrat privat mit einer Pauschalsumme von 500 M in Rechnung stellt. So liest man dort unter anderem:

"Umhängen der Bilder und Ausbessern der beschädigten Wandstellen, Neustreichen der Ostwand, öfteres Umhängen der Bronzetafel[41] und Ausbessern der dadurch entstandenen Wandschäden."

Gleichzeitig erfahren wir aus dieser Aufstellung von einem weiteren Gemälde, das in der bereits weiter oben wiedergegebenen Aufzählung nicht enthalten ist, - Das Jüngstes Gericht -, welches er ausgebessert, den Rahmen gestrichen, lackiert und echt vergoldet hat.

Kurz nach der Einweihung des Rathauses reicht er erneut eine handschriftliche Aufstellung aller "Nebenarbeiten" ein. Sie lautet wie folgt:

"Von dem Maler Alb. Leusch geleistete Nebenarbeiten im Rathause zu Mühlhausen i. Th. 1 Eiserner Armleuchter vergoldet und bemalt, 4 Entwürfe für Beleuchtungskörper, 2 Detailzeichnungen für Beleuchtungskörper, 1 Zeichnung für die von Knittel gestifteten Armleuchter, diese 3 Leuchter vergoldet, verschiedene Zeichnungen zur Uhr in der Ratsstube, anfertigen einer Attrappe zur Uhr, herstellen einer fotografischen Aufnahme von der Uhr für die Fabrik, Herstellung einer Attrappe für den Ofen in der Ratsstube, bemalen derselben. Bemalen der Beleuchtungskörper für den neuen Aufgang, verändern derselben und neuvergolden der hinzugekommenen Teile. Herstellen der 22 Kugeln für die Leuchter in der Halle, bemalen und mit Bolusvergoldung bearbeiten der von Landesbaurat Hiecke entworfenen Beleuchtungskörper in der Halle. Herstellen einer Goldschrift an der Treppe in der Halle. Ausbesserungen in der Halle. Anfertigung und Zeichnung eines Schlüsselblechs für das Büro des Archivars. Anfertigung von 4 Zeichnungen für den Beschlag des alten Schrankes in der Ratsstube. Besprechungen über die Art der Bänke in der Ratsstube mit Memel. Wiederherstellen der Salvae Guardiee (Schutzbriefe B.M.), fürs Archiv und zur Aufhängung im Treppen-Aufgang, die Holzteile wurden werth.(?) erneuert, auffrischen der Bemalung. Ausbessern am Treppenaufgang. Herstellen einer fotografischen Aufname von dem Adler im Aufgang. Herstellen von 2 Aufnahmen von den Schwertern aus der Halle. Ausbessern der von Salpeter im Eingang zerstörten Bemalung. Ausbessern derselben Art im Trauzimmer und seinem Vorraum. Ausbessern und bemalen der elektrischen Leitungen und der durch diese zerstörten Stellen. Versuch zur Trockenlegung der feuchten Stellen in den unteren Räumen. Vergolden und bemalen der Beleutungskörper im Eingang.

Zu allen diesen Arbeiten kommen viele Zeitraubende Besprechungen, aber auch bei vielen nicht durch mich ausgeführten Arbeiten ist meine Mitwirkung in Anspruch genommen.

Mühlhausen, i. Th. d. 5. 5. 14
Alb. Leusch."

Hier nun die noch erfolgten Ergänzungsmeldungen aus der Lokalpresse:

"Neue Familienwappen sind heute in dem einen Fenster des neuen Treppenhauses am Rathause angebracht worden, die Wappen der Familien Schmidt, Lutteroth und Beyreiß, die im gleichen Fensterflügel eingelassen sind, in dem sich schon seit einiger Zeit ein Wappen der Familie Kurtze befindet. Wie jenes, sind auch diese drei Wappen, was Farbtönung und Raumverteilung anbetrifft, reizvoll und wohl

Chronologie der Neugestaltung

gelungen. Sie werden, wie bereits mitgeteilt, von Schülern des Berliner Kunstgewerbe-Museums unter Leitung von Professor Kutschmann entworfen und nach diesen Entwürfen angefertigt." **(09.09.1913 MA)**

Mehrfach wurde nun im Mühhäuser Anzeiger über den Einbau farbiger Wappenscheiben im Treppenhaus berichtet. Der Kürze halber sind hier nur die Familiennamen und das Datum der Zeitungsmeldung genannt: *Familie Engelhart -25.10.1913; die Familien Auener, Aulepp, Becherer, Kersten und Roettig -17.12.1913; die Familien Döring und Tilesius von Tilenau*[42] *-30.12.1913 und am 03.01.1914 die Familien Fleischhauer, Hoyer, Öhme und Weymar.*
Im Fenster der Rathaushalle sollten Wappenscheiben der Handwerkerinnungen angebracht werden. Das der Fleischerinnung war schon vor der Einweihungsfeier eingesetzt worden, das der Schneiderinnung folgte später. Andere Handwerkerinnungen waren nicht bereit, eine Wappenscheibe zu stiften, sodass das Fenster erst Jahre später durch Familienwappen ergänzt wurde.

"Aus der Rathaushalle. An dem unteren Balken der Empore in der Rathaushalle ist mit Goldlettern nachstehender Spruch angebracht worden:

*"Liebe zur Heimat hat dankbaren Sinn's das Rathaus geschmückt,
Alter Erinnerung voll zierte sie Halle und Haus.
Was die Väter getan zum Ruhm und zu Ehren der Reichsstadt,
Dankbar denke daran, wenn Du die Halle betrittst.
Und die Väter dereinst die Reichsstadt stärkten und mehrten,
Also dem Deutschen Reich widme Dein Leben hinfort"*[43].

Große Verwunderung werden diese gedrechselten Werke im Publikum nicht finden.

Der Deutsche liebt es nicht, seine Empfindungen in griechischen Hexametern auszudrücken. Er bevorzugt irgend ein schlichtes Versmaß, am liebsten ein vierfüßiges mit ungekünstelten Hebungen und Senkungen und Reimen. Die Zeit der mittelalterlich-lateinischen Verskünste in unserer Poesie, die in der deutschen Sprache immer nur holprig wirken konnten, ist glücklicherweise längst verschwunden." **(12.09.1913 MA)**

"..... In dem Treppenhause wird jetzt ein von Kunstmaler Leusch entworfener hölzerner Kronleuchter - für elektrisch Licht eingerichtet - aufgehängt, der von hiesigen Handwerkern angefertigt ist. Ein im Vorraum des Treppenhauses angebrachter Entwurf für die Beleuchtungsanlage dürfte noch nicht endgültig sein." **(10.12.1913 MA)**

"Der Rathausumbau scheint jetzt seiner Vollendung nahe zu sein, wenigstens ist bereits die Instandsetzung des Platzes in Angriff genommen worden, der sich im Rathaushof um das neue Treppenhaus ausdehnt und bis zu den alten, mitten im Rathaushofe stehenden Mauerresten reicht. Der Platz wird mit Kies und Sand aufgeschüttet. Außerdem soll der Efeu, der sich dort an den Mauern emporrankt am Boden mit Steinen eingefaßt werden." **(13.12.1913 MA)**

*"Aus der Rathaushalle. Durch die kürzlich erfolgte Stiftung des Fabrikanten Bon war es möglich, jetzt endlich einen schweren messingenen Kronleuchter für die Rathaushalle anzuschaffen, der gestern dort angebracht wurde. In zwei übereinander liegenden Kränzen erstrahlen von dem Leuchter 25 elektrische Birnen.
Die durch die lange Zeit beschädigten Platten des Fußbodenbelages der Rathaushalle werden jetzt umgewandt und gleichmäßig behauen, so daß auch der Fußboden der Halle künftig deren gesamter, würdiger Ausgestaltung entsprechen wird."* **(03.03.1914 MA)**

Chronologie der Neugestaltung

"..... Ein zweiter Kronleuchter in der Gestalt des seit längerer Zeit aufgehängten, sowie eine kleine Beleuchtungskrone wurden heute fertig montiert." **(30.04.1914 MZ)**

Die elektrischen Beleuchtungskörper in den überarbeiteten Räumen sind nach dem Entwurf des Professors Petersen/Danzig beschafft worden. Provinzialkonservator Hiecke äußert sich zu den Leuchtern wie folgt:

"Sie vereinigen aufs glücklichste gediegene Gestaltung im Sinn der Alten mit einer für die veränderte Beleuchtungsart charakteristische Ausbildung"[44].

So weit die Notizen und Berichte zur Neugestaltung der Rathaushalle und des neuen Einganges einschließlich der Standesamtsräume, wie sie sich in den Akten und in der Lokalpresse widerspiegeln. Alle Arbeiten, die in Blunk's Bauentwurf aufgeführt waren, sind im Wesentlichen bis zum 30.04. 1914 erledigt. Nur der Wandbrunnen, der noch in Blunks Entwurf für die nördliche Hallenwand vorgesehen war, und der doch eigentlich Auslöser der Umbauarbeiten war, wurde nie ausgeführt. Auch den Gedanken, einen Brunnen im hinteren Rathaushof, gleich neben dem neuen Treppenhaus aufzubauen, ein Holzmodell der Brunnenschale war zu diesem Zweck schon angefertigt und aufgestellt worden, ließ man fallen. Brunnenschmuck sollte eine alte, bis dahin im Städtischen Baumagazin aufbewahrte Neptunfigur bilden.

Die Renovierung der Großen Ratsstube

Ungeplant war die Renovierung der Ratsstube, die doch eine große Überraschung für alle Beteiligten bereithielt. Blicken wir also noch einmal zurück in den Oktober des Jahres 1912.
Der genaue Grund, der zur Entdeckung der wertvollen Wandmalerei führte, blieb bisher unbekannt. Vermutlich aber war es das große öffentliche Interesse, welches man der Rathausneugestaltung entgegenbrachte und das den Altertumsverein veranlasste, seine Wintervortragsabende am 17.10 1912 mit einem Rathausthema zu eröffnen. Hier, so kann nur vermutet werden, wurde vielleicht auch die alte Überlieferung besprochen, die wenige Tage später zu interessanten Funden führte. Der Mühlhäuser Anzeiger berichtete zunächst über den sensationellen Fund und eine spätere Pressemeldung (siehe weiter unten) bestätigt diese Vermutung:

"Altertümer in der großen Ratsstube. Nach einer alten Überlieferung sollen sich unter der Tapete der großen Ratsstube alte Gemälde befinden. Kürzlich hat man nun eine Untersuchung angestellt und diese Annahme bestätigt gefunden. An beiden Längsseiten des Zimmers ist man auf alte, wertvolle Bilder gestoßen. Vorläufig hat man nur kleine Einschnitte in die Tapete vorgenommen. Unter der Tapete der an die Rathaushalle angrenzenden Wand befindet sich zunächst eine Holzwand, die mit recht gut erhaltenen Gemälden bedeckt ist. Vorläufig ist nur eine männliche Figur mit faltigem Gewande und charakteristischem Gesicht, zu sehen, die anscheinend einen Ratsherren darstellt.
Außerdem findet sich an dieser freigelegten Stelle der Wand folgende Inschrift- "1791, 31. Aug., haben die Gebrüder Eisenhard, Johann Tobias und August Christoph, diese Stube ausdabeziert, als Sattler wohnhaft beide in der Ratsgasse...". Die jetzige Tapete ist etwa 30 Jahre alt. Auch unter der Tapete der anderen Längswand ist man auf Gemälde gestoßen, die sich aber unmittelbar auf der Steinmauer befinden. Auch sie zeigen männliche Figuren, wenngleich weit weniger deutlich, und scheinen in die Renaissancezeit zurückzuführen. Bruchstücke einer reich verschnörkelten Inschrift, die sich durch diese Gemälde zieht, deuten auf die Mitte des l7. Jahrhunderts hin. Es ist zunächst Sache des Magistrats, darüber zu befinden, in welcher Weise

Chronologie der Neugestaltung

die interessanten Funde auch fernerhin erhalten werden sollen... ." **(29.10.1912 MA)**

"..... Über eine Renovierung der großen Ratsstube, in der man, wie wir bereits ausführlich berichteten, unter der Tapete wertvolle alte Gemälde gefunden hat, hat man, nach unseren Erkundigungen, den Provinzial-Konservator um sein Urteil gebeten." **(06.12.1912 MA)**

Gleich im Januar begannen nun auch die Sanierungsarbeiten in der Ratsstube mit der Entfernung der bisherigen Decke, die durch eine vom Stadtverordneten Louis Oppé gestiftete Holztäfelung ersetzt werden sollte. Doch auch hier wartete eine Überraschung, die den Konservator der Denkmäler der Provinz Sachsen Hiecke auf den Plan rief und der nach einer Besichtigung dem Magistrat am 07.01.1913 seine Vorschläge unterbreitete:

"Die alte Decke ist im Holzwerk vorzüglich erhalten, es fehlen nur die ehemals zur Verdeckung der Fugen aufgenagelten Leisten; die beiden Unterzugsbalken sind einfach, aber prachtvoll profiliert und gleichfalls wohl erhalten. Wenn man eine der Gestaltung der Renaissancetäfelung entsprechende neue Holzdecke anordnen würde, so müßten ihre Teilungen ein so kräftiges Relief erhalten, daß wieder der obere Rand der bis hart an die Decke reichenden Wandmalereien verdeckt werden würde. In Rücksicht hierauf wird dringend zu empfehlen sein, die alte Holzdecke zu erhalten, durch Aufnageln der Fugenleisten wieder in der alten Weise herzustellen und sodann mit leichter ornamentaler Malerei zu versehen. Ohne Zweifel wird auch der Gesamteindruck des Raumes hierdurch sehr viel schöner werden, als bei der Einfügung einer neuen getäfelten Decke. Die Wandmalereien werden sich dann mit der bemalten Decke zu einer schönen Wirkung zusammenschließen."
Empfehlung, die alte Decke zugleich mit der Wiederherstellung der Wandmalereien durch Prof. Kutschmann neu bemalen zu lassen"[45].

In einem umfassenden Bericht des Mühlhäuser Anzeigers erfuhr auch der Mühlhäuser Bürger Näheres über die sensationellen Funde in der Ratsstube:

"Die Funde in der großen Ratsstube. Im Band 13 der in nächster Woche erscheinenden >Mühlhäuser Geschichtsblätter<, herausgegeben vom hiesigen Altertumsverein, veröffentlicht Stadtarchivar Dr. Wintruff eine interessante Abhandlung, "Funde in der großen Ratsstube". Durch die Liebenswürdigkeit des Verfassers ist es uns heute schon möglich, wesentliches aus dieser Abhandlung wiederzugeben. Dr. Wintruff schreibt u. a.: "Bei der zur Zeit stattfindenden Erneuerungen und Ausmalungen des Rathauses hat man schon in der großen Ratsstube wertvolle Funde gemacht. Es war eine alte Tradition, daß unter auf Leinwand gespannter Tapete in der großen Ratsstube noch alte Gemälde verdeckt seien. Daraufhin ließ kürzlich der Magistrat (wie von uns seinerzeit berichtet. Die Red.) die Tapete an einer Stelle anschniden, und als der Versuch von Erfolg gekrönt war, beschloß er, die ganze Tapete abzunehmen. Das Ergebnis war überraschend: An der Ostwand fanden sich Malereien aus dem 15. Jahrhundert auf Holz gemalt, an der Westwand und nach Norden und Süden an den Pfosten zwischen den Fenstern solche aus dem 16. Jahrhundert. Die Vermutung lag nahe, daß die Bilder zu gleicher Zeit wie die hölzerne Wandbekleidung angefertigt sind, die die Jahreszahl 1571 trägt. Die Chronik berichtet außerdem zum Jahre 1572: "Die Ratsstube wart diese Zeit gemalt und bereit..." Leider ist das die ganze Westwand bedeckende Bild nicht überall gut erhalten. Der nach Süden zu gelegene Teil ist ca. 1 ½ Meter lang von der Feuchtigkeit, die den die Wand bedeckenden Putz angegriffen hat, vollkommen zerstört. Das übrige ist zur Zeit von einer dicken Schmutz- bzw. Rußschicht bedeckt, die sich aber, wie einzelne Versuche bewiesen haben, entfernen läßt, so daß die ursprünglichen Farben wieder gut hervor-

Chronologie der Neugestaltung

treten. Die Darstellung zeigt den Kaiser mit 7 Kurfürsten. In der Mitte ist der Kaiser auf einem Thron sitzend, in reichem Krönungsornat, in der linken Hand den Reichsapfel, in der rechten das Zepter haltend. Zu seiner Rechten schließt sich der Erzbischof von Mainz, Trier und - leider durch Feuchtigkeit zerstört - der Erzbischof von Köln, zu seiner Linken der Kurfürst von Böhmen, von der Pfalz, von Sachsen und Brandenburg an. Die Reihenfolge der Kurfürsten ergibt sich aus den unter den einzelnen Portraits angebrachten Wappen. Außerdem sind über ihnen in späterer Schrift die betr. Kurfürstentümer, "Churfürst von Mentze" usw., eingetragen. Der Schreiber dieser späteren Schrift hat eine merkwürdige Fälschung versucht. Über Böhmen hat er "Churbayern" eingetragen; wahrscheinlich war dies nach 1648, wo Bayern reichsrechtlich als Inhaber der 8. Kur neben der Pfalz anerkannt war, und um den 8. Kurfürsten unterzubringen wußte man sich keinen anderen Rat, als aus dem Könige von Böhmen, der ja gleichzeitig durch den Kaiser vertreten war, Bayern zu machen. Unterhalb des Porträts zieht sich ein Fries hin, der die Wappen der dargestellten Kurfürsten und die von je 4 Markgrafen, Landgrafen, Grafen und Ritter enthält. Teilweise sind sie durch die Feuchtigkeit zerstört, teils sind sie zur Zeit so von einer Staubschicht überzogen, daß die Überschriften der verschiedenen Wappen sich noch nicht haben feststellen lassen können. Derselben Zeit wie das Wandgemälde der Westwand entstammen die Darstellungen an der Nord- und Südwand zwischen den Fenstern. Es sind 7 allegorische Figuren, die - an der Nordwestecke beginnend - die Unterschriften tragen: 1. Spes, 2. -, 3. Fortitudo, 4. Fides, 5. Justitia, 6. Temperantia, 7. -. Über der Eingangstür sind zwei mit den Schultern gegeneinandergelehnte nackte Menschen, wahrscheinlich Adam und Eva darstellend, angebracht. Die letzte ist an einem Apfel als solche erkenntlich. In dem von der Tür und den beiden Gestalten gebildeten Dreieck tritt noch die ältere gotische Malerei hervor. Den wertvollsten Teil der aufgefundenen Bilder stellen zweifelsohne die an der Ostwand der Ratsstube dar. In 6 ca. 1 Meter breiten durch braune Streifen abgeteilten Feldern sind 6 Fürstengestalten in Lebensgröße mit ausgeprägter Individualität abgebildet, und zwar so, daß immer je zwei gegeneinander gerichtet sind und miteinander zu sprechen scheinen. Gegen das südliche Fenster zu bildet eine gotische Arabeske den Abschluß. Über den einzelnen Feldern sind Spruchbänder angebracht, die die betreffenden Fürsten bezeichnen sollen. Es sind 4 Burggrafen und 2 Landgrafen dargestellt. Die Tracht weist auf die letzten Jahrzehnte des 15. Jahrhunderts hin. Die Bilder verdienen wegen der Seltenheit der gotischen Profanmalereien das besondere Interesse des Kunsthistorikers".

(16.01.1913 MA)

Die im Text erwähnten, von Feuchtigkeit zerstörten Bildteile mussten neu gemalt werden. Nachdem Stadtarchivar Wintruff zunächst vergeblich beim erzbischöflichen Generalvikariat Köln angefragt hatte, erhielt er am 13. Dezember 1913 vom Historischen Archiv der Stadt Köln eine fotografische Reproduktion eines Porträts des Erzbischofs Salentin von Köln aus dem Jahre 1570[46]. Diese Reproduktion diente Albert Leusch als Vorlage.

Ein Vergleich des noch in den Akten vorhandenen Fotos mit dem von Albert Leusch neu geschaffenen Porträt in der Ratsstube zeigt kaum Ähnlichkeiten. Leusch hatte das Porträt ganz im Stil der vorgefundenen erhaltenen Porträts gemalt. Nur in der Barttracht ähneln sich Foto und Porträt.

Die durch Feuchtigkeit zerstörten Wappen wurden nach Hartmann Schedels "liber chronikarum" erneuert. Das Buch lieh man in der Landesbibliothek Gotha aus.

Schon einen Tag später setzte der Mühlhäuser Anzeiger seine Leser in Kenntnis, wie mit der Decke in der Ratsstube verfahren werden soll:

Chronologie der Neugestaltung

"Nachdem die alte Gipsdecke der großen Ratsstube herausgenommen ist, hat man nunmehr beschlossen, keine getäfelte Holzdecke anzubringen, sondern die jetzt freigelegte alte Holzdecke mit Leinwand zu überspannen und zu bemalen. Hierbei wird man sich nach Möglichkeit an eine ältere, jetzt am Holze noch schwach erkennbare Deckenbemalung halten. Von der ursprünglich geplanten Holztäfelung soll abgesehen werden, weil sie nach fachmännischer Ansicht drückend auf das Zimmer wirken würde...."
(17.01.1913 MA)

Mit dem Beschluss der Finanzkommission vom 21.04.1913 wurde auch die, durch die Funde in der Ratsstube, bzw. deren Wiederherstellung entstandene Finanzierungslücke von 4.505 M geschlossen. Die auflaufenden Kosten begründete der Magistrat wie folgt:

"... 1. Die Ausmalung des Magistrats- Sitzungszimmers will Hr. Prof. Kutschmann für 6000 M übernehmen. Einbegriffen ist darin die Wiederherstellung der Wandbemalung und der Decke.
Die Aufstellung eines ornamentalen, der Eigenart des Raumes angepaßten Ofens wird 1000 M erfordern.
Außerdem müssen sämtliche Bilder, welche im Mag. Sitzungszimmer u. dem Saal hingen, erneuert werden. Das kostet nach anliegendem Kostenanschlag 505 M.
Es sind also zu den oben gedachten Arbeiten erforderlich:
6000 + 1000 + 505 M = 7505 M.
Da Herr Oppé für die Decke des Magistrats-Sitzungszimmer 3000 M gestiftet hat, so bleiben noch 4505 M zu decken. Die Finanzkommission ist mit der Bewilligung der Mittel einverstanden.
2. ..schriftlich
An die Stadtverordneten-Versammlung mit dem Ersuchen, 4505 M aus dem Reservefonds für die oben gedachten Zwecke zu bewilligen.
Der Magistrat. (Unterschrift) Trenckmann"[47].

Am 16.05.1913 berichtete der Mühlhäuser Anzeiger von der heftigen Debatte in der Stadtverordnetenversammlung, die die Summe zwar bewilligte, aber deren Mitglieder sich nun brüskiert fühlten, da die schon lange versprochene Modernisierung des Stadtverordneten–Sitzungssaales in der Brotlaube zu Gunsten der Ratsstube, die der Magistrat als Sitzungszimmer nutzte, erneut verschoben werden musste. Der Mühlhäuser Anzeiger resümierte:

"...Alle anderen Wünsche müssen zurücktreten, bis das Rathaus völlig renoviert ist. Und darüber wird noch eine geraume Zeit vergehen, und manches Geld wird noch bewilligt werden müssen, falls sich der Mühlhäuser Lokalpatriotismus nicht reger durch Stiftungen betätigen sollte."
(16.05.1913 MA)

In dieser Zeit stiftete Frau Kommerzienrat Claes erneut 1.000 M zur Wiederherstellung der Ratsstubenmalerei.
Im Sommer 1913 begannen die restauratorischen Vorarbeiten in der Ratsstube, von denen wiederum der Anzeiger berichtete:

"Die große Ratsstube soll nun, nachdem die Rathaushalle in neuem Glanze erstanden ist, gleichfalls renoviert werden. Ein Gerüst ist bereits in der großen Ratsstube errichtet worden, so daß der Magistrat mit seinen Sitzungen vorläufig von dort verbannt ist... . Die Renovierungsarbeiten beginnen in nächster Woche, und zwar wird zunächst die Decke in Angriff genommen werden, zu deren Neubemalung die Entwürfe von den Künstlern hergestellt werden, die die gesamte Rathausrenovierung ausführen. Nächstdem sind die alten, nur noch schwer sichtbaren Gemälde an den stark beschädigten Wänden zu renovieren." **(26.07.1913 MA)**

"... Die Vorarbeiten für die Renovierung der großen Ratsstube sind beendet und die Pläne zu der Renovierung selbst vom Kunstma-

ler Leusch entworfen. Letzte befinden sich z. Z. bei Professor Kutschmann in Berlin."
(07.08.1913 MA)

Einen ausführlichen Bericht zur Renovierung der Ratsstube bot der Mühlhäuser Anzeiger, nachdem im Oktober die aufwändigen Arbeiten begonnen hatten. Hier im Auszug nur die Passagen, die auf Zustand und Wiederherstellung der Malereien Bezug nehmen:

"Aus der Großen Ratsstube. Nachdem die Vorarbeiten, das Reinigen der alten Gemälde von den Spuren der Jahrhunderte, das Aufstellen der Gerüste usw. beendigt sind, ist jetzt die Renovierung der Großen Ratsstube durch den Kunstmaler Leusch rasch vorwärts gekommen. Die beiden Längswände im Osten und Westen des Zimmers sind bereits fast vollendet. Zur Zeit sind die Decke und die Südwand in Arbeit. Bei den bisher renovierten Wänden handelte es sich hauptsächlich darum, die noch leidlich vorhandenen Gemälde wieder herzustellen, die Nord- und Südwand sowie die Decke sind unter teilweiser Zugrundelegung der Idee des früher Vorhandenen neu zu malen.
.... Über der Tür, die an jener Wand in die Große Ratsstube führt, befanden sich gotische Städtebilder, die nur noch teilweise dort erhalten sind, wo sie früher ein Aufbau am Türrahmen schützte.
....Es war nicht leicht, die Namensinschriften, die die Bedeutung der Wappen wiedergeben, zu entziffern und einwandfrei festzustellen, da natürlich auch hiervon im Laufe der Jahrhunderte vieles unleserlich geworden war. Jene Art der Darstellung, wie sie in der Großen Ratsstube zu finden ist, dürfte nicht gerade zu häufig und jetzt kaum noch wo anders zu finden sein.
Die Nord- und Südwand des Zimmers zeigten meist weibliche Figuren, Tugenden darstellend, so Fortitudo, die Kraft; Justitia, die Gerechtigkeit; Temperancia, die Mäßigkeit. Von diesen Figuren war nur noch wenig erhalten, so daß sie völlig neu gemalt werden müssen. Das gleiche geschieht auch mit der Decke, die bereits in Angriff genommen worden ist. Die Balken selbst, an denen eine interessante, alte gotische Schablone gefunden wurde, werden im Renaissancestil renoviert werden, während zwischen ihnen eine gemalte Kasettendecke hergestellt werden soll, zu der Kunstmaler Leusch die Entwürfe noch nicht ganz vollendet hat. Nach Fertigstellung der Ratsstube dürfte die Renovierung jenes südlichen Flügels des Rathauses endgültig ihren Abschluß erreichen."
(29.10.1913 MA)

Die Akten melden, wie bereits bekannt, kurz und sachlich, während der Mühlhäuser Anzeiger einen ausführlichen Bericht bietet:

"Die Arbeiten in der Ratsstube sind noch im Gange"[48].

"Die Renovierung der Großen Ratsstube geht ihrer Vollendung entgegen. Gegenwärtig wird in dem Raume das Gerüst abgebrochen. Es wird dann nur noch einiger letzter Pinselstriche des Kunstmalers Leusch bedürfen, um die neue und erneuernde Bemalung von Decke und Wänden als beendet ansehen zu können. Auch die nach Form und Farbe den Räumlichkeiten angepaßten Kamine haben bereits in der Ratsstube und in den unteren, für das Standesamt bestimmten Räumen Aufstellung genommen"
(30.01.1914 MA)

Während einer Versammlung des Altertumsvereins gab der vortragende Archivar Dr. Wintruff auch einige ergänzende Mitteilungen zu den Gemäldefunden in der Ratsstube bekannt. Seinen Ausführungen kann man entnehmen, dass diesen Funden eingehende Untersuchungen des historischen Aktenbestandes, wohl von Mitgliedern des Vereins durchgeführt, vorausgegangen waren. Die Bauakten schweigen zu diesem Vorgang, während die Lokalpresse berichtet:

Chronologie der Neugestaltung

"Der Altertumsverein hielt gestern nach längerer Pause eine Zusammenkunft ab, die gut besucht war.... . Was die Tätigkeit des Vereins auf dem Gebiet der Heimatkunde anbetreffe, so sei wiederum ein großer Erfolg zu verzeichnen: es sind neue Gemäldefunde in der großen Ratsstube gemacht worden. Redner geht näher hierauf ein und führt etwa folgendes aus: Vor fünfviertel Jahren wurden die ersten Gemälde in der Ratsstube entdeckt. Man war auf Grund einer Anzahl Bemerkungen in alten Akten zu den Untersuchungen, die den Entdeckungen vorausgingen, veranlaßt worden. Die von der darüber angebrachte gewesenen Tapete bloßgelegten Bilder stammen aus zwei verschiedenen Perioden: aus der Zeit von 1571-72 und aus dem 15. Jahrhundert; gemalt sind sie von einem gewissen Bernhard Stefan, von dem noch jetzt ein Epitaph in der Predigerkirche zu Erfurt vorhanden ist, und von einem Maler Tielemann, der in der Zeit von 1460-66 hier wirkte. Die jetzt neu hinzuentdeckten Bilder der beiden haben eine besondere Bedeutung für die Kunstgeschichte, weil sie nicht - wie es in der Blütezeit der Gotik üblich war - biblische, sondern weltliche Stoffe, nämlich Ansichten aus der Stadt und Porträts von hohen Fürstlichkeiten darstellen."
(03.02.1914 MZ)

14 Tage vor der, für den 2. Mai 1914 angesetzten festlichen Einweihungsfeier wurden erneut größere Teile der gotischen Malerei in der Ratsstube, die noch hinter der Wandtäfelung verborgen lagen, freigelegt, wie der Mühlhäuser Anzeiger seine Leser informiert:

"Aus der großen Ratsstube. An der Ostwand der großen Ratsstube, in der sich der Eingang zu diesem Zimmer befindet, ist dieser Tage die Holzbekleidung entfernt und wertvolle gotische Malerei aufgedeckt worden. Die Burg und Landgrafen, die an dieser Wand abgebildet sind und von denen bisher nur die obere Körperhälfte renoviert werden konnte, sind jetzt in voller Gestalt zu sehen. Am Fußende einer jeden Figur befindet sich das Wappen des betreffenden Grafen. Ein prächtiges gotisches Ornament schließt die Gemälde nach unten ab. Der neu aufgedeckte Teil der Gemälde ist verhältnismäßig gut erhalten und bietet einen treffenden Beweis dafür, in welch historisch getreuer Weise die bisherigen Renovationen vorgenommen worden sind. Die Vollendung der Wiederherstellung der großen Ratsstube wird durch diesen Fund natürlich abermals verzögert werden." **(19.03.1914 MA)**

Im April notierte der städtische Bauführer in den Bauakten: "Die Arbeiten sind noch nicht gänzlich fertig"[49]. Doch zum 16. bzw. zum 21. April verkünden beide lokalen Zeitungen den Einweihungstermin:

"Rathausweihe. Für die Einweihung des renovierten Rathauses ist, wie gemeldet, der 2. Mai als Termin festgesetzt. Am Nachmittag 4 Uhr wird an diesem Tage eine Feier im Rathause abgehalten werden, an die sich 1/2 6 Uhr ein Festessen im "Weißen Schwan" anschließt." **(21.04.1914 MA)**

Der Mühlhäuser Anzeiger schoss sogar über das Ziel hinaus, indem er die als Überraschung geplante Ehrenbürgerschaft des Finanzministers Dr. Lentze vorfristig bekannt gab.
Des Weiteren zeichnete sich ein Eklat ab, denn die sozialdemokratischen Stadtverordneten kündigten an, der Einweihungsfeier fernzubleiben, wie sie in einem Brief an den Stadtverordnetenvorsteher Kurtze mitteilten:

"Im Auftrage der sozialdemokratischen Fraktion der Stadtverordneten teilt Ihnen der Unterzeichnende mit, daß es derselben unmöglich ist, an der am 2. Mai 1914 stattfindenden Eröffnungsfeier der erneuerten Rathaushalle und Ratsstube teilzunehmen. Die Fraktion erblickt in der Tatsache, daß in der Rathaushalle Namen von Stadtverordneten *aufgeführt sind, die ihr Mandat zu Unrecht ausübten, was ja auch durch Ungültigkeitserklärung der betr. Mandate ausgedrückt wurde, eine nicht der Wirklichkeit entsprechende Angabe der Zusammensetzung der Vertretung der Bürgerschaft. Hochachtungsvoll Gg. Görtler, Stadtverordneter."* **(01.05.1914 MA)**

In der Rathaushalle, an beiden Enden des großen Bogens, waren auf 2 Tafeln die Namen der Stadträte und Stadtverordneten des Jahres 1912 aufgeführt, in dem die Renovierungsarbeiten begonnen wurden. Unter jenen Namen befanden sich auch die der bürgerlichen Stadtverordneten, deren Wahl später für ungültig erklärt wurde. Zu diesem Vorgang müssten noch weitere Untersuchungen angestellt werden, sprengen aber hier den Rahmen des Aufsatzes.

Quasi in letzter Minute trafen die vom Kunstschmied Robert Taubert/Erfurt angefertigten Beschläge zur Durchreiche in der Bohlenwand ein und wurden noch in der Woche vor der Einweihungsfeier montiert[50].

Kettner vermutet an Stelle der Durchreiche einen "Bruchkasten", einen Kasten, in den die Ratsherren für Amtsvergehen ein Strafgeld einlegen mussten, und berichtet sogar von zwei vorhandenen Geldeinwurfschlitzen. Diese konnte ich trotz intensiver Suche nicht finden. Nach meiner Auffassung handelt es sich eher um eine Durchreiche mit zwei Türen, denn um einen Wandschrank. Die mögliche Tiefe eines Wandschrankes, die Bohlen sind ca.18cm stark, kann bei Abzug der Tür und Rückwandstärke nicht groß gewesen sein. Leider konnte ich den heutigen Schrank bisher nicht öffnen, da der Schlüssel schon seit mehreren Jahren verlegt ist und der Schrank nicht aufgebrochen werden sollte.

Kurz bevor der Schlosser der Firma Taubert, die nach den noch vorhanden Umrissen, von Albert Leusch entworfenen Beschläge anbrachte, wurde der Bereich hinter den beiden Türen als Wandschrank ausgebaut. Dabei reichte der neu angebrachte Kasten weit in den Hohlraum zwischen gemauerter Blendwand und Bohlenwand.

Diese Erkenntnisse waren trotz verschlossener Tür möglich, weil die gemauerte Blendwand 1996 von der Rathaushalle aus teilweise geöffnet war. Hier, im Hohlraum, fand sich neben dem bereits erwähnten Stern, altem Schuhwerk und anderem Schutt auch eine "Bierflaschenpost" der ausführenden Handwerker. Sie enthielt einen Zettel mit der Aufschrift: *"Oskar Vogt, Gottlob Görke und Gustav Mehler - alle aus Mühlhausen"* und einige Zeitungsausschnitte vom 21. April 1914. Der heute vorhandene Wandschrank ist also nach dem 21. April 1914 eingebaut worden und war zur Aufnahme des "Goldenen Buches der Stadt Mühlhausen" bestimmt.

Die umlaufende Sitzbank in der Ratsstube ist möglicherweise erst nach der Einweihungsfeier angebracht worden. Das Angebot der Firma Mehmel stammte zwar vom März 1914, der Erledigtvermerk von Bauführer Milke aber erst vom 09.07.1914[51].

Die Einweihungsfeier

Die Einweihungsfeier des erneuerten Rathauses war für Sonnabend, den 2. Mai 1914, 16 Uhr angesetzt. Der anwesende Lokalreporter der Mühlhäuser Zeitung kam ins schwärmen, als er seine ersten Eindrücke von der Halle niederschrieb:

"Sonnenlichtbänder flossen durch die schmalen, vieldurchbrochenen Fenster und wurden aufgesogen von den vielen kleinen lichtsprühenden Schneebällen, die von den Kronleuchtern herniederhingen. Es war, als wenn die Farben, die in dem gedämpften Tageslicht wenig Freude am Leuchten haben, lebendiger aufflammten; der preußische Adler an der Stirnfront seine Flügel weiter spannte und sich stolzer reckte über den Sinnbildern alter treuer Verbrüderung mit Erfurt und Nordhausen; die Sterne munterer flackerten, die Arabesken

Chronologie der Neugestaltung

und Bänder sich schneller schlängelten.... . In dieser Halle liegt im Licht eine ungemein weihevolle Kraft.
Gegen 3.45 (15.45*) begann sie sich zu füllen. Die geladene Damen nahmen auf dem Halbrund der Stühle Platz; die Herren zum größten Teil an der Emporen-Wand Aufstellung; alles in grande toilette, viel Orden und Ehrenzeichen, eine Abordnung der Bürgerschützen-Kompanie mit Fahne, in dem Schwarz und Weiß drei blaue Flecke, mit funkelnden Silbertupfen, drei höhere Offiziere. Unter der Empore steht der Männergesangverein >Arion<".* **(04.05.1914 MZ.)**

Gegen 16 Uhr trafen die geladenen Ehrengäste ein, schon von einer großen Zahl Mühlhäuser Bürger erwartet. Durch die neue Eingangspforte führte der Weg in das Rathaus und durch das lichte, zur Feier des Tages mit Grün einfach geschmückte Treppenhaus empor zur Halle. Als Ehrengäste waren anwesend der frühere Oberbürgermeister, der Staats- und Finanzminister Dr. Lentze, Staatsminister a.D. v. Berlepsch,, der Oberpräsident der Provinz Sachsen Dr. v. Hegel, Regierungspräsident v. Fidler, Oberregierungsrat Dr. Lewald, Kunstmaler Leusch und Professor Kutschmann. Begrüßt wurden die Gäste vom Männergesangverein >Arion< mit Beethovens >Die Himmel rühmen des Ewigen Ehre<.
Danach hielt Oberbürgermeister Trenckmann seine Festansprache. Er hieß die Anwesenden herzlich willkommen und las ein launiges Begrüßungsgedicht des durch Krankheit und Alter verhinderten Ehrengastes v. Dewitz vor. In dessen Anfangszeilen die Namen des Oberbürgermeisters, des Stadtverordnetenvorstehers und des Finanzministers verborgen waren:

"Tränk' man nur kurz vom Freudenkelch
im Lenze seines Lebens,
Trenckmann und Kurtze lockten wohl
mit Lentze nicht vergebens,
Zum Heimatfrohen Weihefest im Rathaus von Mühlhausen-
So aber muß daheim man fest im Altensitz still hausen..."

Weiterhin ging Oberbürgermeister Trenckmann in seiner Rede auf die bisher in der Stadt geleisteten Arbeiten ein. Er erwähnte die Erneuerung der Unter- und Obermarktskirche, der Nicolai-, Petri-, Georgi- und Martinikirche, die Neuanlage der Kanalisation und Wasserleitung, den Schlachthof, das neue Krankenhaus und die neuen Schulen. Große Werke, die in den zurück liegenden 25 Jahren geschaffen, die Lebensqualität der Mühlhäuser Bürger entscheidend verbesserten.

Des Weiteren lobte Oberbürgermeister Trenckmann die uneigennützigen Geldgeber, allen voran Kommerzienrat Claes, der schon zu Lebzeiten ein großes Interesse an der Wiederherstellung der Halle hatte und dessen Witwe den Bau so großzügig unterstützte. Er dankte allen Spendern, dem Möbelfabrikanten Löbenstein für die Einbauschränke in den Fenstern der Hallennordseite, dem Maurermeister Hochhaus für die Wendeltreppe, dem Fabrikanten Bon für die Leuchter in der Halle und dem Stadtverordneten Oppé für den Beitrag zur Deckenrestaurierung der Ratsstube. Sein Dank galt auch dem Stadtverordneten Klatt für die Einrichtung der Ratsstube mit neuem Tisch und Stühlen und dem Stadtuhrmacher Stockmann für die neue Uhr in diesem Raum.

In bewegten Worten schilderte er noch einmal den Werdegang der Rathaus-Neugestaltung, und mit begeisternden Worten sprach er seinen Dank den beteiligten Künstlern Prof. Max Kutschmann und Albert Leusch sowie Regierungsrat Erich Blunck aus.

Im Anschluss an seine Festansprache, die gemäß der Zeit mit einem "Hoch auf den Kaiser" endete, wandte er sich seinem Vorgänger im Bürgermeisteramte zu und trug Dr. Lentze die Ehrenbürgerschaft der Stadt an. Jener nahm die Ehrenbürgerschaft und den von Malermeister Michel kunstvoll gestalteten Ehrenbürgerbrief dankbar entgegen

Chronologie der Neugestaltung

und wandte sich nun selbst an die Festteilnehmer. Er zeigte sich im höchsten Maße überrascht von der restaurierten Rathaushalle und betonte, dass er solches nicht für möglich gehalten hätte.
Bevor sich die Ehrengäste in das goldene Buch der Stadt eintrugen, das in der Ratsstube auslag, ließ noch einmal der Chor des "Arion" die Stimmen erschallen. Zum Aufbewahrungsort des "Goldenen Buches der Stadt", ein Geschenk des Kaufmanns Gustav Müller, wurde die zum Wandschrank eingerichtete Durchreiche in der Bohlenwand der Ratsstube bestimmt.

Im Anschluss an die Einweihungsfeier trafen sich die 95[52] Festteilnehmer im "Weißen Schwan". Beim Festessen, *"gewürzt von mehreren Festreden"*, wie der Mühlhäuser Anzeiger schrieb, ergriff noch einmal Dr. Lentze das Wort und betonte:

"Wir alle stehe noch unter dem Eindruck der soeben beendeten Feier. Wir kamen hierher, um ein Stück Mittelalter zu erneuern. Bislang waren es nur die Kirchen und die Mauer der die Sorge galt..... Jetzt ist ein drittes Denkmal gefolgt.., wie es schöner und besser nicht gedacht werden kann; ein solches Kleinod hätte ich nicht für möglich gehalten. Mühlhausen kann stolz und glücklich sein. Man liest oft, daß Rathäuser neu gebaut werden; das Neue kann jeder haben. Wer aber ein solches altes Rathaus hat, wie Mühlhausen, der kann stolz sein und soll es behüten."
(04.05.1914 MZ)

Am Abend nach dem Festmahl brachte der Männer-Gesang-Verein Arion Dr. Lentze noch eine Serenade im Garten des "Weißen Schwans" und trug ihm die Ehrenmitgliedschaft des Vereins an, die er nach längerer Dankrede annahm. Am folgenden Sonntag nutzte Finanzminister Dr. Lentze die Gelegenheit und besichtigte die wenige Jahre zuvor eingeweihte Landesheilanstalt Pfafferode. Gegen 17 Uhr trat er die Heimreise an.

Nachträge

Die erste Feier, die im neugestalteten Rathaussaal ausgerichtet wurde, war das Jahresfest des Evangelischen Bundes. Die Abgeordneten der Zweigvereine aus der ganzen Provinz Sachsen trafen sich zur Begrüßungsfeier am 11.05.1914 in der Rathaushalle.
In der darauf folgenden Woche meldet sich noch einmal der Mühlhäuser Anzeiger mit einem Bericht aus dem Rathaus:

*"Die alte Rathaustreppe. Nachdem jetzt der neue Aufgang zum Rathaus mit seiner breiten, bequem angelegten Treppe in Benutzung genommen worden ist, wird die alte, düstere Treppe, die so lange den Verkehr vermittelte, abgebrochen. Sie ist bereits völlig aus dem Treppenhause entfernt worden.
Die Firma G. Kirves, die in der großen Ratsstube, dem neuen Trauzimmer und Standesamtsbureau im Rathause je einen kunstvollen, den einzelnen Räumen wohl angepaßten Ofen aufgestellt hat, hat zu diesen Oefen einen Beitrag von 300 Mark gestiftet."*
(15.05.1914 MA)

Ergänzend ist hier mitzuteilen, dass bereits einige Treppenteile vorher entfernt wurden, denn sie wurden der neuen Treppe angepasst, so z.B. der reich geschnitzte Antrittspfosten in der Eingangshalle.
Unvollendet bis in unsere Tage blieb die Fenstergestaltung im Treppenhaus. Oberbürgermeister Arnold wandte sich im Dezember 1922 an eine ganze Reihe von Städten in der Provinz Sachsen:

"Bei der Erneuerung unseres historischen Rathauses im Jahre 1913 war geplant, die Fenster des Treppenhauses mit den Wappen der Städte der Provinz Sachsen, Anhalts und Thüringens zu schmücken. Dieser Plan ist zur Hälfte zur Ausführung gekommen. Die Fenster der einen Seite des Treppenhauses weisen die Wappen von 24 Städten auf. Die

Chronologie der Neugestaltung

Wappen sind von den betreffenden Städten gestiftet worden. Die Ausschmückung der Fenster auf der anderen Seite des Treppenhauses ist infolge des Krieges unterblieben. Wir haben uns jetzt an die noch fehlenden Städte gewandt mit der Bitte, auch von ihrer Seite ihre Stadtwappen in Glasmalerei zu stiften. Die Ausschmückung des Treppenhauses würde damit vollständig werden und die freundnachbarlichen Beziehungen, die uns mit den betreffenden Städten verbinden, würden ihren sichtbaren Ausdruck finden. Wir glauben gern, daß der Entschluß, Beträge für diesen Zweck bereitzustellen, in neuester Zeit schwer fällt, andererseits aber ist der Betrag verhältnismäßig gering und es wird das Werk vollendet, an dem sich schon so viele Städte beteiligt haben.
Arnold"[53].

Einer Aktennotiz des Archivars Dr. Brinkmann können wir Jahre später entnehmen:

"Da die meisten Städte abgelehnt hatten, verschob Herr Oberbürgermeister Arnold die ganze Angelegenheit auf bessere Zeiten. Bm. 26.1.26"[54].

So blieb der Zustand bis heute bestehen.

Einige der von Leusch ausgeführten Arbeiten lassen sich heute vom Augenschein her kaum noch von alter ursprünglicher Malerei unterscheiden. Nicht über jedes Detail haben die Reporter der Lokalpresse berichtet bzw. berichten können, sodass noch eine ganze Reihe von Fragen offen bleibt. Die Rathausakten stellen, wie wir gesehen haben, kaum eine Hilfe dar. Nur mit aufwändigen technischen Farbanalysen könnte man z. B. die Frage beantworten, ob die Bemalung der beiden Balken, die die Halle durchziehen, ursprünglich oder ein Werk des Kunstmalers Albert Leusch ist. Ich halte sie für eine Arbeit des Malers Leusch. Noch schwieriger wird eine Einschätzung, welche Über- oder Neubemalungen in der Ratsstube erfolgt sind. Das trifft im Besonderen auf die Malerei der Süd- und Nordwände zu.

Viele der während der Rathaus-Neugestaltung geschaffenen Wand- und Deckenmalereien hatten nur knapp 40 Jahre bestand. In Vorbereitung auf die 700-Jahr-Feier der Erstürmung der Reichsburg durch Mühlhäuser Bürger wurde die Rathaushalle einer erneuten Restaurierung unterzogen. Dabei wurden die Malereien übertüncht oder, wie es bei den beiden geharnischten Rittern und bei Teilen des Wappenfrieses der Fall war, regelrecht ausgekratzt. Wann die Wand- und Deckenmalereien der Trauhalle beseitigt wurden, konnte ich bisher nicht eruieren. Ob sie auch der Restaurierung von 1956 zum Opfer gefallen sind, ließ sich auf Grund der mehr als spärlichen Aktenlage zur Restaurierung in diesem Jahr bisher nicht feststellen. Als die Räume letztmalig um 1995 hergerichtet wurden, gab es bereits keine Spur mehr von ihnen.

Anmerkungen:

1   StadtA Mühlhausen Sig. 1-11/631/6 Bd. I, II, III.

2   StadtA Mühlhausen Sig. 1-11/631/6 Bd. I fol.17-17'.

3   Anwesend waren weiterhin die Herren: Landbauinspektor Fritsch, Kommissar des Herrn Regierungspräsidenten in Erfurt, Kreisbauinspektor Baurat Brzozowski, Oberbürgermeister Trenckmann. Der Provinzialkonservator hatte sein Fernbleiben entschuldigt.

4   StadtA Mühlhausen Sig. 1-11/631/6 Bd. I fol.16-16'.

Chronologie der Neugestaltung

5 StadtA Mühlhausen Sig. 1-11/631/6 Bd. I fol. 23.

6 StadtA Mühlhausen Sig. 1-11/631/6 Bd. I fol. 29.

7 StadtA Mühlhausen Sig. 1-11/631/6 Bd. I fol. 65.

8 Bericht des Magistrats für 1911 über den Stand und Verwaltung der Gemeindeangelenheiten..... . MZ vom 07.11.1911.

9 StadtA Mühlhausen Sig. 1-11/631/6 Bd. I fol. 57.

10 StadtA Mühlhausen Sig. 1-11/631/6 Bd. I fol. 116-118'.

11 StadtA Mühlhausen Sig. 1-11/631/6 Bd. I fol. 114-115'.

12 z.B. StadtA Mühlhausen Sig. 1-11/631/6 Bd. I fol. 254a ff..
Die Aktennotizen zum Fortgang der Arbeiten im Rathaus sind in der Regel von Stadtbauführer Paul Milke geschrieben und vom Stadtbaurat Hans Messow gegengezeichnet worden. Auf die Wiedergabe von Namenskürzeln und Vorlagevermerken habe ich verzichtet.

13 In den Presseberichten wird oft fälschlicherweise Erfurt als Dienstelle angegeben, richtig ist Berlin.

14 Professor Max Kutschmann (nach Thieme-Becker, Künstlerlexikon).
Dekorationsmaler in Berlin, * 25.05.1871 in Neumünster (Holstein), Schüler der Berliner Akademie und der Unterrichtsanstalt des Kunstgewerbemuseums, an der er später selbst als Lehrer wirkte. Er starb am 01.04.1943 in Berlin. Max Kutschmann schuf dekorative Wandmalerein u. a. im Rathaus zu Posen und in Altstädt, im Rathaus zu Brandenburg, im Landwehrkasino Berlin, in der Technischen Hochschule Charlottenburg (Malerei im Bogenfeld der Rückwand des Kriegerdenkmals, im Rathaus zu Merseburg und in der Einsegnungshalle des Städtischen Friedhofs zu Bremen-Osterholz.

15 Hier ist der Durchbruch und Umbau eines der ehemals 3 Fenster auf der Südseite der westlichen Hallenhälfte gemeint. Bereits 1595/96 wurde das östlichste Fenster dieser Seite in der westlichen Hallenhälfte zum Durchgang geöffnet. Durch drei vorgelagerte Stufen erreichte man damals das Obergeschoss der so genannten Zinsmeisterei, heute den Verbindungsgang vor dem Büro des Oberbürgermeisters.

16 Mühlhäuser Anzeiger vom 02.04.1912

17 Bei der Restaurierung der Rathaushalle und dem Abriss der Empore (nur Treppe und Galeriebrüstung B.M.) in Vorbereitung der 700-Jahr-Feier fanden Handwerker einige Gegenstände, die vom Tischler Karl Günther, Mühlhausen, Erfurter Straße 12, im Jahre 1912 eingebaut worden waren Dazu gehört ein aus dem Jahre 1804 stammendes, in Leder gebundenes Gesangbuch, das folgende Eintragung enthält: "Karl Günther, Oskar Vogt, beide als Tischler bei der Firma F. Mehmel, fertigten im September 1912 diese Galerie an. Um unseren Nachfolgem einige Eindrücke von der Vergangenheit und von Gegenwart zu erhalten, legen wir diese Sachen bei".
Beigelegt waren: Eine Broschüre von 1849 der Rheinischen Missionsgesellschaft, eine Depesche des "Mühlhäuser Anzeigers" über den Kriegsbeginn 1866, einige Zeitungsausschnitte des Jahres 1912 und ein Wahlaufruf des Sozialdemokratischen Wahlkomites an die Mühlhäuser Gemeindewähler 3. Klasse aus dem Jahre 1912.- Auszugsweise zitiert nach: -Das Volk- vom 30. 04. 1956.

18 Albert (Max Ernst) Leusch Maler und Restaurator, (nach Thieme-Becker, Künstlerlexikon und einer Auskunft des Stadtarchivs Halle, Sig. FA 3195).
Albert Leusch, Maler in Halle an der Saale, wurde am 11.12.1877 in Altona geboren. Nach Studien in Hamburg, Weimar und bei Max Kutschmann in Berlin widmete er sich vor allem der Porträt- und Landschaftsmalerei. Er wirkte mit bei der Ausmalung von Kirchen und öffentlichen Gebäuden. So zum Beispiel die Rathäuser zu Merseburg, zu Mühlhausen in Thüringen und der Kirche Arnau bei Königsberg. Seit ca. 1935/36 war er Mitarbeiter der Lehr- und Versuchswerkstatt des Instituts für Denkmalpflege der Provinz Sachsen und Anhalt in Halle. Neben dieser Tätigkeit tritt er, zusammen mit Hermann Giesau - Provinzialkonservator, auch als Mitautor wissenschaftlicher Fachbeiträge in den Jahrbüchern für

Chronologie der Neugestaltung

Denkmalpflege in der Provinz Sachsen in Erscheinung. 1940 ist er in einer Ausstellung des Städtischen Moritzburgmuseums in Halle mit drei Ölbildern von *"wohlüberlegter Farbsetzung und wirkungsvoller Zuordnung und einem liebenswertem Apfel-Stillleben in Tempera"* vertreten. In einem Zeitungsbericht der Mitteldeutschen National-Zeitung vom 14.09.1940 zu dieser Austellung wird er als bekannter und tüchtiger Restaurator des Provinzialkonservators erwähnt. Albert Leusch verstarb am 17.07.1954 in Halle. Während seiner Arbeit am Mühlhäuser Rathaus wohnte er in der Felchtaerstraße 32.

19 StadtA Mühlhausen Sig. 1-11/631/6 Bd. I fol. 254a .

20 StadtA Mühlhausen Sig. 1-11/631/6 Bd. I fol. 254a ff..

21 Tilesius von Tilenau, Adolf, Die hölzerne Kapelle des Hl. Joducus zu Mühlhausen in Thüringen. Beitrag zur Geschichte der Deutschen Kunst im XIII. Jahrhundert, Leipzig 1850.

22 Kettner, Emil: Geschichte des Rathauses zu Mühlhausen i. Th. In: Jahrbuch der Denkmalpflege in der Provinz Sachsen 1913-1914, Halle 1915, S.98.

23 Ambrosius, lat. Kirchenlehrer, ¬ Trier um 340, † Mailand 04.04.397.

24 Eskulap = Äskulap, griech. Mythos: Gott der Heilkunde.

25 Südseite der Tonnendecke, über dem zum Durchgang geöffneten Fenster.

26 StadtA Mühlhausen Sig. 1-11/631/6 Bd. I fol. 254b'.

27 Jahrbuch der Denkmalpflege in der Provinz Sachsen 1912.

28 StadtA Mühlhausen Sig. 1-11/631/6 Bd. I, fol. 306, Aktennotiz vom 03.04.1913.

29 StadtA Mühlhausen Sig. 1-11/631/6 Bd. I, fol. 254c, Aktennotiz vom 26. 05. 1913.

30 Die Bronzetafel mit dem Bildnis des Ernst Bernhard Claes sowie die anderen Bilder werden noch während der Restaurierungsphase mehrfach umgehangen. Die hier beschriebene Hängung der Bilder entspricht noch nicht der Endfassung, wie sie sich zur Einweihungsfeier am 2.Mai 1914 präsentierte.

31 Am 21. 06. 1913 verbessert die Mühlhäuser Zeitung ihre Meldung: *"Aus der Rathaushalle. Anläßlich unserer gestrigen Mitteilung aus der Rathaushalle hat eine Ergänzung dahin zu erfolgen, daß es sich nicht um ein Fabrikzeichen der Firma Oppé handelt, das Aufstellung gefunden hat, sondern um ein Wappenschild, das der Familie Oppé am 28. Juli 1791 von Leopold II. Römischer Kaiser deutscher Nation verliehen wurde."* Die Aufhängung erfolgte nicht in der Rathaushalle, sondern im Bereich der heutigen Pförtnerloge.

32 StadtA Mühlhausen Sig. 1-11/631/6 Bd. II fol. 38 b- 38 d'.

33 StadtA Mühlhausen Sig. 1-11/631/6 Bd. II Foto im Umschlag -bei fol. 321.

34 StadtA Mühlhausen Sig. 1-11/122/3 fol. S. 2', Inventarverzeichnis ohne Jahrgang ca. 1877.

35 Sommer, Gustav und Otte, Heinrich, Beschreibende Darstellung der älteren Bau- und Kunstdenkmäler des Kreises Mühlhausen, Halle 1881, S.112.

36 StadtA Mühlhausen Sig. 1-11/631/6 Bd. I fol. 254 c'.

37 Bei "Hellgrewe" handelt es sich vermutlich um Joachim Hellgrewe, geb. 1887 in Berlin. Er war Meisterschüler des Professors Kutschmann und wurde 1928 zum stellvertretenden Werkstattleiter beim Konservator der Provinz Sachsen berufen. Er verstarb 1956 in Langensalza.

38 StadtA Mühlhausen Sig. 1-11/631/6 Bd. I fol. 254 d.

39 Logau, Friedrich Freiherr von, Pseudonym Salomon von Golaw; ¬Dürr Brockhuth (bei Strehlen) Juni 1604, † Liegnitz 24.7.1655.

40 StadtA Mühlhausen Sig. 1-11/631/6 Bd. I fol. 103-104.

41 mit dem Portrait des Kommerzienrates Ernst Bernhard Claes.

42 Eine Wappenscheibe der Familie Tilesius befindet sich weder im Treppenhaus- noch im Hallenfenster. Vermutlich handelt es sich um einen Irrtum des Reporters. An der genannten Stelle befindet sich das Wappen der Familie Stephan.
Ein Vergleich mit der heutigen Anordnung der Wappenscheiben zeigt einige Abweichungen

Chronologie der Neugestaltung

in der Plazierung der Scheiben. Anzahl und Namen sind, bis auf die Tilesius-Wappenscheibe, identisch . Verfasser erinnert sich, dass in den 70er (?) Jahren das Treppenhausfenster durch Steinwürfe zerstört war und deshalb restauriert werden musste. Vielleicht stammt die veränderte Anordnung der Wappenscheiben aus dieser Zeit.

43 Vers von Professor Reinhard Jordan.

44 Provinzialkonservator Hiecke in: Jahrbuch der Denkmalpflege in der Provinz Sachsen 1913-14 S. 79 ff.

45 Schreiben des Konservators der Denkmäler der Prov. Sachsen, Hiecke, 09. 01. 1913.

46 StadtA Mühlhausen Sig. 1-11/632/ 6 Bd. II ohne Nr. nach fol. 339

47 StadtA Mühlhausen Sig. 1-11/632/ 6 Bd. II fol. 38' handschriftlich auf dem gleichen Blatt mit dem >Beschluss der Finanzkommission vom 21.04.1913<.

48 StadtA Mühlhausen Sig. 1-11/631/6 Bd. I fol. 254e, Aktennotiz vom 16.01.1914.

49 StadtA Mühlhausen Sig. 1-11/631/6 Bd. I fol. 254e', Aktennotiz vom 06.04.1914.

50 StadtA Mühlhausen Sig. 1-11/632/ 6 Bd. II fol. 208.

51 StadtA Mühlhausen Sig. 1-11/632/ 6 Bd. II fol. 199a.

52 An dieser Stelle übertrifft der Lokalreporter der MZ den des MA noch im Detailwissen. Er schreibt konkret: "*...es waren 94 Gedecke aufgelegt, von denen 93 besetzt wurden.*", 04.05.1914 MZ. Es muss auch hier noch einmal betont werden, dass die Zeitungsberichte jener Zeit sehr detailliert sind. So wurden z.B. alle Festreden fast wortgetreu wiedergegeben.

53 StadtA Mühlhausen Sig. 1-11/631/6 Bd. III fol. 89', Aktennotiz vom 02.12.1922.

54 StadtA Mühlhausen Sig. 1-11/631/6 Band III fol. 100, Aktennotiz vom 26.0.1926.

Dr. Udo Sareik
Die denkmalpflegerischen Maßnahmen zwischen 1946 und 1987

Der folgende Bericht stützt sich auf Akten des Archives des Thüringer Landesamtes für Denkmalpflege, die naturgemäß vorwiegend Probleme der Denkmalpflege beinhalten. Bei der Sichtung des Aktenmaterials kristallisieren sich zwei an historische Jahrestage gebundene Aktivitäten heraus. Zum einen handelt es sich um die 700 Jahrfeier der Reichsfreiheit im Jahr 1956, zum anderen den 450. Jahrestag des Bauernkrieges und die 1200-Jahrfeier der ersten urkundlichen Erwähnung Mühlhausens (die freilich auf einem Irrtum basierte, denn die Urkunde von 775 galt einem anderen Mühlhausen) im Jahr 1975. Ein Dauerthema war die Malerei in der Großen Ratsstube, wo immer wieder Schäden auftraten. Von großer Bedeutung war auch die bauliche Aktivität am Nordflügel, die um 1964 erfolgte.

1. Schäden an der Malerei in der Ratsstube

Eine ständige Quelle der Besorgnis war der Zustand der Malereien in der Ratsstube, sowohl der gotischen auf der Bohlenwand als auch der Renaissance-Malerei auf den Massivwänden. Schon in seiner Nachricht vom 20.09.1946 macht Stadtarchivar Dr. Brinkmann den Regierungsrat Koch auf dieses Problem aufmerksam. Daraufhin erfolgte mit dem Stadtbaurat eine Besichtigung, in deren Ergebnis die Notwendigkeit von Maßnahmen zur Schadensbeseitigung bestätigt wurde. Bei dieser Gelegenheit wurde die Farbfassung im Westteil der Rathaushalle als zu dunkel empfunden. Sie war nach einer Aktennotiz vom Kunstmaler Hellgrewe aus Langensalza und Restaurator Leusch aus Halle im Jahre 1912 ausgeführt worden. Handschriftlich wurden deswegen Bedenken gegen deren erneuten Einsatz geäußert und dafür ein Malermeister Gruneberg ins Gespräch gebracht.

Am 07.10.1949 wurde dem Amt für Denkmalpflege und Naturschutz des Ministeriums für Wirtschaft vom Kulturamt des Rates der Stadt Mühlhausen mitgeteilt, dass die Wandmalereischäden im Jahre 1948 von der Mühlhäuser Fa. Michel "sorgfältig und zu unserer Zufriedenheit ausgebessert wurden." Eine Dokumentation über diesen Arbeitsvorgang (Technologie, verwendete Materialien usw.) ist nicht bekannt.

2. Arbeiten in Vorbereitung der 700 Jahrfeier 1956

Bereits das Jahr zuvor war der Putz auf der Fassade des Fachwerkanbaues (der aus der Zeit um 1820/30 stammen soll) erneuert worden. Einer Freilegung der Fachwerkhölzer stimmte das Institut für Denkmalpflege, Außenstelle Halle, nicht zu, da der Bau nicht als Sichtfachwerk errichtet worden war. Um einen einheitlichen Anstrich zu gewährleisten, sollte von einer Reparatur des Putzes abgesehen und eine völlige Neuverputzung vorgenommen werden. Damit schloss man hässlich wirkende Fleckenbildungen auf der Fassade aus.

Für die umfassende Renovierung der Rathaushalle und der Ratsstube, die vor den Feierlichkeiten 1956 erfolgen sollte, wurden vom Rat der Stadt 3.250 DM eingeplant. Für die Leitung der Arbeiten kam der Langensalzaer Kunstmaler Hellgrewe wieder ins Gespräch, der jedoch durch Krankheit bedingt absagen musste. Dafür schlug die Stadt, vertreten durch den Mühlhäuser Architekten Reinhold Schaefer als Vertrauensmann für Denkmalpflege, die Restauratoren Fritz Leweke und Erhard Naumann aus Halle vor.
An dem vorbereiteten Ortstermin am 07.03.1956 nahmen seitens der Stadt Herr Schaefer, vom Institut für Denkmalpflege, Außen-

stelle Halle Herr Dr. Bellmann und der Restaurator Herr Leweke teil. Neben den notwendigen restauratorischen Arbeiten wurde ein bemerkenswertes Problem angesprochen und zwar die Beseitigung der 1912 eingebauten Wendeltreppe in der Südwestecke der Halle. Sie führte zu der Empore an der Westwand, die nach Akten des Stadtarchives erst im 16. Jh. dort eingebaut wurde. Man wird daher nicht fehl in der Annahme gehen, dass dieser Emporeneinbau zu den Vorbereitungsarbeiten für die Fürstenversammlung 1572 gehörte.

Außer diesen Abbrucharbeiten von Wendeltreppe und Empore sollten die 1912 durch Wandschränke zugebauten Nordfenster wieder in geeigneter Form sichtbar gemacht werden. Um mehr Licht im Westteil der Rathaushalle zu erhalten, plante man, die ursprüngliche Zugangstür zur Empore vom Dachboden über der Ratsstube her zu verglasen. Es war beabsichtigt, die "Zeittafel" an ihren alten Platz zurück zu versetzen.
Die Verglasung der Emporentür mittels Bleiverglasung war für die beabsichtigte Lichtzuführung nicht sehr effektiv. Man müsste dann auch den Bretterbelag auf der Kehlbalkenlage im Dachraum über der Ratsstube aufnehmen.

Eine Beihilfe aus Denkmalpflegemitteln in Höhe von 5.000 DM wurde zunächst in Aussicht gestellt, die dann 6.000 DM betrug und zum Schluss auf 6.900 DM erhöht wurde. Das war in der damaligen Zeit eine erhebliche Summe für eine solche Arbeit.

Das Umhängen von "Uhr und Gerichtsbild" erfolgte nach einem historischen Foto, das die Situation von 1912 zeigt. Dieses Foto überließen die Denkmalpfleger Bürgermeister Reichenbach in Erwartung der Einsprüche aus der Bevölkerung (Schreiben vom 04. Mai 1956). Anstelle des "Jüngsten Gerichts" ist dann eine vergrößernde Kopie des Kupferstiches von Merian angebracht worden, die jüngst wieder durch dieses historische Gemälde ersetzt wurde. Eine flämische Krone aus dem "Klubhaus der Deutsch-Sowjetischen-Freundschaft" ("Puschkinhaus", ehemalige Loge) für die Ratsstube sollte als Ersatz an die Stelle des dort befindlichen Kronleuchters treten.

Nach einem Ortstermin am 07.06.1956 urteilte der Vertreter des Institutes für Denkmalpflege, Herr Berger, in einem Schreiben an den Bürgermeister der Stadt über das Ergebnis der Renovierungsarbeiten u. a. wie folgt: "Ihre Rathaushalle wird nach der Instandsetzung zwar fast alles von der gemütlichen Atmosphäre einer guten Stube verloren, dafür aber an Würde und Größe sehr gewonnen haben. Wir haben uns bemüht, dem Raum etwas von seiner früheren Schlichtheit wiederzugeben."

Die bereits im Mai im o. g. Schreiben erwarteten Einsprüche trafen dann auch prompt ein, wie der Vertrauensmann für Denkmalpflege in Mühlhausen, der Architekt Schaefer, dem Leiter der Außenstelle Halle des Institutes für Denkmalpflege in seinem Schreiben vom 14.09.1956 mitteilte. Insbesondere die Bretterwand, die auf der Bohlenwand der Ratsstube aufsitzt und damit den Dachraum hinter der Hallentonne abschließt, war ein Stein des Anstoßes. Sie war bis zu deren Abbau durch die Empore teilweise der Sicht entzogen gewesen. Ursprünglich gab es wohl eine Korrespondenz dieser Bretterwand mit der sie tragenden Bohlenwand der Ratsstube, die aber wegen der vorgesetzten Steinwand nicht mehr bestand.

Die Kritik an dem Ergebnis der Renovierung setzt sich in den nächsten Jahren fort und wird insbesondere deshalb massiver, weil die musikalischen Darbietungen nunmehr von einer durch Herausnahme von Fahnen und durch glatte Flächen verschlechterten Akustik beeinträchtigt wurden. Unter dem Vorzeichen von schlechter Akustik und Optik

Maßnahmen zwischen 1946 und 1987

erfolgte schon bald wieder der Rückbau der Empore, allerdings ohne davon die Denkmalpflege zu informieren, wie aus einem Schreiben an den Bürgermeister hervorgeht, das Ende November 1960 nach einem Besuch in Mühlhausen verfasst wurde. In der Antwort darauf gibt Bürgermeister Reichenbach u. a. Bürgeräußerungen wieder, die an Deutlichkeit nichts zu wünschen übrig lassen, z. B.: "Das ist nicht mehr unsere Rathaushalle, das könnte ebenso gut ein Stall sein," oder: "Wie konntet ihr es zulassen, dass man aus unserer schönen Rathaushalle eine Scheune gemacht hat." In seiner Erwiderung verweist Herr Berger vom Institut für Denkmalpflege, Außenstelle Halle auf gänzlich anders lautende Äußerungen, wonach die Arbeiten von 1956 "als eine der besten Instandsetzungen gepriesen" wurden.

3. Arbeiten zwischen 1956 und 1975

Über die konstruktive Sicherung des 1605 erbauten Nordflügels finden sich in den Akten nur drei Zeitungsausschnitte, die die Auswechslung der Holzbalkendecke durch Stahlbetonkonstruktionen erwähnen. Aus dem "Thüringer Tageblatt" vom 23.04.1965 geht nur indirekt hervor, um welchen Rathausbereich es sich bei den Arbeiten handelt. Es gibt dafür die Bausumme von 200 000 MDN an. Anders das "Spandauer Volksblatt" vom 08.01.1965, das den Deckenersatz im "1605 erbauten Rathaus" vermeldet als Zitat aus dem "Neuen Deutschland", ebenso die "Westfälische Rundschau" am 10. 01. 1965.

Die Nutzung der Rathaushalle muss im Winter problematisch gewesen sein, denn der neue Vertrauensmann für Denkmalpflege des Kreises Mühlhausen (Thür.), Herr Alexander Barth, wird im Auftrag des Bürgermeisters Ende 1969 hinsichtlich der Installation einer Heizung bzw. Beheizung um eine Entscheidungsfindung beim Institut für Denkmalpflege, Arbeitsstelle Erfurt vorstellig. Das Problem sollte im Rahmen einer generellen Neuinstallation einer Heizungsanlage für das Rathaus gelöst werden.

Ein Aktenvermerk vom Institutsrestaurator Roland Möller weist Ende 1971 auf größere Schäden an der Malerei auf der Holzwand in der Ratsstube hin, die vermutlich ihre Ursache in einem durch die Beleuchtungsaggregate bei Filmaufnahmen in der Ratsstube ausgelösten Hitzeschock haben.

4. Vorbereitung zum 450. Jahrestag des Deutschen Bauernkrieges und der "1200-Jahrfeier" der Ersterwähnung Mühlhausens 1975

Die Gestaltung der Trauhalle im Erdgeschoss ist Gegenstand von Schreiben bezüglich der Fensterverglasung durch die Fa. Kraus (Weimar) und die Anfertigung eines Wandbehangs durch Frau A. Jährling (Weimar). Diese Aktivitäten im Jahr 1973 waren schon integrierender Bestandteil der Feierlichkeitsvorbereitungen. Zudem war das Rathaus durch die politischen Ereignisse im Jahre 1525 neben der Kornmarktkirche und der Marienkirche eines der drei wichtigsten Objekte im Rahmen der Gedenkfeierlichkeiten. Für die Arbeiten an diesen Objekten hatte man daher eine Arbeitsgemeinschaft ins Leben gerufen.

In einer der ersten Zusammenkünfte der Arbeitsgemeinschaft wurden u. a. die Nutzungsabsichten zur Rathaushalle und der Ratsstube von Seiten der Stadt vorgetragen. Danach war die Rathaushalle als Mehrzweckhalle für Konzerte, Empfänge, Versammlungen u. a. gedacht. Die Ratsstube sollte künftig als Tagungsraum für den Rat sowie für spezielle Empfänge o. ä. dienen.

Daraufhin entwickelte detaillierte Vorschläge für Halle und Stube enthält ein Protokoll der Arbeitsgemeinschaft vom November 1973. So sollte z. B. die Rathaushalle mit Elektro-

Maßnahmen zwischen 1946 und 1987

Nachtspeicheröfen ausgestattet werden, die Ratsstube dagegen an das vorhandene Warmwasserheizsystem des Rathauses angeschlossen werden. Die erforderlichen Radiatoren waren unter den vorhandenen Bänken aufzustellen, der alte Kachelofen abzubauen und die Fehlstellen in der Wandvertäfelung im Stil der vorhandenen zu schließen. Gefordert wurde, auf die Holztonnen der Rathaushalle eine Kamilitdämmung aufzubringen.

Für neue Tisch- und Stuhlformen in der Ratsstube legte das Institut für Denkmalpflege, Arbeitsstelle Erfurt, Anfang 1974 Entwurfsvarianten vor.
Im März 1974 wurde dem Restaurator Naumann aus Halle die Leitung bei der Wiederherstellung der historischen Farbgebung an den Rathausfassaden angetragen. In dieser Eigenschaft fixierte er in einem Schreiben vom 20.05.1974 detailliert die Herstellung des Putzmörtels für den neu aufzubringenden Fassadenputz sowie seine Verarbeitung insbesondere unter dem Aspekt des Anstriches. Herr Naumann bot im genannten Schreiben seine unmittelbare Anleitungstätigkeit bei diesem Arbeitsvorgang an. Das veränderte Fassadenbild wird schon bald nach den Feierlichkeiten von einem Beschwerdeführer mit Ausdrücken wie "Geschmacklosigkeit", "Verschandelung" u. ä. bedacht. Er war offensichtlich dem Geist einer Ruinenromantik verhaftet und trauerte dem beseitigten Efeubewuchs und dem durch abgefallenen Putz im Laufe der Jahrhunderte an den Renaissancebauten des Rathausensembles sichtbar gewordenem Natursteinmauerwerk nach. Die Denkmalpflege musste sich gegen derartige unqualifizierte Vorstellungen verwahren, gingen doch den Arbeiten intensive Untersuchungen voraus, bei denen sowohl Putz- als auch Farbreste aus der Erbauungszeit Ende des 16./Anfang des 17. Jahrhunderts vorgefunden wurden.

Bei dem bereits 1980 wieder abgefallenen Putz im unteren Fassadenbereich kam der Verdacht "Pfusch am Bau" auf. Eine Untersuchung des Putzes durch die Hochschule für Architektur Weimar war daraufhin zwar angeraten, jedoch nicht durchgeführt worden.

Im Zusammenhang mit der Beseitigung von Deckenschäden im Fachwerkanbau 1980 wurden die Arkaden der Nordwand des westlichen Anbaues von 1335 freigelegt.

Alle Fenster im Erdgeschoss des Südflügels, die zum Standesamt gehören, mussten 1987 gemäß einer Sicherheitsverordnung vergittert werden. Im selben Jahr fordert ein untersuchender Restaurator erneut die Entsalzung der Wände in der Ratsstube. Damit schließt die Akte "Rathaus Mühlhausen" zum Ende der DDR ab.

Die Sanierung

Abb. 1: Die Rathaushalle nach der umfassenden Sanierung 1999; Foto: Martin Sünder, Stefan Zeuch

Peter Bühner, Matthias Gliemann und Stefan Zeuch
Die Sanierung des Rathauses

Im Zuge des großen gesellschaftlichen Umbruchs in der Deutschen Demokratischen Republik wurde auch der bisherige Rat der Stadt als örtliches Staatsorgan durch eine neue, demokratisch legitimierte Stadtverwaltung als Selbstverwaltungsorgan der Stadt Mühlhausen abgelöst. Zu den ersten Aktivitäten des in diesem Zusammenhang neubegründeten Baudezernates gehörte die Aufnahme der Sanierungsarbeiten am Rathaus. Dessen große kunstgeschichtliche und historische Bedeutung stand bei allen politischen Gruppierungen in der im April 1990 demokratisch gewählten Stadtverordnetenversammlung außer Zweifel. Das Bemühen der Stadtverwaltung um die Sanierung des Rathauses und die Finanzierung dieser Maßnahme, die ohne Fördermittel des Freistaates Thüringen wohl kaum möglich gewesen wäre, war deshalb nie Gegenstand politischer Kontroversen in der Stadtverordnetenversammlung und im sie im Juli 1994 ablösenden Stadtrat. Dabei war es von großer Bedeutung, dass die Sanierungsmaßnahmen, die sich zunächst auf die Repräsentationsräume im Kernbau und der Osterweiterung (Halle und Alte Kanzlei) erstreckten, vom Thüringischen Landesamt für Denkmalpflege nachdrücklich befürwortet, fachlich begleitet und finanziell gefördert wurden.

Die Leitung der im Oktober 1990 aufgenommenen Arbeiten lag zunächst beim Stadtdenkmalpfleger in Verbindung mit dem Thüringischen Landesamt für Denkmalpflege, ab 1. Halbjahr 1991 beim Hochbauamt der Stadtverwaltung Mühlhausen, das mit Abgrenzung der Zuständigkeiten im Baudezernat entsprechend den in deutschen Stadtverwaltungen üblichen Strukturen die Verantwortung für sämtliche Bauarbeiten in den städtischen Gebäuden übernahm.

Die Arbeiten begannen zunächst mit der Reinigung und Konservierung der barocken Tonne, die den östlichen Teil der Halle überspannt. Im Rahmen der die Arbeiten begleitenden restauratorischen Untersuchungen wurde auch der in den 1950er Jahren über-strichene und teilweise zerstörte Fries von 1912 wiederentdeckt. Die vom untersuchenden Restaurator aufgestellte Hypothese, dieser Fries habe seinen Ursprung in der Renaissance oder im Barock, die Grundlage für seine Restaurierung und teilweise Rekonstruktion war, wurde allerdings 1997 im Rahmen bauarchäologischer Untersuchungen zweifelsfrei widerlegt - der Fries entstand definitiv erst 1912 und hatte keinen Vorgänger. Besonders stark zerstört waren seine Wappen an der Südwand, wo man sie gründlich abgekratzt hatte. Die Befunde ließen eine Rekonstruktion der Wappen hier nicht zu, und historische Fotografien, die dem abgeholfen hätten, gab es vom Fries der Südwand ebenfalls nicht. Als Grundlage für die Rekonstruktion wurden deshalb jene Wappen aus der Beschreibung, die nicht der Nord- oder Ostwand zuzuordnen waren, in zufälliger Reihenfolge den Wappenschildern an der Südwand zugeordnet. Da hierbei ein Schild vakant blieb, entschied man sich, dieses mit dem Wappen der Familie des um die Erforschung der Stadtgeschichte verdienten Ehrenbürgers Rolf Aulepp zu schmücken. Die den Wappenfries an der Unterkante begrenzende Profilleiste wurde entsprechend historischen Fotografien neu hergestellt.

An die Arbeiten an der barocken Tonne schlossen sich Reinigung und Konservierung, teilweise auch Restaurierung der gotischen Tonne über dem Westteil der Halle an. Die Wände der Halle wurden gereinigt,

Die Sanierung

Fehlstellen ausgebessert und die erhaltenen Befunde der Fenster- und Türfassungen von 1912 freigelegt. Anschließend erhielt der Raum eine an den Befunden orientierte neue Farbfassung durch mehrmaliges Streichen mit Leimfarbe. Die freigelegten Befunde der Architekturfassungen um Fenster und Türen wurden nur gefestigt, jedoch zunächst in Form großzügig bemessener "archäologischer Fenster" sichtbar gelassen. Das war jedoch insbesondere wegen des hohen Zerstörungsgrades an der Westwand (Tür zur Großen Ratsstube) und der Ostwand problematisch und nahm dem Raum seine Harmonie, so dass man sich 1999 - nach vorheriger sorgfältiger Dokumentation - zur Überdeckung der "archäologischen Fenster" mit der 1992 verwendeten Leimfarbe für die Wände entschloss. Nur die besonders gut erhaltenen Fassungen der Tür zur alten Kämmerei, der gotischen Tür an der Südwand, der Tür zum Reichsstädtischen Archiv und des Durchganges am Südflügel blieben sichtbar - hier wurde der Leimfarbenanstrich jedoch bis an die äußeren Konturen der Fassungen geführt.

Im Zusammenhang mit den Arbeiten an der Nordwand wurde 1992 unmittelbar östlich neben der Tür zur Silberkammer eine bis dahin unbekannte gleichartige gotische Türöffnung zu dem westlichen Nebenraum der alten Kämmerei entdeckt und freigelegt. Sie erhielt ein schlichtes eisernes Türblatt, das an das der Silberkammer erinnert, ohne es zu kopieren.

Die erhaltenen eisernen Fensterläden wurden gereinigt, entrostet und penetriert, anschließend mit Wachs behandelt. Die Arbeiten an den Fenstern umfassten die Reinigung, Verkittung und die zweimalige Behandlung mit Leinhalböl, beim zweiten Mal mit Wachszusatz. Die Emporenbrüstung wurde gereinigt, gefestigt und konserviert, Fehlstellen dabei geschlossen. Die großen Deckenleuchter und die Wandleuchter aus den 1950er Jahren, die - wohl als Reminiszenz an den Bauernkrieg so gedacht - sich erkennbar martialisch gaben, in den festlich-repräsentativen Raum sich aber nicht harmonisch fügten, wurden wieder durch die zuvor restaurierten repräsentativen Kronleuchter von 1912 ersetzt. Schließlich erfolgte die Restaurierung des Kalendariums vor der gotischen Fensteröffnung in der Ostwand der Halle. Im Oktober 1992 konnte die Restaurierung der Rathaushalle abgeschlossen werden.

Die Alte Kanzlei präsentierte sich bis 1990 in einem trostlosen Zustand. In den letzten DDR-Jahren als sogenanntes "Abgeordnetenkabinett" genutzt, war das Paneel unter zahlreichen Farbanstrichen verschwunden, ebenso die Fragmente der Gewölbe-Ausmalung. Und vom gotischen Schlussstein hing eine Leuchtstoffröhre herab. Dass in diesem Raum unter den jahrzehntealten Farbschichten zumindest Fragmente einer ursprünglichen kostbaren Fassung zu erwarten waren, ließ sich mit geübtem Blick unschwer feststellen. Doch die Ergebnisse der vom Baudezernenten veranlassten restauratorischen Untersuchungen übertrafen die Erwartungen doch erheblich: Es zeigte sich, dass der Raum in seiner Ausstattung gewissermaßen als "Gegenstück" zur Großen Ratsstube konzipiert war. Zum Vorschein kam das Paneel mit seinen kostbaren Intarsien, das sogar ein Jahr älter als sein Pendant in der Großen Ratsstube ist. Am Gewölbe wurden umfangreiche Fragmente einer qualitätvollen Freihandmalerei entdeckt. Und beim gotischen Gewölbeschlussstein - genau wie die anderen Architekturteile des Raumes eine Spolie der für den Erweiterungsbau des Rathauses von 1568/69 als Materialspender abgebrochenen Gebäudes des Minoritenklosters am Kornmarkt - belegten Befunde, dass er einst farbig gefasst war. Die zahlreichen Farbschichten über dieser Ausstattung kündeten davon, dass deren Verstümmelung kei-

Die Sanierung

neswegs etwa ein Werk nur der letzten Jahrzehnte war. Die Dichte der Befunde ließ aber eine weitestgehende Wiederherstellung der ursprünglichen Raumfassung geboten erscheinen, für die sich Stadt und Denkmalpflege übereinstimmend aussprachen. Sie erfolgte bis 1992 und wurde außer mit Mitteln der staatlichen Denkmalpflege und der Stadt Mühlhausen vor allem durch eine großzügige Spende der befreundeten Stadt Münster und Lottomittel (Erträgen aus den staatlichen Lotterien) des Freistaates Thüringen finanziert.

Im Ergebnis der Restaurierungsarbeiten konnte die Freihandmalerei am Gewölbe - soweit erhalten - wieder freigelegt und restauriert werden. Eine Ergänzung der Fehlstellen war bei einer derartigen, durch einen äußerst imposanten Einfallsreichtum charakterisierten Freihandmalerei nicht möglich, da es völlig unbekannt ist, welche Erfindungen des Künstlers zerstört wurden, und eine Ergänzung eine kunsthistorisch und denkmalpflegerisch nicht zu legitimierende Neuerfindung erfordert hätte. Aufgrund der Geschlossenheit der Fragmente an den Kanten des Gewölbes und im Bereich der Fassung der Fenster und Türen bietet die restaurierte Ausmalung des Gewölbes trotzdem einen recht geschlossenen, harmonischen Eindruck.

Das Paneel präsentierte sich nach Entfernung der Farbschichten wieder in ursprünglicher Schönheit. Durch die als Intarsie realisierte Inschrift ist es auf 1570 datiert. Der untere Bereich ließ zweifelsfrei erkennen, dass er ursprünglich mit einer umlaufenden Bank analog der in der Großen Ratsstube versehen war. Wahrscheinlich war einst deren Entfernung - wohl um den Raum dadurch besser als Büro möblieren zu können - Anlass gewesen, das Paneel und den nun sichtbaren, ungestalteten Sockelbereich hinter der Bank zu überstreichen. Das unter ästhetischem Aspekt Unhaltbare der Situation ließ die Rekonstruktion der Bank geboten erscheinen, zumal sie nach ihren erkennbaren Spuren eindeutig der der großen Ratsstube entsprach und deshalb leicht mit der gebotenen Sicherheit zu rekonstruieren war. Der Kamin an der Nordwand wurde wieder geöffnet. Und der gotische Schlussstein erhielt seine ursprüngliche Polychromie zurück. Als Leuchter stellten die Mühlhäuser Museen eine flämische Krone als Dauerleihgabe zur Verfügung, die durch die Mühlhäuser Firma Elmü GmbH unentgeltlich restauriert und elektrifiziert wurde. Im Rahmen der bauarchäologischen Untersuchungen wurde 1997 hinter dem Regal an der Westwand nach einem Fenster der ursprünglichen gotischen Rathaus-Ostwand und nach Spuren der als Chörlein ausgeführten, abgebrochenen Ratskapelle gesucht. Man fand nicht nur beides, sondern auch Scherben von gotischen Bildfenstern, die, dem ersten Drittel des 14. Jahrhunderts zugeordnet, zu dem ältesten erhaltenen profanen Fensterglas in Deutschland gehören. Diese Befunde blieben sichtbar, können durch die Tür des Bücherregals jedoch so verdeckt werden, dass die Harmonie der in alter Schönheit wiederentstandenen Alten Kanzlei nicht gestört wird. Hier werden künftig auch die Fragmente der gotischen Fenster präsentiert.

Ähnlich wie die Alte Kanzlei fristete ein weiterer wichtiger historischer Raum des Rathauses über Jahrzehnte ein Schattendasein als lieblos gestalteter Büroraum - die Alte Kämmerei. Zunächst schien es so, dass von einer zweifelsohne einst vorhandenen reicheren Ausgestaltung nur die - durch untergezogene Holzplatten verdeckte - mittelalterliche Bohlendecke verblieben sei. Doch bei der Vorbereitung der Neuverputzung der Wände zeigte es sich, dass diese ursprünglich mit Malereien versehen gewesen waren. Bedauerlicherweise erfolgte diese Entdeckung erst nach Beginn der Arbeiten, so dass

Die Sanierung

an einem Teil der Ostwand alter Putz, der vermutlich noch Fragmente dieser Ausmalung trug, bereits entfernt war. Da eine Freilegung und Restaurierung dieser Fragmente nicht finanzierbar war, ebensowenig restauratorische Untersuchungen zu ihrem Ausmaß, Alter und Erhaltungsgrad, wurden die Wände nach Reparatur und Festigung des Putzes mit Japan-Papier überklebt und mit Leimfarben überstrichen. Damit kann zu einem späteren Zeitpunkt eine Untersuchung und gegebenenfalls Freilegung der Befunde erfolgen.

Aus dem gleichen Grund - der Nichtfinanzierbarkeit - konnte auch die Bemalung der Bohlendecke, mit Ausnahme eines "archäologischen Fensters" nicht freigelegt und restauriert werden. Nach Entfernung der Holzplatten und statischen Sanierung geschädigter Balken mit dem BETA-Verfahren sowie Schließung der Öffnung für einen - im Vorfeld der Arbeiten abgebrochenen - Schornstein aus dem 19. Jahrhundert und Restaurierungsarbeiten an den Bohlen erhielt die Bohlendecke lediglich einen im Farbton an den historischen Befund angepassten Anstrich mit Leimfarben.

Die Entscheidung für den Einbau eines Dielenfußbodens aus Eichenbrettern trägt dem Charakter des Raumes und seiner Nutzung als Ausstellungsraum des Stadtarchives Rechnung. Für diese Nutzung waren auch der Einbau einer neuen Elektrospeicherheizung, die Herstellung von Tisch-, Wand- und Eckvitrinen und die Installation einer zweckentsprechenden Beleuchtungsanlage erforderlich. Eine Ergänzung erfuhren diese Maßnahmen durch die Restaurierung der Eisentür zur Silberkammer und der Bekleidung der Eingangstür. Die sehr wünschenswerte Restaurierung des gotischen Türblattes der Eingangstür einschließlich der Freilegung seiner Bemalung musste - weil ebenfalls nicht finanzierbar - leider unterbleiben.

Die in den 1960er Jahren eingebaute Zentralheizung erleichterte zwar den Arbeitsablauf der Verwaltung im Rathaus, war jedoch durch den Einsatz von Braunkohle mit ständig steigendem Schwefelgehalt zunehmend problematisch für das Rathaus, da die Abgase dieser Heizung nicht nur schlechthin zur Luftverschmutzung beitrugen, sondern zweifelsohne auch das Rathaus selbst schädigten. So entsprach die Umstellung der Heizungsanlage auf Ölfeuerung 1992 nicht nur einem Erfordernis der Reduktion des bislang hohen Arbeitsaufwandes für den Betrieb der Heizung und der Betriebskosten insgesamt, sondern durchaus auch des Denkmalschutzes. Später wurde die Zentralheizung, die ursprünglich nur den Nord- und Westflügel sowie den Barockanbau versorgte, auf das sich an das Rathaus in Norden anschließende Verwaltungsgebäude Ratsstraße 17 und die Rathaushalle ausgedehnt. Ein Teil des Kohlenkellers im Nordflügel wurde Öltanklager.

Aufgrund einer unvertretbaren Gefährdung des kostbaren Archivbestandes im Havariefall bei Installation von wasserführenden Heizungen im zweiten Obergeschoss des Südflügels über dem Reichsstädtischen Archiv konnte dieser Bereich jedoch nicht an das Zentralheizungssystem angeschlossen werden. Hier wurden 1997 lediglich die elektrisch betriebenen Nachtspeicheröfen erneuert.

Ein entscheidender Abschnitt der komplexen Sanierung des Rathauses war die Fassadensanierung, mit der 1991 begonnen wurde und die aufgrund technischer Probleme mit dem Sanierputz erst 1996 abgeschlossen werden konnte. Sie erstreckte sich über alle Fassaden des historischen Rathauskomplexes, also die steinsichtigen Fassaden des gotischen Kernbaues, der sich östlich anschließenden Erweiterung von 1568/69, des Verbindungsbaues zwischen Kernbau und Nordflügel und des Treppenhauses von 1912 sowie die Putzfassaden des Nord-, West- und Südflügels.

Die Sanierung

Abb. 2: Portal des Nordflügels; Foto: Peter Bühner

Die Sanierung

Abb. 3: Ansicht des Kernbaues von Norden;
Foto: Peter Bühner

Zunächst musste der Putz von 1975 von den Obergeschossen des Süd-, Nord- und Westflügels entfernt werden. Danach wurden vorhandene Risse geschlossen. Anschließend wurden die Fassaden verputzt, beim Erdgeschoss unter Anwendung eines Sanierputzsystems. Die Entscheidung, auch das Erdgeschoss wieder zu verputzen, resultiert aus dem historischen Befund. Bereits 1975 hatte man die gesamten Fassaden in voller Höhe entsprechend dem historischen Befund verputzt, im Erdgeschoss jedoch nur fünf Jahre später, 1980, den Putz wieder entfernt, da die aus der Versalzung resultierenden Putzschäden nicht zu beherrschen waren. Die Rechtfertigung dieser Entscheidung war nun in Anbetracht der leistungsfähigen Sanierputzsysteme der 90er Jahre nicht mehr gegeben, so dass es zur Verputzung auch der Erdgeschosse keine denkmalpflegerisch vertretbare Alternative gab. Damit konnten sich die Fassaden der drei Renaissance-Flügel wieder in jener Einheitlichkeit präsentieren, mit der sie ihre Schöpfer geschaffen hatten und die ihre Ansicht in den ersten Jahrhunderten ihres Bestehens prägten. Die steinernen Gewände der Fenster und Türen belegten ebenfalls den historischen Verputz und seine mutmaßliche Stärke durch die sichtbaren ca. 1 - 2 cm starken Putzkanten. Für das einzusetzende Sanierputzsystem genügte diese relativ geringe Stärke jedoch nicht, so dass man - als Kompromiss - den Anschluss kissenförmig herstellte. Mit einbezogen in diese Arbeiten wurden die "Rückseiten" des Nord- und des Westflügels, die - zumindest in den letzten beiden Jahrhunderten - bei den Reparatur- und Erhaltungsarbeiten unberücksichtigt geblieben waren. Um dabei eine möglichst große Fläche zu erreichen, erfolgte zuvor auf den Nachbargrundstücken der Abbruch von an die Rathausflügel angebauten, nicht mehr benötigten Nebengebäuden und Schuppen, insbesondere auf der Nordseite. Auch das vermauerte Fenster in der Westwand im zweiten Obergeschoss des Westflügels erfuhr seine Wiederherstellung. Die Ziergiebel des Westflügels wurden gründlich überarbeitet, zum Teil neu aufgemauert. Die Zwerchgiebel erhielten eine Verblechung mit Bleibahnen, die Gesimse mit Kupferblechen.

Probleme bereitete zunächst die Verputzung der Erdgeschosse. Nach kurzer Zeit traten die ersten Salzausblühungen auf. Im Rahmen der Gewährleistung erfolgte die Erneuerung der nicht vertragsgerechten Putzflächen. Um die Feuchte- und damit Salzprobleme des Mauerwerks besser zu beherrschen, wurden die Fundamente freigeschachtet, neu verfugt, ein Sperrputz und eine Dichtungsschlämme aufgebracht und nach Verfüllung des Schachtgrabens mit Kies das Hofpflaster mit Gefälle vom Gebäude weg neu verlegt.

Die Sanierung

Die Fehlstellen an den Gesimsen, den Basen und dem Sockel ergänzte man mit Auftragungen, größere Schäden durch Neuteile. Die notwendige Entsalzung des stark versalzten Ost- und Südportales des Nordflügels sowie des ebenfalls stark versalzten heutigen Haupteinganges und der daneben befindlichen - 1912 zur Sitznische umfunktionierten - Torfahrt erfolgte durch Kompressen mit destilliertem Wasser.

Die Farbgebung entspricht der 1975 vom Institut für Denkmalpflege Erfurt auf der Grundlage von Befunden erarbeiteten Konzeption. Sie sah allerdings für die zum Teil sehr aufwendigen Architekturfassungen der Portale nur eine vereinfachte Farbfassung vor.
Jene Farbtöne, die nicht in den heute gebräuchlichen Klassifizierungssystemen mit Farbkarten enthalten waren, wurden entsprechend den Befunden extra hergestellt. Die Fenster erhielten einen neuen Anstrich, die Türen wurden überarbeitet. Als nicht vordringlich wurde die Überarbeitung der beiden Tore aus Kostengründen zurückgestellt. Die Neueindeckung der Dächer des West-, Nord- und Südflügels sowie des Verbindungsbaues war unter technischen wie unter denkmalpflegerisch-ästhetischem Aspekt von größter Bedeutung. Die Betonziegel von 1975 - damals waren keine Tonziegel verfügbar - erwiesen sich als zu schwer für die Dachstühle, so dass mittelfristig Schäden an diesen zu erwarten waren. Außerdem beeinträchtigten die Betonziegeln mit ihrem grau-braunen Farbton und ihrer unhistorischen Form und Struktur das Erscheinungsbild des Rathauses beträchtlich. In Verbindung mit dem Thüringischen Landesamt für Denkmalpflege wurde ein dem Charakter des Baues und vor allem des Daches entsprechender Tonziegel ausgesucht. Bevor er auf den Dächern zum Einsatz kam, erfolgte die Sanierung der Dachstühle. Dabei wurden alle beschädigten Hölzer ausgewechselt. Eine Konterlattung mit Unterspannbahn ergänzt

Abb. 4: Wappenstein über dem heutigen Haupteingang; Foto: Peter Bühner

Abb. 5: Der heutige Haupteingang nach der Restaurierung; Foto: Peter Bühner

Die Sanierung

die neue Ziegelhaut des Daches. Anschließend sorgte die Installation einer neuen Blitzschutzanlage für die Sicherheit des Baues. Alle Dachrinnen und Regenfallrohre wurden durch neue aus Kupfer ersetzt sowie die historischen Wasserspeier aufgearbeitet. Dabei mussten zwei stark beschädigte Speierkonsolen durch neue ersetzt werden. Überlegungen galten auch einer möglichen Wiederinbetriebnahme der Wasserspeier. Gegen diese sprachen aber vor allem bauphysikalische Gründe - das über sie abfließende Wasser hätte Fassaden und Fundamente, deren Trockenlegung ja erhebliche Anstrengungen galten, auf nicht zu verantwortende Weise wieder befeuchtet.

Die Restaurierung des Gemäldes auf der Tür des westlichen Zwerchgiebels auf dem Nordflügel vervollständigte die Arbeiten an diesem Gebäude, ebenso die Restaurierung der Hoflaterne, die verzinkt und neu gestrichen wurde und eine neue Konsole erhielt.

Der wohl spektakulärste Abschnitt der Rathaussanierung waren die Arbeiten am Dach und am Mauerwerk des Kernbaues und der Osterweiterung 1994. Unter technischem Aspekt und nach logischen Kriterien wären diese Arbeiten eigentlich vor des Restaurierung der Rathaushalle durchzuführen gewesen. Doch als sich 1990 die Chance zur Restaurierung der Halle bot, war nicht abzusehen, dass sich nur wenige Jahre später die zur Sanierung des gesamten Rathauskomplexes bieten würde. Der Aufbau der gigantischen Wetterschutzkonstruktion in Verbindung mit den Arbeitsgerüsten, durch die der Rathauskernbau eingehaust und das Mühlhäuser Stadtbild für Monate verfremdet wurde, wäre jedoch auf jeden Fall nötig gewesen, da beide Tonnen sich ohne jegli-

Abb. 6: Einhausung im Bereich der kleinen Tonne; Foto: Hochbauamt der Stadt Mühlhausen

Die Sanierung

Abb. 7: Einhausung von SW; Foto: Gebhard Gräbedünkel, Katharinenberg

che Zwischendecke unter dem Dach befinden. Zwischen der Abnahme der alten Betonziegeln und der Neueindeckung mit Tonziegeln hätten die Tonnen der Halle mit ihren kostbaren Bemalungen auf keinen Fall über Tage und Wochen dem freien Himmel ausgesetzt werden dürfen - das Risiko irreparabler Schäden bei plötzlichem Regen war nicht zu vertreten.
Der Neueindeckung der Dächer ging auch hier die komplette Sanierung des Dachstuhles voraus. Dabei kamen sowohl die traditionellen als auch das moderne, die Originalsubstanz schonende BETA-Verfahren zum Einsatz. Beim BETA-Verfahren wird die zerstörte Originalsubstanz von Holzbalken durch Holzprothesen ersetzt, die durch Glasfiberstäbe, die im Balken wie in der Prothese kraftschüssig in Kunstharz eingebettet sind, mit dem Balken verbunden werden. Über dem südlichen Teil der Halle mussten drei Leimholzbinder eingebaut werden, welche die Funktion der nicht vorhandenen Zugbalken in der Halle ersetzten. Eine besondere Leistung war die Sanierung der Deckenbalkenlage über der großen Ratsstube unter Anwendung des BETA-Verfahrens. Erfolgreich konnten die Schwierigkeiten gemeistert werden, die aus dem Zwang resultierten, die Reparatur der Balken bei Erhaltung der die Tapete tragenden Unterkonstruktion durchzuführen.

Vor der Neueindeckung der Dächer erhielt der Dachstuhl eine vollflächige Verschalung, die dem Schutz vor Flugschnee dient und eine Versteifungsfunktion hat. Die verschlissenen Dachrinnen und Regenfallrohre ersetzten neue aus Kupferblech, ebenso ersetzten neue Dachfenster die alten.

Um das Obergeschoss des Kernbaues im Bereich der Halle statisch zu stabilisieren, erhielt es ein innenliegendes Ankersystem mit einer Länge der Edelstahlanker von 13 bzw. 15 m. In kritischen Bereichen erfolgte der Einbau weiterer Anker und Flächenvernadlungen. Die steinsichtigen Fassaden des gotischen Kernbaues, des Treppenhauses und der Renaissance-Erweiterung von 1568/69 wurden - genau wie der Verbindungsbau von 1874 zum Nordflügel - mit dem JOS-Nieder-

Abb. 8: Beschädigter Deckenbalken über der Ratsstube (Nordseite) mit sichtbarem Nagelbolzen; Foto: Hochbauamt der Stadt Mühlhausen

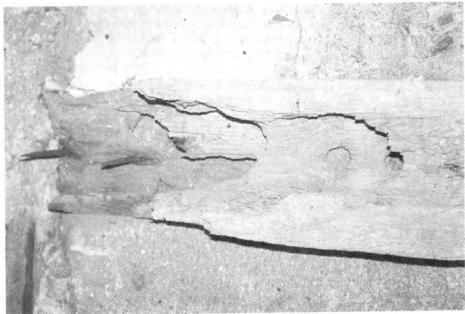

Die Sanierung

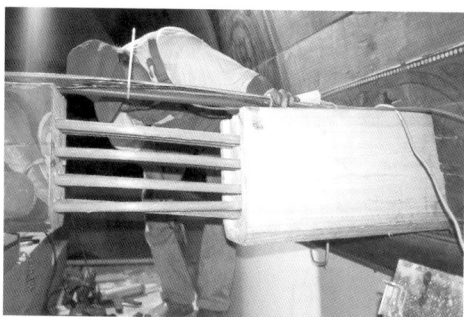

Abb. 9: *BETA-Verfahren beim Einsatz in der Rathaushalle; Foto: Hochbauamt der Stadt Mühlhausen*

druck-Pulverstrahlverfahren gereinigt, die Zementfüllungen der Fugen entfernt und anschließend mit einem sulfatresistenten Spezialmörtel neu verfugt. Die Gewölbe über der Durchfahrt erhielten - nach Entfernung des alten - einen neuen Putz.

Die große Arkade über der Schwemmnotte im nördlichen Joch der Durchfahrt konnte wieder geöffnet werden. Sie war zu einem unbekannten, wahrscheinlich Jahrhunderte zurückliegenden Zeitpunkt vermauert worden. Die Ursache hierfür lag höchstwahrscheinlich in einem Riss im Gurtbogen durch Senkung des nordöstlichen Pfeilers. Mit der Vermauerung wollte man offensichtlich der Einsturzgefahr bei weiterer Senkung des Pfeilers begegnen. Doch die bestand nach Vermauerung des Bogens nicht mehr - zwischen der Mauer und dem Bogen war es deshalb nicht zum Kraftschluss gekommen. Nachdem der Nachweis erbracht war, dass definitiv keinerlei Senkungserscheinungen mehr zu verzeichnen waren, und die Standsicherheit und Tragfähigkeit des Pfeilers statisch nachgewiesen waren, entschied sich die Stadtverwaltung mit Zustimmung des Thüringischen Landesamtes für Denkmalpflege für die Öffnung der Arkade. Eine zusätzliche Sicherheit schaffen zwei horizontale Stahlanker, die geschickt durch das Gitter, das nunmehr die Öffnung sperrt, verdeckt werden. Mit der Öffnung der Arkade wurde nicht nur der ursprüngliche Zustand wiederhergestellt, sondern ein reizvoller Blick auf den Lauf der von malerischen Hinterhäusern eng gefassten Schwemmnotte ermöglicht. Der Verbindungsbau zum Nordflügel erhielt seine zu einem unbekannten Zeitpunkt entfernten, jedoch erhaltenen ursprünglichen Bleiglasfenster nach umfassender Aufarbeitung zurück und damit auch sein ursprüngliches Aussehen. Der Fußboden erfuhr - nach Entfernung des völlig unpassenden Kunststoffbelages - eine Aufarbeitung der historischen Holzdielung, genau wie der des Flures im zweiten Obergeschoss des Südflügels.

Im Inneren des Rathauses brachte 1993/1994 der Einbau einer neuen Toilettenanlage im nördlichen Nebenraum der Alten Kanzlei eine deutliche Verbesserung der sanitären

Abb. 10: *Geöffnete Arkade der Durchfahrt; Foto: Peter Bühner*

Die Sanierung

Abb. 11: Die Durchfahrt von S; Foto: Peter Bühner

Bedingungen nicht nur für die Beschäftigten der Stadtverwaltung, sondern vor allem auch für die Besucher der Rathaushalle. Gerade bei den Veranstaltungen in der Halle brachte die heutigen Anforderungen in keiner Weise genügende alte Toilette am gleichen Standort Probleme. Zwei Jahre später, 1996, wurde dann auch die öffentliche Toilette im Erdgeschoss des Westflügels komplett erneuert und auf den heutigen Standard gebracht. Da man dabei den versalzten Innenputz durch einen Sanierputz ersetzte, trug diese Maßnahme gleichzeitig zur Verbesserung der baulichen Situation des Westflügels insgesamt bei. Ebenfalls saniert wurden 1994/95 die übrigen, von der Stadtverwaltung genutzten Räume im Erdgeschoss des Westflügels, auch hier kam ein Sanierputz zum Einsatz.

Räume für das Verwaltungsarchiv entstanden im ehemaligen Lager im östlichen Bereich des Nordflügel-Erdgeschosses. Wiederum musste der alte, versalzte Putz einem Sanierputz weichen. Die Bodenplatte war zu entfernen. Eine neue, bewehrte Bodenplatte mit Epoxidharzbeschichtung, die den statischen und physikalischen Anforderungen an einen Archivraum genügt, ersetzte sie. Die nun notwendige Vergitterung des Fensters erfolgte nach dem Vorbild der vorhandenen Gitter an anderen Fenstern des Rathauses. Das Archiv erhielt, seiner Bedeutung entsprechend, Brandschutztüren. In Verbindung mit den Arbeiten am Verwaltungsarchiv wurde auch das 1964/65 in den Nordflügel eingebaute Archiv-Treppenhaus grundhaft renoviert, defekte Terrazzostufen durch neue ersetzt und die Fliesenbeläge der Podeste erneuert.

Die Sanierung

In den Erdgeschossen des Kernbaues (Ostteil), des Südflügels und der Osterweiterung fanden die Sanierungsarbeiten ihre Fortsetzung mit der Mauerwerkssanierung und der Restaurierung der stationären Ausstattung. Dabei erhielt der Südflügel auch einen neuen Putz. An den Wänden erfolgte die Entfernung des beträchtlich versalzten Putzes. Da der Putz der Gewölbe keine Schäden zeigte, blieb er erhalten. Fehlstellen im Mauerwerk wurden ausgeglichen. Während es beim Ausbau des zuvor als Pferdestall und Torfahrt genutzten Südflügel-Erdgeschosses 1912 ein Anliegen gewesen war, die bisherige Struktur dieses Bereiches zu verbergen, sofern sie nicht der neuen Gestaltung als Haupteingang entsprach, war es nun ein Ziel, wenn diese Gestaltung dadurch nicht gestört wurde, die ursprüngliche Struktur wieder etwas stärker erkennbar zu machen. Dies geschah, indem die Mauer neben dem Treppenaufgang, mit der eine Arkade geschlossen worden war, etwas zurückversetzt wurde. Der - zur Hälfte durch die Toilette im Erdgeschoss des Anbaues verdeckte - Bogen ist dadurch vom Treppenhaus her wieder sichtbar, ohne dass sich das Aussehen der eigentlichen Eingangshalle änderte. Der ursprünglich steinsichtige Gurtbogen erhielt durch Entfernen des Putzes dabei wieder seine Sichtbarkeit zurück. Der 1912 in diesem Bereich angebrachte Gedenkstein von 1714 rückte - um in Verbindung mit dem nun sichtbaren Bogen ästhetisch stimmig platziert zu sein - gegenüber seinem alten Platz etwas nach oben. Um künftigen Salzschäden bei diesem stark versalzten Mauerwerk möglichst effektiv zu begegnen, erfolgte der Einbau einer Horizontalsperre, die neuerliches Aufsteigen salzhaltigen Wassers in den Mauern verhindern soll. Anschließend wurde an den Wänden ein Sanierputzsystem aufgebracht. Die sichtbaren Natursteine reinigte man mit dem JOS-Verfahren. Die Fugen wurden neu verfugt.

Die 1971 bereits zum Teil erneuerte Ausmalung der Eingangshalle, die auf Mühlhausen als Stadt in der preußischen Provinz Sachsen Bezug nimmt und neben den Wappen besagter Provinz die Wappen aller größeren Städte dieser Provinz zeigte, war - durch Salzausblühungen und sich lösenden Putz stark beschädigt - bei einer Renovierung der Eingangshalle um 1980 nicht restauriert worden. Der hierfür erforderliche Aufwand entsprach nicht dem zu erwartenden Nutzen, da bei einer Ausbesserung der Schäden im Putz und Neuanstrich es nur eine Frage der Zeit sein würde, bis durch die starke Versalzung des Mauerwerkes neuerliche Schäden aufträten. So hatte man sich damals dafür entschieden, die Wappen verzerrungsfrei zu fotografieren, im Maßstab 1:1 auf Fotoleinwand zu reproduzieren, diese Kopien entsprechend den Originalen zu bemalen und auf den ursprünglichen Platz zu kleben. Auch wenn dieser pragmatische Kompromiss unter denkmalpflegerischem Aspekt nicht zu befriedigen vermochte, wurde so doch das Aussehen der Halle bewahrt. Davon ausgehend, dass nun wirksame Maßnahmen gegen die Salzkalamität ergriffen waren, gab es zur Entscheidung für das neuerliche Aufmalen der Wappen auf den Putz keine wirkliche Alternative. Dabei war es ein ausgesprochener Glückszustand, dass die Mühlhäuser Malerfirma, die 1980 die Wappen dokumentiert und die "Aufkleber" hergestellt hatte, noch existierte und die Ausschreibung der Malerarbeiten für die Eingangshalle und das Treppenhaus gewann, so dass die Wappenausmalung mit größtmöglichen Authentizität wieder hergestellt werden konnte.

Restauriert wurden die beiden historischen, zur Originalausstattung gehörenden Lampen in der Eingangshalle und im Treppenhaus. Die - genau wie die Türen - grundhaft aufgearbeitete Pförtnerloge erhielt ein Mobiliar, das aufgrund der heutigen Anforderungen an die Funktion des Raumes erforderlich war, stilgerecht neu angefertigt, um den geschlossenen Eindruck des qualität-

Die Sanierung

voll in historischem Stil gestalteten und im Originalzustand erhaltenen Treppenhauses nicht zu stören.

Außer auf die Eingangshalle und das Treppenhaus erstreckten sich die genannten Sanierungsarbeiten auch auf die Trauhalle und ihren Vorraum im Erdgeschoss des östlichen Teiles des Kernbaues, die Räume des Standesamtes im sich an die Eingangshalle anschließenden Teil des Südflügel-Erdgeschosses und die Räume im Erdgeschoss des Ostanbaues.

Im großen, südlichen Erdgeschossraum des Ostanbaues erweiterte man auf der Ostseite ein Fenster zur Tür. Diese Maßnahme war unumgänglich, um eine künftige öffentliche Nutzung des Raumes zu ermöglichen. Die ohnedies zu niedrige Pforte von der Durchfahrt Ratsstraße her, wohl eine Spolie des Klosters, war durch die Erhöhung des Niveaus der Ratsstraße um mindestens 20 cm im Laufe der Zeit noch niedriger geworden und erlaubte ein gefahrloses Passieren nicht.

Die zweite spektakuläre Maßnahme der Rathaussanierung war die Decken- und Fußbodensanierung Ritterkeller/Rathaushalle 1996. Mehr oder weniger zufällig stellten Mitarbeiter des Hochbauamtes im Herbst 1995 fest, dass die den Fußboden im westlichen Teil der Halle tragenden Balken, die gleichzeitig die Decke des sogenannten Ritterkellers bilden, teilweise in den auf den Mauern aufliegenden Abschnitten so stark durch Fäulnis und Insektenbefall zerstört waren, dass ein umgehend eingeholtes statisches Gutachten die Standsicherheit für den nordwestlichen Bereich des Hallenfußbodens nicht mehr gewährleistet sah. So musste, nach Klärung der Finanzierung, im April 1996 mit der Sanierung der Decke begonnen werden.

Zunächst galt es, die Platten des Fußbodens zu kennzeichnen und exakt zu kartieren, um den Plattenfußboden nach Abschluss der Arbeiten wieder originalgetreu verlegen zu können. Nach Aufnahme der Platten und der Unterkonstruktion im Westteil der Halle erfolgte die Sanierung der Balken mit dem BETA-Verfahren und auf traditionelle Weise. Die obersten Lagen des Natursteinmauerwerkes der tragenden Wände wurden zum Teil abgetragen und neu aufgemauert, um ihre Funktionsfähigkeit als Aufleger für die Schwellen wieder vollständig zu gewährleisten. Dort, wo sich Risse und andere Schäden in diesen Mauern zeigten, erfolgte der Einbau von Ankern, an einer Stelle erwies sich eine Flächenvernadlung als notwendig. Um die Last der 1912 vor der Bohlenwand der Großen Ratsstube in der Halle errichteten Wand, die bislang auf der Decke des Ritterkellers ruhte, aufzunehmen, wurde ein Stahlunterzug eingebaut. Zur Verbesserung der statischen Situation insgesamt tragen einige neu aufgestellte hölzerne Stützen bei.

Im Zuge der Arbeiten stellte sich auch die Frage einer Wiederherstellung des 1912 geschlossenen direkten Zuganges von der Halle zum Ritterkeller. Die eindrucksvolle historische Treppenanlage und ihre mit aus alten Harnischen hergestellten Eisenplatten beschlagene Tür zum Ritterkeller waren komplett erhalten. Da ohnedies vorgesehen war, den vor den Arbeiten beräumten Ritterkeller nicht wieder für das Verwaltungsarchiv zu nutzen - dieses hatte ja inzwischen neue Räumlichkeiten im Erdgeschoss des Nordflügels erhalten -, sondern im Rahmen von Führungen auch der interessierten Öffentlichkeit zugänglich zu machen, fiel die Entscheidung zur Einbeziehung und damit Wiederöffnung der Treppenanlage. Hierfür musste nur der 1912 eingebrachte Stahlbeton in der Decke wieder entfernt werden. Danach wurden die Wandflächen saniert. Ein Treppen- und Brüstungsgeländer entstand entsprechend einer historischen Fotografie des Zuganges aus der Zeit vor seiner Schließung neu. Zum Abschluss der

Die Sanierung

Arbeiten erfolgte eine neue Dielung der Rathaushalle mit Fichtenholzdielen und der Wiedereinbau der Fußbodenplatten, die im Bereich des Zuganges zum Ritterkeller teilweise der neuen Situation angepasst werden mussten. Bedauerlicherweise war eine durchaus notwendige Restaurierung der historischen Türen des Ritterkellers aus Kostengründen nicht möglich. Einen Ende des 16. Jahrhunderts für die Treppe zum Obergeschoss des Südflügels verwendeten Grenzstein, der zuvor die Grenze der Waldung des Deutschen Ordens markierte und deshalb historisch sehr interessant ist, ersetzte man beim Wiederaufbau der Treppe durch einen neuen Stein und stellte ihn unweit seines "Fundortes" in der Halle auf. Damit fanden die Arbeiten im September 1996 ihren Abschluss.

In die komplette Sanierung des Rathauses war auch der Barockanbau, einer seiner jüngsten Baukörper, einbezogen. Der Putz, einzelne Holzteile des Fachwerkes und vor allem die Fußschwelle waren total verschlissen. In die letzten vier Monate des Jahres 1994 fiel die Realisierung der notwendigen Arbeiten: Entfernung des alten Außenputzes, Erneuerung defekter Holzteile, insbesondere der defekten Fußschwelle, Wiederherstellung einer vermauerten Fensteröffnung, Neuausmauerung einzelner Gefache mit kleinformatigen Bimsstein, Einbau neuer Holzfenster und schließlich Neuverputzung und Neuanstrich der kompletten Fassade. Das Dach war - als intergraler Bestandteil des Kernbau-Daches - bereits neu gedeckt worden.

1996 zeichnete sich die Möglichkeit zur Verwirklichung des bereits in die achtziger Jahre zurückreichenden Projektes der Einrichtung eines "Ratskellers", einer Gaststätte, im Erdgeschoss des Barockanbaues ab, da ein Mühlhäuser Gastronom Interesse daran bekundete und bereit war, sich an der Finanzierung zu beteiligen. Die Stadtverwaltung und der künftige Betreiber stimmten darin überein, dass der Hauptzugang von der Ratsstraße her, also über den 1912 aufgegebenen Haupteingang erfolgen sollte. Deshalb wurde dieser Eingang im nördlichen Joch der Durchfahrt umfassend saniert und mit einem neuen Fußboden aus Travertinplatten versehen. Eine - bei diesen Arbeiten gefundene - alte Entwässerung, die darauf hindeutete, dass die Schwemmnotte ursprünglich nördlich des Kernbaues floss, wurde durch eine Glasabdeckung sichtbar gelassen. Die zweiflügige Tür des alten Haupteinganges erhielt durch eine umfassende Restaurierung ihre alte Schönheit zurück. Der zusätzlich eingebaute Windfang war notwendig, um für den Gastraum ein akzeptables Raumklima zu schaffen. Zum Teil kompliziert durch die vorgegebene Raumstruktur und die Berücksichtigung der Belange des Denkmalschutzes gestaltete sich die Installation der Technik, insbesondere der Be- und Entlüftungsanlage. Zur Mühlhäuser Kirmes Ende August 1997 öffnete der Ratskeller seine Pforten.

Dieses Ereignis markierte gleichzeitig den vorläufigen Abschluss der kompletten Sanierung des Rathauses. Noch nicht saniert sind Bereiche in den Obergeschossen von West- und Nordflügel. Die Restaurierung des allegorischen Wandgemäldes "Das Heilige Römische Reich in seinen Gliedern" von 1572 in der Großen Ratsstube steht ebenfalls noch aus. Hier fanden von 1993 bis 1996 wissenschaftliche Untersuchungen zur Vorbereitung der Restaurierung statt. Die Aufbringung von Lichtschutzfolien auf die Fensterscheiben, um die Belastung der Gemälde durch Ultraviolettstrahlung und Wärme zu verringern, war eine erste Maßnahme. Zur Sanierung des Rathauses gehören auch noch die Restaurierung des historischen Mobiliars im Reichsstädtischen Archiv 1995/96, der Bürgermeisterporträts in der Rathaushalle 1994 (das des erst damals wieder aufgefundenen des

Die Sanierung

Oberbürgermeisters Dr. Neumann 1998) und des Gemäldes mit der Einsetzung des Ewigen Rates 1999.

Die komplexe Sanierung des Rathauses von 1990 bis 1997 begann mitten in dem großen gesellschaftlichen Umbruch, den die deutsche Wiedervereinigung für den Osten Deutschland mit sich brachte. Dem Beginn in der Umbruchsituation ist es geschuldet, dass am Anfang nicht umfangreiche technische und wissenschaftliche Untersuchungen und ein daraus abgeleitetes Sanierungskonzept standen, sondern ohne theoretischen Vorlauf mit den Arbeiten begonnen wurde. Es war am Anfang nicht absehbar, welche der notwendigen Maßnahmen sich finanzieren und damit realisieren ließen. Da alle sich bietenden Möglichkeiten einer finanziellen Förderung, insbesondere durch den Freistaat Thüringen, genutzt wurden, gelang es letztendlich, den gesamten historischen Rathauskomplex grundhaft zu sanieren und damit eines von Mühlhausens kostbarsten Baudenkmalen für viele Jahrzehnte zu sichern und seine ursprüngliche Schönheit da, wo sie verblichen war, wiederherzustellen.

Nicht realisieren ließ sich die unter denkmalpflegerischen und ästhetischen Gesichtspunkten wünschenswerte Absenkung des gegenwärtigen Niveaus des Hofes um etwa 50 cm. Dadurch wären insbesondere die Architekturfassung der großen Tonne des West- und Nordflügels wieder vollständig erlebbar gewesen, während so die Basen unter dem Hofniveau liegen. Eine Absenkung des Hofes war nicht finanzierbar und wäre außerdem mit großen technischen Schwierigkeiten bei der Überbrückung der Schwemmnotte verbunden gewesen.

Eine Aufgabe für die Zukunft bleibt die Freilegung und Restaurierung der Malereien auf Türblatt und Bohlendecke sowie gegebenenfalls - wenn die Befunde detaillierter Untersuchungen es sinnvoll erscheinen lassen - der Malereifragmente an den Wänden der alten Kämmerei.

Als denkmalpflegerische Leitlinie bei den Gestaltungsfragen betreffenden Entscheidungen kann die weitgehende Orientierung am Zustand der jeweiligen Entstehungszeit der einzelnen Gebäudeteile, Räume und Kunstwerke gelten. Die Leistungen der Umgestaltung von 1912 wurden dort, wo sie erhalten waren, mit Respekt behandelt und in die Restaurierung einbezogen. Dort, wo sie mit älteren Zuständen in Konflikt standen, wurde der Wiederherstellung dieser Zustände dann der Vorzug gegeben, wenn dies nicht mit einer Störung der Ästhetik des jeweiligen Raumes verbunden war. In diesem Zusammenhang sind die Freilegung des Gewändes des Zuganges zur Ratskapelle an der Ostwand der Rathaushalle, die Wiederherstellung des Zuganges von der Halle zum Ritterkeller und die Öffnung der nordöstlichen Arkade der Durchfahrt zu nennen.

Die Repräsentationsräume

Gerhard Seib
Die Repräsentationsräume des Mühlhäuser Rathauses

Vorbemerkung

Zunächst bleibt festzustellen, daß das Rathaus von Mühlhausen in der Fachliteratur über das deutsche Rathaus bisher weitgehend unbekannt geblieben ist. Weder die erste Arbeit von Otto Stiehl zum deutschen Rathaus[1] noch die Dissertation von August Griesbach[2] oder die Arbeit von Karl Gruber[3], noch der Bildband von Herbert Werner Gewande[4] sowie der populäre Bildband von Fritz Träger[5] erwähnen das Mühlhäuser Rathaus. Unter den 120 von Walter Kiewert in dessen Buch „Deutsche Rathäuser"[6] behandelten und abgebildeten Rathäusern vermißt man auch das Mühlhäuser. Demgegenüber wird es in den kleinen Rathausmonographien, dem Bändchen von Horst Büttner[7] und der Schrift von Frank-Dietrich Jacob[8] genannt.

Es ist unverständlich, daß ein so wichtiges Bauwerk bis heute in einschlägigen Publikationen zur Rathausthematik nicht bzw. nur sehr ungenügend behandelt wird. Die Gründe für die Nichtbeachtung sind unbekannt, gewiß sind sie nicht nur in der etwas ungewöhnlichen städtebaulichen Situation des Mühlhäuser Rathauses ohne eine - meist anzutreffende - platzbeherrschende Lage zu suchen. Die hier vorliegenden Untersuchungen verdeutlichen eine überaus interessante und zudem über mehrere Jahrhunderte währende Baugeschichte. Als bisher vorliegende Literatur sind lediglich einige lokal veröffentlichte, im Anhang erscheinende Arbeiten zu nennen.

Die Rathaushalle

Den zentralen Raum des Rathauses und zugleich das „Herzstück" der mittelalterlichen Anlage bildet die Rathaushalle. Da sie von ihrer Funktion als Raum für Gerichtssitzungen, Rats- und andere Versammlungen, Fürstentage, Feste des Rates, Hochzeiten von Ratsmitgliedern oder deren Kindern sowie für andere profane Anlässe diente, kam ihr mit ihrer Ausstattung eine besondere Bedeutung zu, die sich auch heute noch trotz der nicht einheitlichen Entstehung, sondern komplizierter und nicht in allen Einzelheiten geklärter Baugeschichte, am Raum unmittelbar ablesen läßt.

Die Rathaushalle ist ein rechteckiger, durch eine spitzbogige Arkade zweigeteilter, schmaler Saal, der sich in Ost-West-Richtung erstreckt und in zwei Bauphasen im 14. Jahrhundert entstanden ist. Der ältere Teil ist der östliche, der hier Kernbau genannt wird.

Aus den erhaltenen Befunden ergibt sich, daß dieser zentrale Rathaussaal über 12 (den jüngeren Zugang eingeschlossen) Öffnungen zu erreichen war, beziehungsweise von hier aus alle wichtigen Nebenräume wie Ratsstube, Silberkammer, Kämmerei, Archiv und Kanzlei zugänglich gewesen sind.

Betrachten wir zunächst die verschiedenen zum Kernbau gehörenden Türen und Fenster und beginnen mit dessen Ostwand.
Mittig sitzt die zur alten Kanzlei führende Pforte. Der Zugang zeigt an der Seite zur Halle ein rundbogiges, durch eine flache Hohlkehle profiliertes Türgewände, einen Durchgang mit Kreuzgratwölbung und an der Innenseite eine spätgotisch profilierte Pforte, die sich als zweitverwendetes Bauelement (Bauspolie der Kanzlei) erweist. Das schmiedeeiserne Türblatt zur Saalpforte hat sich original erhalten. Es zeigt eine geometrische Gliederung in Form von aufgesetzten geschmiedeten Bändern, mit zwei auf den Spitzen stehenden Quadraten und mittigen Rosetten mit zentrischen Eichel-

Die Repräsentationsräume

motiven. Das Blatt ist aus mehreren Eisentafeln durch Nieten zusammengefügt. Die Innenseite, die ein großes Schloß aufnimmt und durch einen Türzieher nach innen gezogen werden konnte, ließ sich nur vom Saal aus schließen. Auch sie hat eine - wenn auch nicht so starke - Repräsentationsfunktion erhalten, was sich durch die Anbringung einer parallelen Rosette im oberen Teil und einem in diesem Bereich herumgeführten Spruch in Versalien dokumentiert. Er ist auf dunklem Grund angebracht und lautet: „TANDEM BONA CAVSSA TRIUM / PHAT" (Letztlich triumphiert der gute Grund.)
Unterhalb der Rosette zeigt sich aufgemaltes florales Renaissance-Rankenwerk. Hier wird deutlich, daß das Blatt durch breite, durchlaufende, den Eisentafeln aufgesetzte Bänder gehalten wird. Das Türblatt ist im Hinblick auf Feuer- und Einbruchssicherheit aus Schmiedeeisen gefertigt und hat den Charakter einer Schatzkammertür. Auch die Vorderseite ist gefaßt und zeigt als Fassung flächig aufgetragenes flüchtiges Rankenwerk in den Quadratfeldern.
Hinzuweisen wäre noch auf das Kastenschloß, das in der bestehenden Form dem 19. Jahrhundert angehört. An der Saalseite ist das Schlüsselloch durch ein Klapptürchen vollständig zu verdecken und durch Anbringung eines symmetrisch angeordneten Metallaufsatzes vollständig zu kaschieren beziehungsweise zu tarnen. Verdeckte Schlösser sind vor allem von Schatz- und Kassentruhen bekannt.
Das Türgewände weist an der Seite zum Durchgang im oberen Teil zwei Haspen auf, die auf eine zweigeteilte, innen angebrachte Tür schließen lassen. Im wiederverwendeten Türgewände zur Kanzlei hin sitzt ein hölzernes Türblatt mit Kassettenfüllungen und Profilleisten wohl noch aus der Entstehungszeit stammend. Um die obere Füllung ist ein Spruch in Versalien geführt: „LABOR OMNIA V<incit>" (Arbeit besiegt alles). In den Kassettenspiegeln zeigt sich in Resten Renaissancerankenwerk. Die Durchgangsseite ist schlicht gehalten. Die gestaltete Seite ist auf den Innenraum der Kanzlei ausgerichtet.

Nördlich neben der Kanzleitür befindet sich eine schmale Spitzbogenpforte mit breitgefastem Gewände, die zu einem der „Kanzlei" benachbarten kleinen Raum führt. Möglicherweise haben wir es auch hier mit einer Bauspolie zu tun. Das darin sitzende Türblatt aus Holz mit Türgriff ist schlicht gehalten, mit breiten schlichten Eisenbändern sowie breitköpfigen Schmiedenägeln beschlagen und mit einem originellen Türgriff (Ziehgriff) mit einem Hebel in Eichelform versehen. Im übrigen trägt das Blatt eine zentrisch orientierte Rankenmalerei mit manieristischen Anklängen.

Die Türöffnungen der Nordwand beginnen im Osten mit einer in die Alte Kämmerei führenden spitzbogigen Pforte mit hölzernem Gerähme, letzteres dekoriert mit einer flott aufgetragenen, roten Rankenmalerei, einem hölzernen Blatt mit breiten aufgesetzten Bändern, geschmiedetem barocken Türgriff und einem Schloß aus der zweiten Hälfte des 18. Jahrhunderts. Das Türblatt zeigt eine in Grüntönen gehaltene Rankenmalerei in herber Schlichtheit. Die Türbekleidung ist als gemalte Scheinarchitektur der Neorenaissance (um 1913) gehalten.

Die aufwendigste Tür der Nordwand führt zur Silber- oder Kaiserkammer; es handelt sich um ein schmiedeeisernes, reich mit Bändern und Nagelköpfen beschlagenes spitzbogiges Türblatt. Diese reich verzierte Tür ist mit zwei eingebauten Schlössern versehen. Zudem sind zur Sicherung zwei dreieckige Vorhangschlösser angebracht, im übrigen wird die Tür mit vorgelagerten Eisenbändern gesichert. Es handelt sich um eine eindrucksvolle spätmittelalterliche Schmiedearbeit mit zentrischem Vierpassmotiv, von dem aus kreuzförmig angeordnete Bänder entsandt werden. Das Ganze

131

Die Repräsentationsräume

ist eingeschrieben in ein großes Rhombenmotiv. Eine einschränkende Datierung ist nicht möglich, man wird die Tür als spätmittelalterlich entstanden ansprechen können. Das Blatt der rechts benachbarten spitzbogigen Tür ist ein moderner Ersatz aus dem Jahr 1993.

Auf der gegenüberliegenden Südwand - im westlichen Teil des Kernbaus - springt zunächst ein großes Spitzbogenportal mit Innengewände und reicher gotischer Profilierung, mit von Hohlkehlen begleitetem Birnstab, durch Blättchen abgesetzten Hohlkehlen und äußerem umlaufenden Stab ins Auge. Die durch Größe und Ausschmückung herausgehobene Öffnung führt in einen südlichen Anbau. Auch dieses spitzbogige Portal dürfte an dieser Stelle in Zweitverwendung sitzen, also auch eine Bauspolie darstellen, zumal das profilierte Türgewände ein Außengewände, nicht ein Innengewände ist.

Westlich neben dem Spitzbogenportal befindet sich die Tür zum Reichsstädtischen Archiv. Sie ist in Form einer korbbogig geschlossenen Öffnung mit schmiedeeiserner Tür gegeben, die - wie bei allen schmiedeeisernen Türblättern im Rathaus - aus zusammengenieteten Platten und aufgelegten, mit diesen verbundenen Bändern besteht. Durch die drei breiten horizontalen Bänder, von denen zwei die Tür halten, sind vier Segmente mit diagonal verlaufenden Bändern gebildet. Eine Auszier des Schmiedewerks ist in Form von mittig an den Schnittpunkten der Diagonalen angebrachten Rosetten sowie durch zwei volutenartige Einrollungen, einem geschmiedeten Blütenmotiv (stilisierte Lilie) und einer geschmiedeten Volute gegeben. Zudem weist das mittlere Band eine sparrenartige Ornamentierung und einen prachtvollen, darauf befestigten Türzieher in der Art von Türklopfern auf, links daneben zeigt sich das durch ein Kläppchen verschließbare Schloß. Der aufgesetzte eiserne Rahmen weist im Be-

Abb. 1: *Tür zum Reichsstädtischen Archiv in der Südwand der Rathaushalle; Foto: Verfasser*

reich des Bogenansatzes durchbrochene, volutenartige Einrollungen als weitere Zierformen auf. Diese aufwendig gestaltete Tür stammt vermutlich aus dem 17. Jahrhundert. Ihre gemalte Bekleidung gehört noch der historistischen Ausstattung von 1913 an.

Im östlichen Teil der Südwand sitzen zwei gekuppelte Fenster mit Mittelpfosten, ehemals von innen durch Läden zu sichern, hier wohl als Klappläden zu denken, wovon sich zwei im westlichen Teil der Südwand des jüngeren Saalteils erhalten haben. Übriggeblieben sind vier Haspen für die Läden. Zudem wurde dieses große Fenster einst durch ein schmiedeeisernes Gitter gesichert, worauf in den leicht gekehlten Gewänden jeweils drei übereinanderliegende zugesetzte Löcher hinweisen.

Die Repräsentationsräume

Zum Kernbau gehört ein ehemals östlicher Anbau, eine erst jüngst gewonnene Erkenntnis, die für die ursprüngliche Gestalt und Funktion der Rathaushalle von besonderer Bedeutung ist. Im Rahmen der bauarchäologischen Forschungen ergab sich, daß mittig vor der Ostwand des Kernbaus ein Kapellenerker, ein sogenanntes Chörlein, angebaut gewesen sein muß, das sich vermutlich als polygonaler Erker vor der repräsentativen Ostfassade zeigte. Achsial darüber gab es ein hohes gotisches Maßwerkfenster, seitlich davon gekuppelte Rechteckfenster. Seit Sommer 1999 ist an der Ostwand die Einfassung des Chörleins in Form eines spitzbogigen Arkadenbogens sichtbar. Das hier vorhandene Profil besteht aus Hohlkehle und Stab. Im übrigen zeigen sich Reste alter Fassung. Das Chörlein ist mit der archivalisch überlieferten Rathauskapelle in Zusammenhang zu bringen[9].

Spätestens 1569/70 beim Anbau des Ostflügels mit der „Kanzlei" ist dieser Erker entfernt worden. Eine bildliche Überlieferung des Erkers existiert nicht. Eine gewisse Vorstellung von der Erscheinung eines derartigen Chörleins mag der Kapellenerker der Burg Tannenberg (bei Nentershausen Kreis Hersfeld - Rotenburg) vermitteln, der wohl im ersten Drittel des 14. Jahrhunderts entstanden ist. Hier ist ähnlich wie in Mühlhausen an der Schmalseite eines Saales (Rittersaal) östlich ein Kapellenerker angefügt, der sich durch eine doppelflügelige Tür zum Saal schließen ließ. Möglicherweise kann man sich in Mühlhausen eine ähnliche Lösung denken. Der Erker hatte die Größe, die ausreichte, einem Altar Raum zu bieten und den Altardienst zu vollziehen.

Rathauskapellen sind an deutschen Rathäusern nur selten nachzuweisen und noch seltener erhalten. Hier wäre auf den Kapellenerker am Rathaus zu Regensburg zu verweisen, der aus der Mitte des 14. Jahrhunderts stammt[10]. Auch das Breslauer Rathaus besaß eine Rathauskapelle[11].

Im Kontext der Amtsgeschäfte spielten die Rathauskapellen im Mittelalter eine bedeutende Rolle, indem etwa vor Rats- und Gerichtssitzungen oder anderen Rechtsakten Messen gelesen wurden. Ihre Existenz verdeutlicht die Durchdringung des profanen Lebens mit kirchlicher Weihe, wie es auch in anderen profanen Bereichen, wie dem Burgen- und Schlossbau, auftritt.

Die Erweiterung des Rathaussaales in der Zeit um 1330 um die Länge des bestehenden Saales, jedoch breiter als jener, steht im Zusammenhang mit dem Aufblühen und dem Sichvergrößern der Stadt am Ende des Mittelalters. Eine Raumvereinheitlichung beider Bauteile des Saales wurde durch die Öffnung der Westwand des Kernbaus und den Einbau eines spitzen Schwibbogens ermöglicht, der eine Verschmelzung - bei unterschiedlicher Deckengestaltung - beider Raumkompartimente gestattete. Während der Kernbau, also der östliche Bereich, wohl ursprünglich eine Balkendecke mit Kassettengliederung besaß, erhielt der Erweiterungsbau von Anfang an eine Spitztonne mit Brettergewölbe, die bis heute vorhanden ist. Die Gewölbescheitel beider Tonnen sind entsprechend der unterschiedlichen Grundrisse beider Raumkompartimente gegeneinander versetzt und haben unterschiedliche Höhen, die gotische Tonne ist etwas höher als die barocke.

Im nördlichen Teil der Westwand des neueren Saalabschnittes befindet sich der Eingang zur Großen Ratsstube. Seine ehemals bemalte Renaissancetür mit architektonischer Gliederung, toskanischen Pilastern, Gebälk und Spitzgiebel besteht aus einem Türblatt mit zwei Kassettenfeldern. Reste der Bemalung sind noch in Form von mauresquem Rankenwerk erhalten. Auf dem Architrav ist die Inschrift „BEATVS VIR QVI TIMET DOMINVM" (Seelig der Mann, der den Herrn fürchtet) in Versalien zu lesen. Im Fronton zeigt sich eine Mittelgliederung

Die Repräsentationsräume

Abb. 2: *Schmiedeeiserner Flügel des Fensters im neuen Westteil der Südwand der Rathaushalle; Foto: Verfasser*

mit seitlichen Verkröpfungen über den Pilastern und reicher Auszier mittels Klötzchen- bzw. Zahnschnitt-Konsolenfries.

Das ehemalige kirchenportalähnlich gebildete Hauptportal zum Saal ist noch reicher als der spitzbogige Durchgang zum Südanbau gestaltet. Es weist eine reiche, kräftige Profilierung mit zwei Birnstäben, die von Hohlkehlen und schmaleren Stäben begleitet werden, auf. Diesem Eingang gegenüber befindet sich der heutige, erst 1912 geschaffene Zugang vom zentralen Treppenhaus aus.

Der über fünf Stufen zu erreichende Zugang, der in den Südanbau führt, ursprünglich ein Fenster, besitzt zum Saal hin eine segmentbogige Nische mit einer Fassung im Stil der Neurenaissance. Das Türgewände sitzt an der Seite des Anbaus und zeigt sich als rundbogige Pforte mit einer typischen Renaissance-Profilierung, bestehend aus beherrschendem Karnies, zwei Platten und innerer schmaler Abfasung.

Im westlichen Bereich auf der Südseite des neuen Saalteils befindet sich ein schmales, gekuppeltes Rechteckfenster. Bemerkenswert sind die noch original bestehenden schmiedeeisernen Flügel in sehr schlichter, herber Form mit jeweils drei Diagonalverstrebungen und breitköpfigen Schmiedenägeln, die in dieser Form auch an anderen Fenstern als zusätzliche Verschlüsse zu denken sind.

Westlich neben dem alten Hauptzugang ist ein gekuppeltes Rechteckfenster vor einer Segmentbogennische zu sehen. Östlich des alten Hauptzugangs findet sich ein dem westlichen gleichgebildetes Fenster, das als einziges noch eine aus Bandeisen bestehende Vergitterung aufweist, wie sie auch an den übrigen Fenstern bestanden haben dürfte.
Auch hier waren in der Mitte zwei verschließbare Eisenläden angebracht, die sich nicht erhalten haben.

Faßt man die an den Fenstern festgemachten Befunde der ehemaligen Sicherung zusammen, ergibt sich eine starke Sicherungsmöglichkeit dieses wichtigen Bauteils des Rathausorganismus.
Die Art und gegebenenfalls Auszier der Türblätter läßt jeweils auf die Funktion der von hieraus zu betretenden Räumlichkeiten schließen.

Der jüngere Teil der Halle hat mit der Nordwand des Kernbaus eine einheitliche Flucht, seine Südwand ist nach Süden versetzt. Er ist also breiter als der Kernbau. Die Ostwand des Anbaus weist noch eine Fensternische

Die Repräsentationsräume

auf, die Funktion des Fensters ging mit der Errichtung des Renaissancebaus von 1595/96 (Südflügel) verloren.

Der Erweiterungsbau der Halle wird von einer Spitztonne überfangen, die sich noch komplett mit dem darüber befindlichen Dachstuhl aus der Erbauungszeit erhalten hat. Ein Dendrodatum ließ sich für 1328/32 (Fälldatum) feststellen. Bemerkenswert ist die Fassung dieser Brettertonne, die in Teilen noch ursprünglich ist, jedoch starke Übermalungen und Ergänzungen aufweist, die im einzelnen - ohne eingehende Untersuchungen - nur schwer festzustellen sind. Die Struktur der gotischen Tonne wird durch sieben breite, an Gurtbögen erinnernde Ornamentfriese gegliedert. Die vertikal verlaufenden Friese stehen auf etwa gleichbreiten Sockeln. Die gemalten Gurte werden in Medaillons, die zwischen rotem Rankenwerk sitzen, akzentuiert, wobei X-förmige Bandmotive, von denen aus sich die Ranken entwickeln, die Medaillons miteinander verklammern. Von den rot gefaßten Umfassungsbändern der Medaillons werden in unregelmäßiger Folge Schriftbänder mit schwarzer Majuskelschrift auf Goldgrund entsandt.
Zum Inhalt der Medaillons bemerkt Kettner:

„Ihr Gegenstand waren zum Teil Szenen aus Tierfabeln, wie ja die Künstler des Mittelalters von dem Stoff der Aesopischen Fabeln und des Tierepos reichlich Gebrauch gemacht haben, zum Teil waren es sinnbildliche Darstellungen der Monate, worauf man aus den Umschriften schließen kann"[12].

Zwischen den gemalten Gurtbändern befinden sich graublaue Flächen, in die die Spruchbänder schlangenartig hineinragen.

Lediglich das unmittelbar dem Schwibbogen benachbarte Gurtband weist noch elf, meist im einzelnen nicht mehr erkennbare Fabelbilder aus der Spätgotik auf. Drei davon sind noch identifizierbar, der Rest ist nur noch schemenhaft zu erkennen. Im unteren Feld auf der Südseite ist die Fabel vom Fuchs und dem Bären und im vierten Medaillon von unten die vom Fuchs und den Trauben zu erkennen. Im untersten Medaillon auf der Nordseite der Tonne ist die Fabel vom Fuchs und dem Kranich zu sehen. Diese Fabeln dienten weniger der Erheiterung, vielmehr besitzen sie einen ausgesprochen moralisierenden Charakter.

Auf der Südseite sind im ersten und dritten Medaillon von unten Inschriften zu lesen, welche die Restaurierung der gotischen Tonne von 1912 erläutern.
Die Inschrift im unteren Medaillon lautet:

„Der Fries an der Südwand ist völlig neu, das Ornament nach einem noch erhaltenem Bruchstück neu gemalt. Die Malerei der übrigen Kreise ist völlig verloren und schon bei einer früheren Erneuerung abgewaschen. Allen Anschein waren es Darstellungen biblischen Inhalts. Der ganze herumlaufende Fries war früher vergoldet."

Im oberen Medaillon ist zu lesen:

„Im Jahre 1912 - 13 wurde dieses Gewölbe erneuert. Unter dem Anstrich fand sich die jetzt sichtbare Malerei zum Teil völlig vernichtet. Nur das Allernötigste ist neu gemalt. Der Jagdfries auf der Nordseite ist noch alt und sorgfältig soweit wiederhergestellt, wie es die dekorative Wirkung erforderte. Das Gleiche gilt für den Fries mit Darstellungen aus Reinecke Fuchs."

Im Nordfries sind sechs Jagdszenen wohl noch in Teilen aus der Gotik erhalten, die in Rankenwellen eingefügt sind. Von Osten aus begegnen uns ein jagdhornblasender Jäger mit Hunden, ein durch Hunde gestellter Bär, den ein Jäger mit der Saufeder erlegt, desweiteren ein von Hunden gestellter Wolf, dann ein durch Hunde gestellter Hirsch.

Die Repräsentationsräume

Der Südfries zeigt sechs Darstellungen aus Reinecke Fuchs, 1912/13 recht frei ergänzt. Bei einem Bild glaubt man eine Inschrift in Versalien lesen zu können: „SCHARFFENBERG FECIT"(?). Ob diese Inschrift auf den ausführenden Maler zu beziehen ist, bleibt ungewiß.

Im Emporenbereich ist der durchlaufende Fries mit Ausnahme der Nordwand, wo das Rankenwerk erhalten ist, durch moderne Marmorierung (1992/93) ersetzt. Am Westende der gotischen Tonne befindet sich eine während der Restaurierungsphase Anfang des 20. Jh. entstandene Empore, die ursprünglich, durch eine hölzerne Wendeltreppe im südwestlichen Bereich zu erreichen war. Zum Saal zeigt sich eine Balustrade aus kräftig profilierten vierkantigen Balustern, insgesamt fünf mal sechs zu einer Gruppe zusammengefaßt mit dazwischensitzenden kassettierten Bohlen. Die Balustrade sitzt auf einem Gebälk mit oberem kräftig profilierten Gesims, zum Teil marmoriert. Im Zusammenhang mit der barocken Brettertonne und der sich gleichfalls barock gebenden Empore assoziiert man den bereits angesprochenen Sakralcharakter des Raumes. Die Brettertonne ist für Mitteldeutschland sowohl im Profan- als auch Sakralbau des Spätmittelalters überliefert. Als nächstgelegenes Beispiel eines Profanbaus mit spitzbogiger Brettertonne über einem Saal wäre das alte, heute nicht mehr erhaltene Rathaus in Erfurt zu nennen.

Die barocke rundbogige Brettertonne über dem Kernbau assoziiert barocke Sakralräume, wie sie etwa vor Ort in der Allerheiligenkirche oder der Pfarrkirche von Eigenrieden - um nur zwei Beispiele aus dem 18. Jahrhundert zu nennen - vertreten sind. Gewiß ist die Allusion zum heimischen protestantischen Sakralbau zur Entstehungszeit der Tonne (wohl um oder kurz vor 1747) beabsichtigt, zumal auch die Tonne im 18. Jahrhundert als „Himmel" angesprochen wird. Der Fond der Tonne ist zwar nicht naturalistisch als sternenbesetztes Himmelszelt begriffen, sondern in blaugrauen Tönen gehalten stilisiert. Assoziationen zum Himmelsgewölbe entstehen jedoch durch vier große dieses beherrschende Bilder, die in transzendenter Sphäre anzusiedeln sind und von hier aus die Tonne erst recht als den Himmel begreifen lassen. Es sind dies allegorische Darstellungen aus Altem Testament und antiker Geschichte, die teils in barocker Symbolik mit naturalistischen, idealtypischen Stadtsilhouetten kombiniert sind. Die Darstellungen sind in spätbarocke Bandelwerkkartuschen mit reicher Rocaille- und Arkanthuswerkauszier gesetzt. Alle vier Darstellungen nehmen große Teile der Tonnenfläche ein. Durch Beischriften gekennzeichnet, begegnet uns im Osten das Bilderpaar Julius Caesar und Nimrod und im Westen Cyros und Alexander der Große. Chronologisch würde auf Nimrod Cyros, auf diesen Alexander und schließlich Julius Caesar zu folgen haben. Vermutlich gehen diese 1747 entstandenen und von dem Maler Johann Herrmann Bauer (Mühlhausen)[13] ausgeführten Deckenmalereien auf zeitgenössische Stichvorlagen zurück, deren Existenz bislang noch nicht nachgewiesen werden konnte. Die durch Beischrift charakterisierten Herrscher erscheinen jeweils thronend im Vordergrund, ihnen ist stets ein Fabelwesen als ihr Symbol zugeordnet, im Hintergrund werden mit dem Herrscher in Verbindung gebrachte Städte sichtbar.

Kommen wir nun zu einer Interpretation der Bilder im einzelnen.
Die Gemälde wirken nur auf den ersten Blick profan. Doch es entsprach dem Zeitgeist der Epoche, in der diese Bilder entstanden, in der bildenden Kunst, wie auch der Literatur einen mehrfachen Sinn zu sehen. In den vier Kartuschen zeigen sich vier herausragende Herrscher der antiken Weltreiche Babylon, Persien, Griechenland und Rom. Alle dargestellten Herrscher waren erfolgreiche

Feldherren und Begründer von Weltreichen. Im Barock waren neben den historischen Fakten viele Legenden und Wundererzählungen über sie bekannt. Alle Herrscher, außer Nimrod, haben Vorbildcharakter. Cyrus und Caesar starben eines gewaltsamen Todes. Sie sind als Vertreter einer guten Monarchie gewissermaßen zu Märtyrern geworden. Auch von Alexander dem Großen läßt sich sagen, daß er „in den Sielen" starb. Nimrod hingegen ist negativ besetzt und könnte als abschreckendes Beispiel gedient haben. Analog zu den Fürstenspiegeln könnten diese Darstellungen als eine Art Ratsherrenspiegel zu verstehen sein, insofern anzustrebende und abschreckende Eigenschaften der Regierenden dargestellt sind. Der zuerst dargestellte Nimrod war angeblich der Urenkel Noahs. Das Geschlecht seines Großvaters Ham galt als verflucht. Die Bibel kennt Nimrod als begeisterten Jäger. Im Zedler (erschienen 1733 ff), einer damals zeitgenössischen Enzyklopädie wurde dies auf sein tyrannisches Verhalten seinen Untertanen gegenüber übertragen[14]. Nimrod gilt nicht als heroischer Eroberer, sondern Unterdrücker der Völker. Er gründete Babylon, das Synonym für ein sündiges Reich. Nimrod wandte sich von Gott ab und der Vielgötterei zu. Er soll den Turm zu Babel erbaut haben, der auf seinem Bild erscheint. Damit trägt er auch Schuld an der babylonischen Sprachenverwirrung. Ebenso galt als negativ, daß ihn seine Nachfolger als Gott (unter dem Namen Baal[15]) verehrten.

Das - nach chronologischer Folge - zweite Bild ist Cyrus gewidmet. Seine Kindheit soll ähnlich wie bei vielen Helden und Reichsgründern verlaufen sein. Da bei seiner Geburt geweissagt wurde, daß er seinen Großvater stürzen würde, wurde er ausgesetzt, jedoch gerettet[16].
Als Erwachsener vertrieb Cyrus im Zuge des Mederaufstandes seinen Großvater und wurde König der Perser. Er eroberte das Babylonische Weltreich. Im Zuge dessen befreite er die Juden aus der Babylonischen Gefangenschaft und gestattete ihnen die Rückkehr in ihre Heimat und den Wiederaufbau ihres Tempels.

Das in der chronologischen Abfolge dritte Bild zeigt Alexander den Großen. Wie Cyrus gilt auch dieser als fairer Feldherr und milder Herrscher. Er trauerte um König Dareios, obwohl dieser sein Gegner war und gab dem besiegten indischen König Porros sein Königreich zurück.
In Jerusalem soll er nicht nur den jüdischen Glauben geachtet, sondern im Tempel zu Jerusalem Jachwe verehrt und ihm geopfert haben[17].
So hebt er sich positiv von seinen hellenistischen Nachfolgern ab. Doch ist Alexander nicht nur positiv zu bewerten. In Babylon sollen ihn seine Erfolge hochmütig und jähzornig gemacht haben. Damit erklärte man sich seinen frühen Tod mit nur 33 Jahren[18]. Trotz negativ zu apostrophierender Eigenschaften gilt Alexander der Große insgesamt als guter Herrscher.

Das chronologisch letzte Bild ist Julius Caesar gewidmet. Somit ist er der Begründer des römischen Weltreiches. In diesem Reich wurde Jesus Christus geboren und seine Lehre breitet sich, begünstigt durch die „pax romana" aus. Im römischen Bürgerkrieg 49 - 46 v. Chr. behandelte Caesar seine Gegner äußerst milde. Diese sogenannte „clementia Caesaris" galt als vorbildhaft für einen europäischen Herrscher. Auch Caesar respektierte wie Alexander der Große und Cyrus die Juden.
So haben alle vier Herrscher, auch Nimrod, einen biblischen Bezug.
Der hauptsächliche Bezug zum Alten Testament ist jedoch ein anderer. Die vier Herrscher symbolisieren die vier Weltreiche, die auf eine Vision des Propheten Daniel zurückgehen, (Daniel 2 und 7,1-12).
Das verdeutlichen die den Herrschern beigeordneten Fabelwesen, die jenen in der Vision Daniels entsprechen. Das erste Wesen,

Die Repräsentationsräume

das Daniel dem Meer entsteigen sah, war ein Löwe mit Adlerflügeln. Er ist hier Nimrod zugeordnet. Das zweite Wesen war ein Bär, der hier zu Cyros gehört. Das dritte Wesen ist ein Leopard mit vier Köpfen, der Alexander dem Großen beigegeben wird. Das vierte Tier ist ein wildes, grausames Wesen mit zehn Hörnern. Das mittlere, dickere Horn hat ein Gesicht, das Weissagungen verkündet. Auf unserer Darstellung ist dieses Ungeheuer auf Julius Caesar bezogen.

Die Verbindung der Fabelwesen aus der Vision Daniels mit den Herrschern der vier Weltreiche findet sich nicht nur im Mühlhäuser Rathaus. Es war damals ein allgemein bekannter Topos. Daniel nennt nicht die Namen der vier Weltreiche. Später wurde aber die reale Geschichte auf diese Vision hingedeutet. So sollen die vier Weltreiche, die Daniel in den Symbolen der Fabelwesen sah, Babylon, Persien, Griechenland und Rom gewesen sein. Es handelt sich um eine Deutung „ex eventu", da es Griechenland und Rom zur Zeit der Abfassung des Buches Daniel noch nicht gab. Nach dem Ende des letzten Weltreiches kommt das Ende der Welt. Rom war aber in dem Verständnis der Menschen des 18. Jahrhunderts noch nicht zu Ende. Es bestand im Heiligen Römischen Reich Deutscher Nation, als dessen Teil die Ratsherrn der Reichsstadt Mühlhausen sich verstanden, fort. Die Bilder haben zudem einen eschatologischen Aspekt. Da das letzte Reich angebrochen ist, könnte bald das Ende der Welt kommen. So soll die Darstellung die Ratsherrn eventuell mahnen, so zu handeln, daß sie dem gewissermaßen mit gutem Gewissen entgegentreten können. Ob diese Darstellung auf ältere vergleichbare im Rathaus zu Mühlhausen zurückgehen, wie Ernst Badstübner vermutet, bleibt eher ungewiß[19]. Es wird deutlich, daß hier ein vielschichtiges, kompliziertes ikonographisches Programm vorliegt.

Der unter der Sockelzone an der Nord-, Ost-, und Südwand verlaufende Wappen-Puttenfries ist eine historische Zutat der Renovierung von 1912/13. Die Wappen sind an Pfeilern vor rundbogigen Nischen, in denen Kleinkindergestalten in vielfältig variierten Gesten stehen, angebracht. Mittig in der Ostwand sind zwei Kinder zu sehen, die die Mühlhaue halten. Auf die Pfeiler sind die Wappen der führenden Mühlhäuser Familien gemalt.

Im Nordwesten beginnend, handelt es sich um folgende Familienwappen, wovon auf der Nordwand siebzehn zu sehen sind:
v. Weidensee, v. Beyreiß, Eigenrieden, v. der Margarete, Birckner, Mehler, v. Heilingen, Fleischhauer, Graßhoff, Hübner, Kurtze, Becherer, Stüler, Walther, Lutteroth, Baumgarten, Steinbach.

Auf der Ostwand befinden sich elf Wappen folgender Familien: Helmsdorff, Selig, Reinhardt, Engelhardt, Oehme, Vockerodt, Schmidt, v. Reiss, Grabe, Volkenand, Meckbach.

Die 17 Wappen der Familien Rothschier, Hoyer, Tilesius v. Tilenau, Auener, Kleeberg, Breitung, v. Homberg, Bonat, Starcke, Mollenfeld, Rodemann, Strecker, Bernigau, Stephan, Aulepp, Walter und Petri zeigen sich auf der Südwand.

Die Wappendarstellungen setzen sich im Fenster der Südwand, ebenfalls als Teil der historischen Ausstattung fort. Im linken Fensterflügel sind von rechts nach links - von oben nach unten - folgende Wappenbeschriften zu lesen: Schneiderinnung, Familie Strecker, Familie Mollenfeld, Familie Lentze, Familie Köhler, Familie Stephan, Helmbold, Breittung 1523, Familie Kleeberg, Familie Frohne. Der rechte Fensterflügel zeigt die Wappen der Familie Grießbach 1388-1939, der Fleischerinnung, der Familie Lauprecht, Familie Helmsdorff, Familie Helmbold 1938, Familie Selig 1586-1935, Familie Bernigau, Familie Walter.

Es handelt sich um 17 farbige in Glasmalerei ausgeführte Wappen, wovon zwei Innungswappen, der Rest Familienwappen sind, sämtlich wohl Stiftungen der Familien und Innungen.

Ursprünglich waren Wappen nur Adelsfamilien vorbehalten. Der Wappenfries dokumentiert die Haltung des selbstbewußten Bürgertums des beginnenden 20. Jahrhunderts nach einer schon länger anhaltenden Tendenz, den Adel nachzuahmen.

Das Rathaus als Rechtsort spiegelt sich in der Anbringung von maßgeblichen Maßeinheiten, die gewöhnlich am Außenbau von Rathäusern, aber auch von Kirchen befestigt sind[20]. In Mühlhausen befinden sich im östlichen Gewände des großen Südfensters der Rathaushalle zwei schmiedeeiserne Kontroll- und Eichmaße. Über die Anbringung dieser beiden Maße in Form einer preußischen Elle und eines preußischen Fußes orientiert das Mühlhäuser Wochenblatt in seiner Ausgabe vom 22.1.1825:

„Eine eiserne, neupreußische Elle mit Fußeinteilung und ein neupreußischer Fuß von Eisen mit Dezimaleinteilung ist aus den bestehenden Gesetzten gemäß von der königlichen Eichungskommission übersendet und auf dem großen Ratssaale zu Jedermanns Ansicht befestigt, welches hiermit öffentlich bekannt gemacht wird[21].

Die Funktion der Rathaushalle als ein Ort der Rechtssprechung und der Rechtspflege ist u.a. durch die (einstige) Existenz von Bildern mit einer Darstellung des Jüngsten Gerichts belegt.
Das erste Bild dieser Art wurde 1580 bei dem Maler Hans Neukirch in Auftrag gegeben[22]. Ein weiteres Bild mit einer Gerichtsdarstellung entstand Ende des 17. Jahrhunderts von einem unbekannten Maler und konnte im Frühjahr 2000 wieder seinen Platz in der Halle zurückerhalten, nachdem es fast 50 Jahre lang im Museumsmagazin bewahrt wurde. Wiederum wird hier die Verbindung von Sakralem und Profanem auch noch in der Neuzeit deutlich.
Das Jüngste Gericht gehörte häufig zum Bildprogramm in Rathäusern[23]. Die Richter sollten hierdurch erinnert werden, daß sie Vertreter der ewigen Gerechtigkeit sind und im Namen Gottes Recht sprechen, zumal sie selbst einmal vor dessen Richterstuhl stehen werden. Darauf weist eine Inschrift, die über dem Gemälde aus dem 17. Jahrhundert angebracht ist, hin:

„Sehet zu ihr Richter, was Ihr macht, denn Ihr haltet nicht das gericht dem Menschen, sondern dem HEERN, und er ist mit euch im gericht, und wie Ihr richten werdet, also wird es wieder über euren Hals kommen, darum laßt die Furcht des HERRN über Euch sein, und hütet Euch und thuts, den bey dem HERRN unserem GOTT ist kein Unrecht noch ansehn der Person, noch annehmen des geschenks. Paralipom IIC.XIX" (=Paralipomena = Bücher der Chronik 2. Chronik 19,6).

Somit steht dieses Bild in einem ikonographischen Zusammenhang mit den Deckengemälden der Barocktonne. Das vierte Weltreich in der Gestalt Roms und des Heiligen Römischen Reiches Deutscher Nation ist bereits angebrochen. Wenn dieses zu Ende geht, kommt das Ende der Welt mit dem Jüngsten Gericht. Die auf dem Bild dargestellten Ereignisse können vielleicht unmittelbar bevorstehen, zumindest sollen sich die Richter sowie alle Menschen verhalten, als ob das tatsächlich der Fall wäre.

Die Tradition des Stadtregiments spiegelt sich in der Folge von Bürgermeisterbildnissen, die an den Wänden der Halle aufgehängt sind. In chronologischer Reihenfolge, die nicht der heutigen Hängung entspricht, handelt es sich um die Bildnisse von Johann Christoph Helmsdorf (gest. 1640), dem Syndikus Dr. Heinrich Wilhelm Graßhoff (1643 - 1717), dem Bürgermeister Sebastian Beyreiß (1645 - 1725), dem Stadtkonsulenten Gottfried Adolf Haberstolz (gemalt 1787 im 66. Lebensjahr, vermutlich 1802 verstorben), dem Bürgermeister George Bartolomeus Petri (1644-1727), Oberbürger-

Die Repräsentationsräume

meister Adolf Trenkmann, der von 1890 - 1920 im Amt war und Oberbürgermeister Dr. Hellmut Neumann (1891-1979) sowie Oberbürgermeister Karl Hermann (1885 - 1973). Alle Porträts befinden sich in originalen, zeitgenössischen Rahmen. Sie sind eindrucksvolle Zeugnisse der reichsstädtischen Selbstverwaltung und des Bürgerstolzes. Über die Herkunft der barocken Bildnisse ist leider nichts bekannt, überliefert ist lediglich, daß 1840 zwei davon in die Rathaushalle gelangten und hier aufgehängt wurden. Der Stadtrat konstatierte anläßlich der Schenkung:

„Es soll dies zu einer das Rathaus verschönernden vaterstädtisch-geschichtlichen Bildergalerie der Anfang sein"[24].

Oben, mittig an der Ostwand, befindet sich im Tonnenbereich eine Kalenderuhr, wohl aus der 1. Hälfte des 18. Jh. stammend. Das Zifferblatt, dessen Zeiger nicht mehr vorhanden sind, zeigt die zwölf Tierkreiszeichen und die Namen der zwölf Monate. Das Ganze ist von einem wolkigen Himmel umgeben. Im unteren Teil der Uhr befinden sich drei verschlossene Nischen, die ursprünglich Öffnungen für eine mechanische Figurengruppe oder ein Glockenspiel gewesen sein können.

Zur übrigen Ausstattung der Rathaushalle gehören auch einige historische Möbel. So stehen dort zwei Runddeckeltruhen aus dem 18. Jahrhundert, eine davon mit dem Stadtwappen, dem Mühleisen auf den Schloßbeschlägen, sowie dem Hinweis auf die Renovierung 1913.
Desweiteren sind ein mit breiten Bändern beschlagener Holzkasten, eine Kassentruhe, vermutlich vom Ende des 17. oder vom Anfang des 18. Jahrhunderts stammend, mit aufgemaltem Stadtwappen (Mühleisen) und eine große eisenbeschlagene Kastentruhe, wohl aus dem 17. Jahrhundert, vorhanden. Im älteren Teil der Halle sind zwei Truhenbänke aufgestellt, die eine gehört vermutlich dem 17. Jahrhundert an, die andere ist eine Nachbildung aus dem 20. Jahrhundert.

Die Westwand wird von dem dort mittig aufgehängten Gemälde des zuletzt in Schlotheim lebenden Malers Wilhelm Otto Pitthan (1896-1967) „Thomas Müntzer setzt den Ewigen Rat ein" beherrscht. Das großformatige Historienbild, eine Auftragsarbeit, die 1960 ausgeführt wurde und für den jetzigen Standort bestimmt war, zeigt jene wichtigen historischen Ereignisse der Tage vom 13. - 17. März 1525, die hier gewissermaßen synchron zusammengefaßt werden.
Die Mitte des Bildes beherrschend steht Thomas Müntzer, ihm zur Rechten seine Anhänger, ihm zur Linken seine Gegner. Auf dem Boden liegende Bücher und ein umgestoßener Stuhl weisen auf eine Auseinandersetzung hin. Im Hintergrund sind die gotischen Wandmalereien der Großen Ratsstube zu sehen, ein Hinweis auf den Ort des Ereignisses. Nach ergebnislosen Verhandlungen wurde am 16. März 1525 der alte Rat nach einer Versammlung aller Mühlhäuser Bürger in der Marienkirche abgesetzt, da er die Forderungen der Aufständischen nicht erfüllte. Dafür wurde ein „Ewiger Rat" eingesetzt, was bedeutet, daß seine Mitglieder nicht mehr wie bisher für einen bestimmten Zeitpunkt, sondern auf Lebenszeit gewählt wurden. Der Stadtsyndikus Othera blieb im Amt. Er ist auf dem Bild als ruhig abwartende Person dargestellt. Am 17. März 1525 führte Thomas Müntzer als Pfarrer der Marienkirche den „Ewigen Rat" in sein Amt ein. Indirekt handelt es sich bei dem Bild um eine Selbstdarstellung Pitthans, wobei viele Schlotheimer als Anhänger oder Gegner Müntzers porträtiert sind.

Wandlungen des Erscheinungsbildes der Rathaushalle im 20. Jahrhundert

In der Rathaushalle spiegelt sich historisches Verständnis an einer repräsentativen

Die Repräsentationsräume

geschichtsträchtigen Stätte in einer besonderen Weise wider, wie im Folgenden skizziert werden soll.

Im Laufe des zwanzigsten Jahrhunderts erfuhr die Rathaushalle zahlreiche Wandlungen sowohl in ihrer Ausstattung, als auch Ausdeutung. Anhand von historischen Fotografien läßt sich dieser Wandel unmittelbar festmachen.

Im 19. Jahrhundert hatte die Halle ihre einstige Funktion teilweise eingebüßt.

Vor der Renovierung (von 1908-1914), um 1900, diente die Rathaushalle als Durchgangsraum, ohne sichtbare kulturelle oder sonstige Funktion und gab sich recht nüchtern in der Gesamtwirkung. Der Zustand läßt erkennen, daß der Raum nicht besonders wertgeschätzt wurde. Heydenreich erwähnt 1901[25], dass in der Halle die ältesten Serien der Kämmereirechnungen (von 1407 ff) in Schränken lagerten somit kam dem Rathaussaal damals auch die Funktion eines Archivraumes zu. Über die ursprüngliche Ausstattung der Rathaushalle gibt es derzeit keine gesicherten Erkenntnisse. Möglicherweise haben die 1840 gestifteten Bürgermeisterbildnisse hier eine Plazierung erfahren. Auf einem Foto aus der Zeit um 1900 erkennt man einige Möbel (drei heute noch vorhandene Truhen, ein Schrank), an der Nordwand zwei Jagdstücke (Adler, dat. 1698 und Luchs, dat. 1668) sowie an der Ostwand über dem Portal zur Kanzlei ein hochformatiges Weltgerichtsbild mit dazugehörendem geschnitzten Aufsatz mit Schriftkartusche und darüber eine Kalenderuhr, an der Südwand ein Barockschrank, Ausstattungsstücke, die zum Altbestand des Rathauses gehören. Leider gibt es keine Fotografie, die den westlichen Bereich des Saales wiedergibt, so daß über dessen Ausstattung um 1900 nichts ausgesagt werden kann.

Um die historische Bedeutung des Raumes aufzuwerten, hat man 1913-15 eine „würdige Neugestaltung" im Sinne des späten Historismus vorgenommen. Es kam zu einer Betonung der historischen Türen durch eine gemalte Fassung in Form von Scheinarchitektur, angeregt durch erhaltene Malereien auf der Wilhelmsburg in Schmalkalden[26].

Die Malereien der barocken Tonne wurden aufgefrischt, Messingsterne angebracht und der Putten-Wappen-Fries hinzugefügt.

Die östliche Stirnwand erhielt eine optisch wirksame Malerei in Form eines mittig angeordneten Preußenadlers, mit aufgelegtem Mühlhäuser Stadtwappen. Links davon erschien das Erfurter-, rechts davon das Nordhäuser Stadtwappen. Erfurt wurde wegen der engen Verbindung zu Mühlhausen und Nordhausen als verschwisterte Freie Reichsstadt gewählt.

Der Schwibbogen zwischen barocker und gotischer Tonne erhielt aufgemalte Trophäen im Sinne der Neorenaissance.

Quasi Weihecharakter bekam die Halle zusätzlich durch die Aufhängung einer Reformationsgedenkfahne, gestiftet aus Anlaß des dreihundertjährigen Bestehens der Reformation 1842 und einer Kriegervereinsfahne.

In der gotischen Tonne wurden die Malereien restauriert und im unteren Bereich durch Neuschöpfungen ergänzt, zudem hat man auch hier einen „Himmel" durch applizierte, goldbronzierte Blechsterne geschaffen. Die Westwand zierte man im Tonnenbereich mit einer ornamentalen gotisierenden Schablonenmalerei in Anlehnung an die Malerei in der gotischen Tonne. Die Empore wurde als Musikantenbühne hinzugefügt, die über eine weitausschwingende Wendeltreppe in der Südwestecke erreicht werden konnte. Das Gebälk an der Empore versah man mit einem Spruch. Zwischen Wendeltreppe und Ratsstube wurde das große, noch erhaltene Gerichtsbild aufgehängt, darunter zwei Truhenbänke plaziert.

Die beiden Fensternischen im westlichen Teil der Nordwand wurden durch historisierende barocke Scheintüren verkleidet, über denen die bereits um 1900 vorhandenen Jagdstücke angebracht wurden.

Die Repräsentationsräume

An der Ostwand ist südlich des Zuganges zur Kanzlei ein Ölbild mit der Darstellung der „Auferweckung des Lazarus" (Johannes 11, 17-44) vermutlich aus dem 17. Jahrhundert stammend, aufgehängt worden.

Auch die Nordwand erhielt wohl erstmals eine Bürgermeistergalerie, wodurch der Charakter des Raumes wesentlich mitbestimmt wurde. Seine Festlichkeit erfuhr noch durch große Kronleuchter eine weitere Steigerung.

Im westlichen Teil der Halle wurde ein historistischer Geweihleuchter mit Königsfigur aufgehängt. Die späthistoristische Festsaaldekoration und die Art der Aufstellung historischer Ausstattungsstücke stand im krassen Gegensatz zu der Nüchternheit, die der Saal um 1900 bot.

Eine weitere Steigerung der Bedeutung des Rathaussaales zur Weihehalle erfolgte 1916 durch das Aufstellen einer hölzernen Nagelsäule, genannt das „Eiserne Mal". Die durch das „Nageln" erzielten Spendenerlöse sollten Kriegshinterbliebene unterstützen helfen. Die Säule blieb vermutlich noch bis in die Zeit nach dem Zweiten Weltkrieg hier bestehen.

Der Charakter der Halle wandelte sich erst wesentlich im Zuge der Renovierung 1956, als sämtliche historistische Zutaten entfernt, beziehungsweise übermalt wurden (preußische Reminiszenzen an östlicher Schildwand, Türbekleidungen, Wappen-Putten-Fries, Trophäen am Schwibbogen, Blechsterne), so daß sich die Deckenmalerei von den Wänden stark abhob.

Veränderungen gab es im übrigen auch durch den Abbau der Emporentreppe, die Neugestaltung des Zuganges vom Treppenhaus in schlichten Formen und die Entfernung sämtlicher Bilder mit Ausnahme der „Bürgermeistergalerie". Hinzugefügt und an der Ostwand aufgehängt wurde dagegen eine vergrößerte Merianansicht Mühlhausens.

Die purifizierende Renovierung stand ganz im Zeichen der Hervorhebung historischer Bauernkriegsstätten in Mühlhausen, wozu das Rathaus in besonderer Weise gehörte. Den Höhepunkt der Umgestaltung in den fünfziger Jahren bildete die Aufhängung des Gemäldes „Thomas Müntzer setzt den Ewigen Rat ein", die bereits erwähnte Auftragsarbeit des Rates der Stadt an den Maler W. O. Pitthan von 1960.

Die in der Bevölkerung nicht unumstrittene Rathausrenovierung (s. z. B. Mühlhäuser Warte 1956, Dezember-Ausgabe) stand in Verbindung mit der Schaffung einer Thomas-Müntzer- oder Bauernkriegsgedenkstätte, wobei puristische, denkmalpflegerische Bestrebungen zum Tragen kamen. Zu DDR-Zeiten hat die Rathaushalle häufig kulturelle Nutzungen durch Konzerte, Lesungen und andere Veranstaltungen erfahren.

Im Zuge des 450. Jahrestages des Deutschen Bauernkrieges 1975 war wiederum eine Renovierung des Raumes erforderlich geworden. Die Deckenmalereien wurden restauriert und neue Beleuchtungskörper, Bauernkriegswaffen symbolisierende Lampen, aufgehängt.

1991 und in den folgenden Jahren kam es im Zuge einer Rathausrenovierung wiederum zu einem Wandel im Erscheinungsbild der Halle, indem neben einer abermaligen Restaurierung der Deckenfassungen der Wappen-Putten-Fries recht frei rekonstruiert wurde, ferner rekonstruierte man Reste der historischen Türbekleidungen und vervollständigte die Galerie der Bürgermeisterbildnisse. Die historisierenden Lampen von 1914 gelangten wieder an ihren angestammten Platz. Eine zugesetzte, bisher unbekannte mittelalterliche Pforte, neben der Tür zur Silber- bzw. Kaiserkammer gelegen, wurde durch ein neugeschaffenes Türblatt gekennzeichnet.

Am spektakulärsten dürfte die Entdeckung und Sichtbarmachung des Zugangs zum Kapellenerker in der Mitte der Ostwand des Kernbaus sein.

Die Repräsentationsräume

Die Rathaushalle dient heute vielfältigen kulturellen Veranstaltungen von besonderem oder herausragendem Charakter.

Die Kanzlei („Neue Schreiberei")

Östlich an den großen Ratssaal schließt sich der 1569/70 entstandene Anbau an, der zum Raumgewinn und zur weiteren Spezifizierung der Rathausräumlichkeiten diente. Besonders die Durchsetzung des römischen Rechts erforderte einen größeren Schreibbetrieb und somit einen erhöhten Raumbedarf. Es ist ein kreuzgratgewölbter, nahezu quadratischer, repräsentativer Raum, der durch eine Spitzbogenpforte - etwa in der Mitte der Saalostwand gelegen - zugänglich ist und von der Südseite durch zwei und von der Ostseite durch ein Fenster gut erhellt wird. Der Zugang in den als Kanzlei überlieferten Raum ist mittig in den spitzbogigen Arkadenbogen des ehemals vor Entstehung des Anbaus hier an der östlichen Außenwand des Rathauses angebrachten gotischen Chörleins gesetzt.

Die innere Tür der Kanzlei zeigt sich in Form einer Bogenpforte mit leichtem Stich -und gekehltem, profilierten Gewände. Jenes besteht aus einer breiten Hohlkehle, die im oberen Teil durch einen eingestellten, auf kleinen Konsolen aufsitzenden Stab zweigeteilt wird. Die beiden konkav gerundeten Anläufe des Kehlenprofils beginnen in Kniehöhe. An beiden Gewänden zeigen sich vertikal verlaufende Schleifspuren, die darauf hindeuten, daß diese, dem frühen 16. Jahrhundert zuzuordnende Pforte ehemals an anderer Stelle als Außenpforte gedient hat. Vermutlich entstammt sie dem 1542 aufgelassenen Franziskanerkloster (St. Crucis). Seit 1568 wurde mit dem Abbruch der Klausur begonnen. Die Steine fanden vermutlich sofortige Wiederverwendung beim Bau des Kanzleianbaus. Die Schleifspuren, wie sie hier am Gewände vorkommen, finden sich häufig an Sakralbauten und hängen mit Vorstellungen der Volksmedizin zusammen.

Eine weitere Bauspolie, die bei der Errichtung des Anbaus 1569/70 wiederverwendet wurde und wohl auch aus dem nahegelegenen Franziskanerkloster stammt, haben wir in Form eines profilierten Wandpfeilers mit konsolenartiger Vorkragung, der zwischen den beiden Fenstern der Südseite steht und die Nischenbögen der Fenster mittig abfängt, vor uns. Hierbei handelt es sich um die Wange eines spätgotischen Fenstergewändes, die möglicherweise aus dem Konventsbau des Klosters stammt.

Ein bauhistorisch bemerkenswerter Befund zeigt sich in einer Wandnische der Westwand. Es ist ein Teil des Gewändes eines zugesetzten Fensters, seitlich des ehemaligen Chörleins, zur repräsentativen Ostfassade gehörig.

Nach diesen Hinweisen auf Bauteile, die in früherer Zeit, vor Errichtung des Anbaus

Abb. 3: Innere Tür der Alten Kanzlei; Foto: Verfasser

Die Repräsentationsräume

Abb. 4: *Wandmalerei neben dem Wandschrank der Westwand; Foto: Verfasser*

entstanden sind, soll die zeitgenössische Ausstattung des repräsentativen Kanzleiraumes besprochen werden.

Sie besteht in einer im übrigen einheitlichen Ausstattung in Form einer Wandvertäfelung, die sich weitgehend original und vollständig erhalten hat, sowie einer reichen Raumfassung an den Wänden oberhalb der Vertäfelung und einem Kreuzgratgewölbe, welches den Raum überfängt.

Die Täfelung ist als architektonisches, gliederndes Element begriffen und zeigt zunächst eine Aufteilung in einen Sockelbereich, der heute wegen einer vorgesetzten Heizung verlorengegangen ist und durch eine moderne Wandbank ersetzt wurde. Darüber befindet sich eine Gliederung mit kannelierten Pilastern, dazwischensitzenden, heute schlichten, ehemals wohl durch Intarsien oder Malereien gestalteten Spiegeln. Auf den mit reich profilierten Kapitellzonen abschließenden Pilastern sitzt ein antikisches Gebälk, bestehend aus vierfacher Faszierung, die sich analog zum Sockelprofil oberhalb der Pilaster verkröpft und einer Architravzone mit reicher farbiger, teils floraler, teils geometrischer Intarsienornamentik, beziehungsweise einer in dieser Zone angebrachten Inschrift. Darüber sitzt ein vorkragendes Kranzgesims mit Klötzchenfries und Verkröpfungen in der Achse der Pilaster. Unterbrochen wird die Vertäfelung durch den Zugang, die Fensteröffnungen, zwei in der West- und Nordwand gelegenen Wandschränke, sowie einen ehemaligen Ofenstandort.

Am reichsten ist die Pforte gehalten, in der das erwähnte spätgotische Sandsteingewände von einer Kleinarchitektur umbaut wird, bestehend aus kannelierten, ionisierenden Pilastern, einem analog zur Wandverkleidung gehaltenem Gebälk und einem klötzchendekorierten (Zahnschnitt) Flachgiebel, einem architektonischen Motiv, das auch an den Wandschränken wiederkehrt. Die Türpilaster stehen auf Sockeln, die mit reicher, floraler Intarsienornamentik geschmückt sind. Die mittige Gebälkzone zeigt seitlich über den Pilastern die Jahreszahl 1570 und den bekannten Spruch der Humanisten „MEMENTO MORI" in Zierkapitalbuchstaben. Das Giebelfronton besitzt eine den Sockeln entsprechende reiche florale Ornamentik. Die Türfassung ist der Hauptschmuckträger des Raumes.

Die Türen der Wandschränke sind zum Teil noch original, teils schlicht ersetzt. Die seitlich davon angebrachten Wandmalereien nehmen darauf Bezug und sind ein Beweis ihrer originalen Existenz. Die beiden Wandschränke haben eine seitliche Gliederung, die das System der Wand respektiert und deren seitliche Bekleidung auf dem Gesims der Wandtäfelung aufsitzt. Im östlichen Bereich der Nordwand zeigt sich eine hochrechteckige Wandnische, die zum Beschickungsbereich eines vorgesetzten gußeisernen Ofens gehörte, der wohl als Fünfplattenofen zu denken ist und der den Eckraum hinreichend erwärmte.

Die bereits genannte lateinische Inschrift ist eine Intarsienschrift mit Zierversalien. Sie beginnt in der nördlichen Wand des Ostfensters und lautet:

„HANC. SPARTAM RIACTVS VIRTV <im südlichen Teil des Fenstergewändes fehlt die Inschrift> LAVDEM PATRIA PANDIT INTER/SIT MORA CONSIL/IS NAM SI/MODERAMINE TRACTES PROSVNT QVAE STVLTE PRAECIPITATA NOCERII / SIC HOSPES GRATVS NOBIS ET AM/ ICVS/ ERIS HIC DES CVPIAS CAR / PAS PLVRIMA PAVCA NIHIL"

Diese Inschrift ist ein Zitat des griechischen Dichters Euripides, welches bei Cicero überliefert ist und übersetzt heißt:

„Hast du dieses Amt durch Tugenden erlangt, wird dir deine Stadt, wenn du bleibst den Weg bis zum höchsten Lob eröffenen. Pflege bedacht den Rat denn was du mit Maßen behandelst, nützt, unklug übereilt schadet es nur. So wirst du uns Gast und Freund sein wenn du vieles gibst, wenig begehrtst und nichts nimmst."

Hans Georg Hecht ist als Verfertiger der Wandtäfelung urkundlich überliefert. Er schuf auch die Tür in der großen Ratsstube. 1562 wurde er Bürger von Mühlhausen und wohnte in der Jüdengasse. Zuvor hatte er in Niederdorla gewohnt[27].

Das östliche Fenster, das heute noch durch ein schmiedeeisernes Stabgitter gesichert wird, ließ sich ehemals auch von innen, vermutlich durch einen eisenbeschlagenen Laden zusätzlich sichern. An den Fenstern der Südfassade zeigen sich eigentümlicherweise keine analogen Befunde.
Die Wandflächen oberhalb der Vertäfelungen und im Gewölbe weisen noch Reste einer ehemals sehr reichen, in Grisaillemanier gehaltenen Wandmalerei auf, die erst kürzlich gelegentlich einer Renovierung aufgedeckt wurde und zusammen mit der hölzernen Wandverkleidung eine Vorstellung von einer ursprünglich prächtigen Innenausstattung vermittelt.

Die im Zusammenhang mit der Erstausstattung des Raumes erfolgten Malereien haben sich in Resten teils um die Fenstergewände, um die beiden Wandschränke, um die Pforte und auf den Graten des Kreuzgewölbes erhalten. Nach den erhaltenen Resten zu schließen, sind sie an allen Wandflächen zu vermuten. Oberhalb der beiden Fensternischen der Südwand zeigt sich direkt unter der südlichen Gewölbekappe der Rest einer ursprünglich mehrzeiligen, in Versalien ausgeführten lateinischen Inschrift, deren erhaltene Reste derzeit keine sinngebende Deutung zulassen.

Ganz geringe Reste einer Inschrift finden sich ebenfalls im südlichen Gewände des Ostfensters. Das Gewölbe zeigt auf den Graten kandelaberartige, florale, mit Blüten besetzte Rankenmotive, die ein im Gewölbescheitel erscheinendes Rosettenmotiv verbindet.

Alle vier Wände vermitteln mit den hier erhaltenen Malereiresten noch einen gewissen Eindruck von der ehemals sehr reichen Ausmalung, die von geübter Hand auf die Wandflächen aufgebracht wurde.

Bei diesen Malereien handelt es sich um ornamentale Groteskenmalereien der Renaissance, die neben ornamentalen, floralen, auch figürliche Ornamente miteinander verbindet und zu originellen Phantasiegebilden verschmelzen läßt. Groteske, komische, fabeltierartige Motive gehen hier gewissermaßen eine Ehe ein, was Rückschlüsse auf den Zeitgeist der fortgeschrittenen Renaissance gestattet. Die ornamental determinierte Motivik beinhaltet lockere Allusionen an die antike Mythologie. Beim näheren Betrachten erkennt man, daß sich der Maler offenbar Anregungen aus Vorlageblättern, bzw. Kupferstichfolgen, vor allem

Die Repräsentationsräume

bei den Grotesken des Antonio Tempesta (1555-1630)[28] holte.
Diese Vorlagen wurden von ihm nicht sklavisch rezipiert, sondern im Sinne einer Anregung verarbeitet. Die Art der Verbindung von Beschlagwerk, Rocaillemotiven, Voluten-Maskarons, zoologisch-anthropomorphen Fabelwesen und Fruchtarangements läßt die Kenntnis des Malers der oben genannten Vorlagen als sehr wahrscheinlich erscheinen.
Köstlich ist etwa die Fensternischenfassung an der Ostwand mit Papagei mit Menschenkopf und darübersitzendem, an eine Rocaille gehefteten Maskaron, oder die Fabelwesen an den beiden Fensternischen der Südwand. Am besten erhalten hat sich die Malereibekleidung der Pforte im Frontonbereich, wobei die Ornamentgroteske und rein Ornamentales allein vorkommen, es wird hier bewußt auf Fabelartiges verzichtet.

Eine spätere, polychrome Raumfassung hat sich in geringen Resten seitlich der Kaminöffnung erhalten, die eine Sockelzone erkennen lassen.

Die Ausstattung der Kanzlei läßt mit ihren lateinischen Sentenzen und Zitaten eines antiken Schriftstellers (Euripides bei Cicero überliefert) den humanistischen Bildungshintergrund des hier agierenden Syndikus oder städtischen Rechtsgelehrten erkennen. Der Raum repräsentiert mit seiner Ausstattung die temporäre Situation um 1570, zweiundzwanzig Jahre, also eine knappe Generation nach Wiedererlangung der Reichsfreiheit Mühlhausens.
Die Wiederverwendung von Bauspolien des in nächster Nachbarschaft gelegenen Franziskanerklosters läßt eine ausgesprochene Bauökonomie vermuten, die sich primär aus der damals schwierigen Finanzsituation erklären läßt. Möglicherweise haben dabei aber auch andere Gründe eine Rolle gespielt, wie z. B. der Respekt vor dem handwerklichen Können älterer Generationen.

Die Alte Kämmerei

An der Innenseite der Alten Kämmerei zeigt sich die ursprüngliche Gestalt des Zugangs von der Halle mit Schulterschluß. Nachträglich ist in das Steingewände die spitzbogige Pforte mit Holzrahmen eingesetzt worden. Die Zwickelfelder weisen ornamentale Flachschnitzereien im Stil der Renaissance auf.
Das Türblatt zeigt zwei Kassettenfelder und ein mittig angeordnetes Kastenschloß mit ornamental geziertem, geschmiedetem Zierblech (Rokokoornamentik, um 1770), seitlich davon ist ein Türzieher mit verzierten Rosetten angebracht. Das Türblatt dürfte dem 16. Jahrhundert angehören. Die an der Saalseite sichtbare Bohle über dem Spitzbogen erklärt sich durch die ursprüngliche Türform mit Schulterschluß. Die Pforte sitzt in einer segmentbogig schließenden Türnische. Der kleine Raum der ehemaligen Kämmerei mit irregulärem Grundriß empfängt im Norden durch ein großes in die Ratsstraße weisendes Fenster eine gute Beleuchtung. In der bestehenden Form ist das Fenster erst nachmittelalterlich. Der Raum weist eine bemerkenswerte Decke mit zehn in dichter Folge angeordneten Unterzügen und dazwischensitzenden Bohlen auf. Die an den Kanten hohlkehlprofilierten Unterzüge ruhen auf gleichfalls profilierten Streichbalken, wobei die östlich in mittelalterlicher Manier auf fünf abgerundeten Steinkonsolen aufruhen.
Die Decke weist aufgrund von Untersuchungen eine graue Rankenmalerei auf, die noch nicht freigelegt werden konnte.
Hinzuweisen ist noch auf eine rechteckige Tür in der Werkstatt, die zur Silberkammer führt. Das schmiedeeiserne Blatt ist sehr dekorativ gearbeitet und besitzt eine Gliederung mit aufgesetzten Bändern, die zwei übereinander angeordnete Kreuzverstrebungen aufweist. Die durch zwei umgebaute Schlösser sowie ein Vorhängeschloß zu sichernde Tür zeigt im oberen Teil die Jahreszahl 1692 in Form aufgesetzter Eisen-

Die Repräsentationsräume

zahlen, zudem wird sie von weiteren symmetrisch angeordneten Eisenapplikationen geschmückt, die Rosettenmotive, gebuckelte Vierpaßformen und zweimal das Stadtwappen, das Mühleisen, aufweisen. Das Türblatt ist ein bemerkenswertes Zeugnis heimischer Schmiedekunst.

Die Wände der Kämmerei sind weiß getüncht, die anzunehmende ursprüngliche Ausmalung ist nicht bekannt.

Die große Ratsstube

Durch eine architektonisch gefaßte Renaissancetür gelangt man in den westlichen Teil der gotischen Rathauserweiterung, die sogenannte Große Ratsstube, von ihrer Bedeutung der neben der Halle wichtigste Raum. Er ist leicht queroblong, nimmt die gesamte Breite des Anbaus ein und empfängt seine Belichtung von drei hohen Rechteckfenstern mit schrägen Außengewänden an der Südseite und zwei Fenstern an der Nordseite. Von letzteren ist nur das nordwestliche erhalten, das nordöstliche ist lediglich noch als Nische vorhanden.

Die heutige Erscheinung des Raumes wird durch zwei Ausstattungsphasen bestimmt, einer spätgotischen und einer renaissancistischen. Bis 1913, anläßlich der durchgreifenden Renovierung des Rathauses, war der Raum nur durch eine reiche Renaissancefassung geprägt. Damals wurde unter einer alten Wandbespannung ein Figurenzyklus entdeckt, der zu den ältesten profanen Malereien in einem Rathaus gehört. Die Malereien sind auf breite Bohlen aufgebracht und zeigen auf sechs hochrechteckigen, schmalen gerahmten, etwa 1 Meter breiten Feldern und einem breiten „bühnenartigen" Streifen sechs lebensgroße Fürstengestalten, wobei jeweils zwei in Konversation einander zugewandt sind.
Der die Bilderfolge umgebende Fond, z. T. mit aufgemaltem Rankenwerk geschmückt, weist kurze, den Personen zugeordnete Spruchbänder mit Beischriften in Minuskeln auf, die die oben Dargestellten eindeutig charakterisieren. Die Figuren erheben sich statuenartig auf einer breiten durchlaufenden Standbühne, die durch eine Strukturierung mittels eines rot-grünen Rautenmusters, eine gewisse Räumlichkeit vermittelt. Im übrigen ist die Darstellung der Figuren eher flächig begriffen.
Unterhalb der „Standbühne" ist ein lebendig schwingendes Rankenwerk mit Trauben gewissermaßen als Rahmen der Darstellung der Fürstenbildnisse zu verstehen. Seitlich rechts, westlich neben den Fürstenbildnissen wachsen ebenfalls Ranken mit Trauben empor, die nördliche Rankenbegrenzung fehlt. Beginnend im Norden, neben einer die Tür einfassenden Vertäfelung, ergibt sich durch die Beischriften folgende Abfolge:

„Landgraffen zu Leuchtenberg"
(Landgrafen zu Leuchtenberg an der Leuthe)
„Landgraffen zu Elsassen" (Elsaß)
„Burckgraffe zu ma(y) ... b(o)rck"
(Magdeburg)
„Burckgraffe zu nürbeck" (Nürnberg)
„Burckgraffe zu ryneck"
(Rheineck bei Andernach)
„Burckgraffen zu Struburg" (Straßburg)

Die Personen sind standfigurenartig im Fürstenornat gekleidet und in ihren rhetorischen Gesten variiert. Sie tragen würdevoll zu ihren Fürstenornaten gehörende Barette, ihre Darstellung ist isokephal, das heißt durch gleiche Größe wird hier Gleichrangigkeit angedeutet. Ihnen zu Füßen stehen ihre Wappenschilde, die Gewänder überschneidend. Der Fürstenzyklus auf der Bohlenwand ist vermutlich ein Teil eines umfangreichen ikonographischen Programms, das in der zweiten Hälfte des 15. Jahrhunderts hier verwirklicht wurde und wohl bereits ein früheres, aus der Bauzeit dieses Raumes stammendes, ersetzte, im Einzelnen läßt es sich nicht mehr rekonstruieren. Die Darstel-

Die Repräsentationsräume

lung von vier Burggrafen und zwei Landgrafen ist erweitert zu denken, wobei sich ein Ansatzpunkt in der Ansicht einer von Mauern umgebenen Stadt mit der Beischrift „Hagenau" über der Eingangstür zwischen Adam und Eva ergibt. Durch Wegnahme der Türbekrönung wurde hier jenes „Fenster" auf die gotische Stadtdarstellung geöffnet.
Die erhaltenen Malereifragmente sind vermutlich als Teil der Stände des Reichs aufzufassen. Ihre bildliche Präsenz in Lebensgröße ließ sie quasi zu Teilnehmern an den Ratssitzungen werden. Vergleichbare ikonographische Parallelen haben sich nicht erhalten. Der Verweis auf die Ausmalung der Kurfürstenstube im Frankfurter Römer (um 1415) ist insofern nicht tragfähig, weil die Frankfurter Bilder nur über spätere Kopien zu beurteilen sind.
Die Ausführung von Malereien in der Ratsstube durch den Maler Tielemann ist durch Kämmereirechnungen von 1459/60 zu belegen[29]. Ob die erhaltene Fürstenfolge von diesem Maler geschaffen wurde, erscheint wenig wahrscheinlich, da vor allem kostümkundliche Aspekte jene in die Zeit um 1490 oder um die Jahrhundertwende datieren lassen. Zumindest weisen vier der Personen Übermalungen auf, die sich aus kulturhistorischer Sicht erst in das späte 15. Jahrhundert datieren lassen. Die Bohlenwand im Osten der Großen Ratsstube kann an eine Verkleidung der Außenwände in ähnlicher Weise denken lassen, so daß wir es möglicherweise hier ursprünglich mit einer Bohlenstube zu tun haben. Da eine Bohlenauskleidung an den übrigen drei Wänden nicht erhalten ist, dürften - nach der genannten These - auch keine Reste gotischer Malereien an diesen Wänden zu finden sein.

Im nördlichen Teil der Ostwand ist in die Bohlenwand eine Durchreiche eingelassen, die sich heute nur noch an der Ratsstubenseite in Form einer Tür mit zwei Flügeln zu erkennen gibt. Diese weist mit reich floralen Elementen verzierte Beschläge auf, die aber aus dem Jahr 1914 stammen und nach vorhandenen Abdrücken rekonstruiert worden sind.

Der Charakter der Ratsstube wird heute im Wesentlichen durch eine Renaissanceausstattung bestimmt, die 1571/72 entstanden und aus einer hölzernen Wandverkleidung sowie einer reichen figürlichen Ausmalung der Wände darüber und einer geometrischen Deckenfassung besteht. Die Decke wird durch zwei in Ost-Westrichtung verlaufende, stark profilierte Unterzüge gegliedert, deren Zwischenräume streng symmetrisch in eine aufgemalte Kassettierung gegliedert sind, jedoch erst aus der Restaurierungsphase von 1908-1914 stammen.

Beginnen wir mit der Betrachtung der Holzverkleidung. Diese beginnt auftaktartig mit der architektonisch gegliederten Tür. Sie zeigt konische, kannelierte, ionisierende Pilaster mit darauf sitzendem Gebälk mit Eckverkröpfungen.
Hervorzuheben sind die Sockel der Türpilaster mit reichem Intarsiendekor in Arabeskenornamentik, eine Arabeskenranke am Architrav, seitlich davon die Jahreszahl 1571, über dem rechten Pilaster bereichert durch ein Mühleisen, als Hinweis auf das Stadtwappen.
Die Inschrift am Türsturz „Vergesset der armen Gefangenen nicht" ist eine weitgehende Erneuerung von 1913. Über der Tür haben wir uns analog zur Kanzlei und zur Saalseite dieser Tür ein Fronton zu denken. Zu unbekannter Zeit ist der Giebel entfernt worden, wobei die Reste der bereits erwähnten gotischen Stadtansicht zum Vorschein kamen. Das Türblatt, in seiner jetzigen Form aus dem 17. Jahrhundert stammend, weist zwei gerahmte Kassetten in Wurzelholzfurnier auf. Zur Saalfront besitzt diese Tür ein reich profiliertes Fronton mit Konsolen und innerem Klötzchenfries sowie ein verkröpftes, umlaufendes, kräftiges Profil. Die im Nordosten der Großen Ratsstube befindliche Tür ist in die Wandvertäfelung ein-

Die Repräsentationsräume

gebunden, die von der Tür ausgehend den ganzen Raum umzieht und nur im Bereich der spätgotischen Wandmalereien anläßlich deren Aufdeckung 1912/13 entfernt wurde. Sie zeigt eine architektonische Gliederung auf der Westwand, bestehend aus einer Folge von sieben Blendarkaden im Wechsel mit hochrechteckigen schlichten Feldern, wobei sich die Gesimse am Sockel und am Architrav über dem Arkadenbereich verkröpfen, gliedernde Elemente sind flache kannelierte Pilaster und ein optisch stark wirksames Gebälk. Die Spiegel zwischen den Pilastern bestehen zum Teil aus Wurzelholz.

Insgesamt ist die Wandverkleidung betont schlicht gehalten und in Teilen nachträglich ergänzt. Die Arkadenfolge mit aufgesetzter Attika assoziiert Erinnerungen an antike Triumphbögen bzw. Stadttore, also antike Hoheitsmotive. Diese Ausführung der Holzvertäfelung findet sich nur an der Westwand, ansonsten wechseln sich einfache, hochrechteckige Felder mit kannelierten Pilastern und Verkröpfungen an dem darübersitzenden Gebälk ab.

Die Wandvertäfelung wurde von dem Schreiner Georg Hecht aus Mühlhausen, der auch die „Kanzlei" mit einer Vertäfelung und der Renaissancetür ausstattete, gefertigt. Ein Kontrakt zwischen Stadtrat und Georg Hecht hat sich vom 11. Mai 1571 erhalten[30]. Ein Vergleich zwischen dem Türrahmen und der Türbekleidung der Kanzlei und der Großen Ratsstube läßt erkennen, daß sie von der gleichen Hand im Abstand von zwei Jahren geschaffen wurden.

Die ersten Jahre nach der Wiedergewinnung der Reichsfreiheit waren noch durch finanzielle und wirtschaftliche Probleme und Engpässe bestimmt, so daß erst eine Generation später - nach einer Konsolidierung der wirtschaftlichen und finanziellen Verhältnisse - eine kostenträchtige Erneuerung möglich wurde. Die bestehende spätgotische Ausstattung wurde zu Gunsten einer Neuausstattung komplett aufgegeben.

Die Neuausstattung der Großen Ratsstube ist ein Zeugnis des selbstbewußten, reichsstädtischen Bürgertums nach der Wiedererlangung der Reichsunmittelbarkeit, die Kaiser Karl V. gewährte[31] und einer damit einhergehenden Stabilisierung der städtischen Verhältnisse und einem wirtschaftlichen Wiedererstarken. Die Erneuerung der Bilder könnte auch im Zusammenhang mit einem bevorstehenden Kurfürstentag gestanden haben[32].

Das Erscheinungsbild der Ratsstube wird durch eine einheitlich entstandene Renaissance-Ausstattung bestimmt, die der Mühlhäuser Maler Bernhard Stephan 1570 - 1572 durchführte, der sich übrigens an der Wand über dem Portal selbstbewußt nennt[33].

Der Vertrag zwischen Rat und Maler vom 11. Juli 1571 ist noch vorhanden. Die Arbeiten, die 80 Gulden kosteten, wurden am 6. März 1572 beendet[34].

Es ist zu vermuten, daß das ikonographische Programm, das zum Hauptthema die Darstellung des Heiligen Römischen Reiches in seinen Gliedern hatte, wiederaufgegriffen und in zeitgemäßer Formensprache wiederholt wurde. Die Wandflächen oberhalb der Wandverkleidung wurden zu Trägern eines vielgliedrigen ikonographischen Programms, das an der Westwand in der Darstellung des Kaisers und der Reichsrepräsentanten kulminiert.

An der Nord- und Südwand zeigen sich zwischen den Fenstern - in architektonisch gefaßte Rahmen eingebunden - Personifikationen der Tugenden mit ihren Attributen, jeweils in eine reiche Rollwerkornamentik einbezogen. So an der Nordwand im Osten beginnend zunächst „FORTITVDO" (Tapferkeit und Stärke), verkörpert von einer eine Säule haltenden Frauengestalt.

Zwischen den beiden Fensteröffnungen oberhalb einer Inschrifttafel mit einer erloschenen Inschrift in einer Beschlagwerkkartusche ist der stehende Herkulesknabe

149

Die Repräsentationsräume

mit einer Schlange zu sehen. Diese Darstellung geht auf die Sage zurück, nach der Herkules als Kind jene Schlangen erwürgte, die ihm die mißgünstige Juno in die Wiege geschickt hatte. Auf den ersten Blick scheint Herkules nicht in den Katalog der Tugenddarstellungen zu passen. Doch auch er verkörpert Tugenden, wie Mut, Stärke, Tapferkeit, Zuverlässigkeit, Selbstbeherrschung und die Bereitschaft für das Gute zu kämpfen. Indirekt kann bei dieser Darstellung auf antike Vorlagen zurückgegriffen worden sein.

Auf der westlichen Seite der Nordwand neben dem Fenster befindet sich die Personifikation der „SPES" (Hoffnung) mit dem Anker. Auf der Südwand - beginnend von Ost nach West, zeigt sich zunächst die Gestalt der „FIDES" (Glaube) mit ihrem Attribut, dem Kelch. Auf dem Wandstreifen zwischen dem Ost- und Mittelfenster ist „JVSTITIA" (Gerechtigkeit) mit Schwert und Waage zu sehen. Zwischen dem Mittel- und Westfenster befindet sich die Personifikation der „TEMPERANTIA" (Mäßigung, Geduld) mit einer Schale und einem gefüllten Krug.

Zuletzt (in der Südwestecke) wird die „CARITAS" (Liebe) als Mutter von Zwillingen dargestellt. Die Tugenden stehen in einem architektonischen Rahmen, der durch ein überreiches Rankenwerk stark überspielt wird und somit den eigentlichen Symbolgehalt zurücknimmt.

Es liegt nahe, daß der Künstler für seine Darstellungen Vorlageblätter verwendete.

In der obersten Zone der Nord- und Südwand, direkt unter der Decke, erscheinen die zwölf Tierkreiszeichen. Sie stellen einen Bezug zum Kosmos her und verweisen auf das Eingebundensein in den Lauf der Zeit.

An den Wänden, auf denen heute die Tugenddarstellungen zu sehen sind, vermutet Kettner in gotischer Zeit die übrigen Fürstendarstellungen[35].

Die Wand oberhalb des Zugangs läßt, in spiegelsymmetrischer Anordnung in verwandter Manier zu den Tugenddarstellungen das erste Menschenpaar Adam und Eva mit Palmwedeln in den Händen erkennen. Jenes ist in eine reiche Renaissanceornamentik eingebunden und gewinnt dadurch geradezu ornamentalen Charakter, während zugleich seine Symbolhaftigkeit zurücktritt, zumal auch sein Attribut, der Baum der Erkenntnis mit der Schlange fehlt. Das Ganze wirkt wie eine große Ornamentkartusche als Türbekrönung.

In einer Schriftkartusche in Rollwerkornamentik oberhalb der beiden Figuren ist der Name des Malers „Bernhart Stephan" zu lesen. Eine ovale, reich gerahmte Kartusche übermittelt ein Renovierungsdatum: RENOVATVM ANNO 1681. Im Rollwerk seitlich erscheinen zwei, wegen ihres schlechten Erhaltungszustandes bislang nicht gedeutete Portraits. Südlich dieser Malerei sieht man eine Auftraggeberfigur mit Früchtekorb.

Der wichtigste Bereich der Ausmalung findet sich an der fensterlosen Westwand. In einer Rahmung, die eine Scheinarchitektur mit klarer Gliederung erkennen läßt, und die die Deckenmalerei mit einbezieht, erscheint eine Art Bühnenraum, in dem mittig Kaiser Maximilian II. in reichem Krönungsornat in der Linken den Reichsapfel und in der Rechten das Zepter haltend, thront. Dieser sitzt in einer Art Nischenarchitektur mit Baldachinschluß, letzterer trägt die Beischrift „MAXIMILIANVS ROMAN. IMPERATOR".

Achsial über dem Kaiser halten ein Hermenpaar das Reichswappen, seitlich steht das Entstehungsdatum 1572.

Ihm zur Seite sind die sieben Kurfürsten in vollem Ornat, gleichfalls in architektonischer Rahmung dargestellt. Im einzelnen ist das Bild so organisiert, daß sich zur Rechten des Kaisers (vom Betrachter aus links) die Erzbischöfe von Mainz, Tier und Köln anschließen, zu seiner Linken die Kurfürsten von Böhmen, Sachsen, Pfalz und Brandenburg. Die Fürsten sind so angeordnet, daß sie gewissermaßen als Bruststücke im Dreiviertelprofil erscheinen und sich dem Kaiser zuwenden.

Die Repräsentationsräume

Sie erscheinen auf einem schmalen Bühnenraum, nebeneinander aufgereiht. Vor ihnen baut sich eine wappengezierte Balustrade auf, hinter ihnen wird als Andeutung eines Interieurs eine im Damastmuster gemalte Wanddraperie mit vorgesetzten Pilastern sichtbar. Oberhalb der Wandbespannung erscheint eine schmale Zone mit Beischriften, über der sich der Innenraum durch rechteckige Felder öffnet, die gewissermaßen die Verbindung nach außen vermitteln, zumal ihre blaue Ausmalung den Himmel darstellt. Diese Fensterallusion wird besonders in den rechteckigen Feldern unterhalb der Unterzüge der Decke deutlich.

Unterhalb der Fürstendarstellungen erscheint ein Wappenfries, gewissermaßen der Sockel für die Pilastergliederung mit jeweils etwas größeren, herausgehobenen Wappen, die sich den dargestellten Personen zuordnen und diese unzweideutig benennen lassen. Ergänzt wird das Ganze durch nachträglich zugesetzte Beischriften oberhalb der Fürstenbildnisse. Im Bereich der Pilasterkapitellzonen zeigen sich jeweils vier kleine Wappen, die durch Beischriften charakterisiert sind.

Beim genaueren Hinsehen erkennt man, daß der Urheber der nachträglich eingefügten Beischriften eine Änderung vorgenommen hat: Über Böhmen brachte er „Churbayern" an. Daraus läßt sich schließen, daß diese Beischriften erst nach dem Westfälischen Frieden 1648 erfolgt sind, als Bayern reichsrechtlich Inhaber der achten Kurwürde wurde. Um den achten Kurfürsten in der dargestellten Folge unterbringen zu können, wurde der bisherige König von Böhmen, der durch den Kaiser vertreten war, in den neuen, den bayerischen Kurfürsten, umgewandelt. Das Bildnis des Kaisers Maximilian II. trägt Portraitzüge, ebenso wie die der Kurfürsten. Sämtliche Portraits setzen die Verwendung druckgraphischer Vorlagen voraus wie z. B. August I. von Sachsen, Johann Georg von Brandenburg und gleichfalls der Pfalzgraf.

In einer Zone unterhalb der Fürstlichkeiten auf dem Wappenfries zeigen sich neben den bereits genannten, durch ihre Größe besonders hervorgehobene Wappen der Kurfürsten zudem die der
vier Markgrafen:
Meißen, Baden, Mähren, Brandenburg
vier Burggrafen:
Magdeburg, Nürnberg, Reineck, Andernach Stromberg
vier Landgrafen:
Thüringen, Hessen, Leuchtenberg, Elsaß
vier Grafen:
Savoyen, Cilly (Steiermark), Kleve, Schwarzburg
vier Edelknaben:
Tufis, Westerburg, Aldewalde, die Freiherren von Limburg
vier Ritter:
Andlau, Mellingen, Strundeck, Frauenberg
vier Städte:
Augsburg, Metz, Aachen, Lübeck
vier Dörfer:
Bamberg, Schlettstadt, Ulm, Hagenau
vier Bauern:
Köln, Regensburg, Konstanz, Salzburg

Der Erhaltungszustand der Bilder ist nur als mäßig zu bezeichnen. Eine erste Renovierung dürfte nach Ausweis eines Datums bereits 1581 erfolgt sein, eine weitere Auffrischung der Malereien, verbunden mit gewissen Korrekturen dürfte im Vorfeld des Kurfürstentages von 1627[36], vermutlich von dem Maler Hans Rupprecht ausgeführt worden sein. Bald nach 1648 dürfte sich die Wandlung des Königs von Böhmen in den Kurfürsten von Bayern vollzogen haben. Eine Inschrift über der Tür weist auf eine weitere Restaurierung 1681 hin, die bereits erwähnt wurde.

Eine durchgreifende Renovierung der Malereien erfolgte 1913, als man auch die gotischen Malereien aufdeckte. Damals wurden an diesen Ergänzungen z. T. unter Verwendung von Hartmann Schedels Weltchronik vorgenommen.

Die Repräsentationsräume

Was die Interpretation des ikonographischen Programms anbelangt, so entspricht die Darstellung der sieben klassischen Tugenden - ein häufig in der Renaissance vorkommender Bilderzyklus, dem Charakter eines Vorbildes für die hier tagenden Ratsherren. Gleiches besagt auch die Darstellung des Herkulesknaben.

Einen unmittelbaren Bezug zum Geschehen vor Ort beinhaltet die symbolträchtige Personengruppe an der Westwand. Sie stellt das heilige Römische Reich in seinen Gliedern dar, die immer durch Vierergruppen, den sogenannten Quaternionen vertreten sind. Diese Vorstellung geht auf eine deutsche Übersetzung der Goldenen Bulle (1356) von 1422 zurück.

Zugleich weist die Vierergruppierung der Vertretungen der einzelnen Stände des Reiches auf die Quaternionen-Theorie als den theoretischen Hintergrund dieser Darstellung hin. Bei den Quaternionen handelt es sich um reichsstädtische Vierergruppen, welche den körperschaftlichen Reichsgedanken symbolisieren[37]. Darüber hinaus dokumentiert sich hier die „föderalistische" Struktur des Heiligen Römischen Reiches deutscher Nation. Erst das Zusammenwirken vieler Glieder bewirkt ein Ganzes. Das entspricht dem damals weit verbreiteten Ordo-Gedanken. Es handelt sich dabei um keine bloße Hierarchie, sondern eine gegenseitige Durchdringung und ein Aufeinanderangewiesensein der einzelnen Glieder des Reiches. Während bei der gotischen Malerei die Burg- und Landgrafen noch isokephal und somit gleichrangig dargestellt werden, sind es bei der Renaissancemalerei nur noch Kaiser und Kurfürsten. Die anderen Stände sind hier durch die kleineren Wappenschilde vertreten. So manifestiert sich in dem Renaissancegemälde, die schon mit der Abfassung der Goldenen Bulle beginnende Stärkung der großen Territorien - so etwa die der Kurfürsten gegenüber denen der übrigen Fürsten.

Dennoch wird das Reich nicht allein vom Kaiser und den Kurfürsten, sondern von allen Ständen repräsentiert[38].

Als Freie Reichsstadt fühlte sich Mühlhausen als Mitglied dieses Ständeverbandes im Reich. Durch die Malereien waren alle übrigen Reichsstände quasi bei den Ratssitzungen vertreten.

Dies wird in einem Bericht des Friedrich Lucä aus dem späten 17. Jahrhundert deutlich:

„Bei Besichtigung der Ratsstube daselbst sah ich auf einem in der Mitte stehenden viereckigen Tisch, davor ein schwarz, sammetener Stuhl gestellt war, ein Szepter liegen. Auf mein Befragen nach dessen Bedeutung vernahm ich, daß der Szepter und Stuhl den Kaiser als den obersten Herrn dieser Reichsstadt bedeute"[39].

So war der oberste Herr der Stadt in Zepter und Bild präsent und konnte gewissermaßen virtuell jederzeit an den Ratssitzungen teilnehmen.

Die Erneuerung dieser Malerei um 1570 dürfte wohl mit der Wiedererlangung der Reichsfreiheit im Zusammenhang stehen[40], was bereits erwähnt wurde.

Die Struktur der Decke wird durch Unterzüge in Ost-Westrichtung und eine aufgemalte Kassettierung gegeben. Zwischen den Unterzügen befinden sich jeweils zweimal vier gemalte Felder, die im einzelnen mit Früchtegirlanden verzierte Rollwerkkartuschen mit mittigen geometrischen Motiven, wie etwa Rosetten, zeigen. Die Unterzüge der Decke haben in dem unteren Bereich eine gotische Profilierung, im übrigen sind sie in der Renaissance in Art eines antikisierenden Gebälks überfaßt worden.

Um 1500 wurde ein Ofen eingebaut, der mehrfach erneuert und heute gänzlich entfernt ist.

Die Malereien der Großen Ratsstube zu Mühlhausen - sowohl die Reste des spätgotischen Bildprogramms, wie auch das komplett erhaltene Bildprogramm der Renaissance - stellen in ihrer Art eine einzigartige historische Quelle, sowohl in kunst-

Die Repräsentationsräume

historischer, ikonographischer, als auch verfassungsgeschichtlicher Hinsicht dar. Ihnen gebührt unter diesen Aspekten eine hohe Beachtung und ihr Bekanntheitsgrad als einmaliges Dokument deutscher Verfassungsgeschichte verdient es, vergrößert zu werden.

Das Treppenhaus

Das heutige Treppenhaus entstand erst im Zuge der umfassenden Rathausrenovierung 1912-1915, als Architekt wirkte Regierungsrat Erich Blunck, Berlin.
Es wurde im Winkel zwischen dem Südflügel und dem westlichen Teil der südlichen Saalwand so angefügt und den Bauteilen in Baumaterial und Einzelformen so angepaßt, daß es sich nicht sofort als eine Zutat aus dem frühen 20. Jahrhundert zu erkennen gibt. Selbst die Fensterprofile mit ihren Schrägen und Kehlungen wurden den benachbarten spätgotischen Originalen angeglichen. Die Art der Kupplungen, bzw. die Gruppenbildungen der Anbaufenster läßt jene als aus der Bauzeit (1912/13) entstanden erkennen.

Das Treppenhaus zeigt sich als ein turmartiger Anbau mit einer aus vier Läufen bestehenden Treppe, die an der Innenseite ein Geländer aus barocken, vierkantigen Holzbalustern besitzt und zwei Podeste aufweist. Der Anfänger des Geländers ist eine reichgeschnitzte hermenartige Figur mit einem Maskaronkopf in barocker Drapierung mit Gehängen, Akantuswerk und einer Sockelvolute. Die Balusterelemente stammen zum Teil von der alten Rathaustreppe, teilweise sind sie den Originalen nachgebildet. Eine Unterscheidung zwischen originalen und nachgebildeten Balustern ist nicht ohne weiteres möglich.

Vom ersten Podest aus gelangt man über eine siebenstufige Treppe in den Ritterkeller. Die Treppe beginnt an einer rundbogigen Türfassung mit breiter Fase vor einem kurzen Gewölbehals, der zu einer eisenbeschlagenen Tür führt. Diese schließt rundbogig und zeigt ein geschmiedetes Blatt aus zusammengenieteten einzelnen Tafeln mit Diagonalverstrebungen auf drei Feldern. Das mittlere ist nahezu quadratisch, begleitet von schmalen darüber und darunter befestigten Feldern, sowie einem Ziehring. Die Tür fand vermutlich in Zweitverwendung hier ihren Platz. Beim Bau des Treppenhauses verwendete man Bauspolien, die an exponierter Stelle vermauert wurden und somit zu besonderer Wirkung kommen. Im unteren Teil der Westwand des Treppenhauses sitzt ein rechteckiger Inschriftstein mit Lorbeerkranzkartusche, seitlich je einem Mühleisen als Hinweis auf das Stadtwappen und mittiger Versalieninschrift: „ANNO 1714". Es handelt sich um eine Bauspolie vom 1891 abgebrochenen Pfortentor und weist auf eine Reparatur hin[41]. Vergleichbares hat sich im Außenlapidarium der Kornmarktkirche erhalten.

In der Achse des ersten Treppenlaufes findet sich in der Südwand eine große, hochrechteckige Wappentafel mit heraldischem Adler, dessen beide Flügel mit Mühleisen belegt sind. Diese Wappentafel aus dem 17. Jahrhundert zierte wohl ursprünglich ein nicht zu benennendes Stadttor.

Als besonderer plastischer Schmuck wäre auf eine Konsole im Scheitel eines großen Schwibbogens unterhalb des oberen Treppenlaufs hinzuweisen, die den Unterzug unter der oberen Balustrade trägt. Sie besteht aus einem stark plastisch gestalteten Kragstein mit der Darstellung eines Putto, der einen Schild mit Reichsadler hält, eingefaßt in historische Ornamentik, der untere Teil zeigt gotisierendes Rankenwerk. Es handelt sich hier um ein bauplastisches Element des späten Historismus, in einer quasi mittelalterlichen Formgebung.

Das Treppenhaus selbst hat eine dreigeschossige Gliederung, oberhalb des zweiten Podestes befinden sich jeweils zwei

Die Repräsentationsräume

gekuppelte Rechteckfenster mit gekehltem Gewände und Mittelpfosten, deren Flügel eine Sprossenteilung und Bleirutengliederung in jeweils vier Fenstern haben, in die 16 Wappenscheiben eingesetzt sind. Diese stammen aus der Zeit der Entstehung des Treppenhauses oder wurden kurz danach eingesetzt. Bei den Wappenscheiben handelt es sich um Stiftungen führender Mühlhäuser Familien, wobei es sich um die folgenden handelt:

Im linken Fenster (vom Betrachter aus) erscheinen von rechts nach links, von oben nach unten folgende Familiennamen:
Beyreiss, Schmidt 1540, Engelhart, Kurtze, Auener, Becherer, Lutteroth, Aulepp.
Im rechten Fenster (von Betrachter aus gesehen) sind die Namen der folgenden Familien zu lesen:
Weymar, Stephan, Döring, Hoyer, Fleischhauer, Roettig, Oehme, Kersten 1650.

Bewußt wurden bei der Gestaltung der Familienwappen historisierende Formen gewählt, wobei vor allem Anleihen an Scheiben der Renaissance und des Barock gemacht wurden. Die Wappen sollen das alte Stadtpatriziat und Bürgertum dokumentieren und gewissermaßen die Nobilitierung bzw. die Altehrwürdigkeit des Rathauses unterstreichen.

Der obere Teil des Treppenhauses ist an den beiden Außenseiten durch jeweils drei Fenster, die durch pilasterartige Pfeiler getrennt sind, weitgehend aufgelöst. Die drei oberen Fenster der Südwand sind in Schwarzlotmalerei mit mittigen Rechtecken, die von einem bilderrahmenähnlichen Band mit geometrischem Muster eingefaßt werden, strukturiert.
Die drei Fenster auf der Westseite zeigen, in zwei Zonen angeordnet, insgesamt 24 Wappen jener Städte, die wie Mühlhausen von 1816 - 1945 zur preußischen Provinz Sachsen gehörten.

Von links nach rechts, von oben nach unten gelesen, erscheinen die Namen folgender Städte, zunächst im linken Fenster in der oberen Zeile: Schleusingen, Wittenberg, Eilenburg, Halle an der Saale und in der unteren Zeile: Naumburg, Weißenfels, Eisleben, Zeitz dann oben im mittleren Fenster: Oschersleben, Kroppenstedt, Burg, Wernigerode und unten: Stendal, Aschersleben, Halberstadt, Magdeburg zuletzt oben im rechten Fenster: Tennstedt, Treffurt, Worbis, Stassfurt und im unteren Teil: Langensalza, Nordhausen, Mühlhausen i. T., Erfurt.
Die Wappen und die sie umgebenden geometrischen Ornamente sind ebenfalls in Schwarzlotmalerei ausgeführt.
Oberhalb des oberen Treppenlaufs befindet sich eine offene Balustrade, die auf den Gang zum südlichen Anbau mündet und aus fünf Travertinpfeilern besteht, die den Fensterpilastern entsprechen und zwischen denen jeweils vier Holzbaluster mit Geländerabschluß sitzen. Die Baluster wiederholen jene der Treppenläufe.
Vor dem obersten Treppenpodest sitzt eine zweiflüglige Tür im östlichen Teil der Südwand der Rathaushalle und erschließt jene mittig. Vis à vis entspricht jener - leicht nach Westen versetzt - der alte Saalzugang, das gotische Außenportal in der Nordwand.

Das Treppenhaus schließt mit einer dunkelbraun gefaßten, kassetierten Holzdecke mit jeweils einer aufgemalten Goldrosette in den einzelnen Feldern.

Zur originalen Ausstattung gehört ebenfalls ein großer gedrechselter sechsflammiger, im sogenannten Heimatstil gehaltener Kronleuchter, der anläßlich der durchgreifenden Rathausrenovierung angeschafft wurde, worauf die Beschriftung A. D. 1913 hinweist. Ein ähnlicher Leuchter, ebenfalls im Heimatstil gehalten, hing in der Rathaushalle.

Was den Charakter des Treppenhauses anbelangt, assoziiert man mit jenem weniger

Die Repräsentationsräume

den eines repräsentativen öffentlichen Gebäudes, als vielmehr den einer Villa des frühen 20. Jahrhunderts. Der Gesamteindruck ergibt sich also nicht so sehr aus einer repräsentativen Hoheitsgebärde, sondern aus den Elementen der großbürgerlichen Villenarchitektur, die mit jenen des Heimatstils versetzt sind. Der Aufgang zum Rathaussaal ist bewußt nicht als breitausladende Freitreppe gewählt, sondern als ein vierläufiger Treppenaufgang. Die Privatvillenatmosphäre wird durch die Balustrade, die Fensterstruktur mit den kleinformatigen Wappenscheiben und dem Kronleuchter im Heimatstil verstärkt. Die zweiflügelige Tür zur Rathaushalle in der Ausstattung von 1913 erinnerte an den Zugang zu einem großbürgerlichen Salon. Durch eine derartige Ausstattung glich der Architekt das Treppenhaus der additiven, kleinteiligen Struktur der historischen Rathausräume an.

Darüber hinaus sei darauf aufmerksam gemacht, daß man bereits im Treppenhaus Hinweise auf das Rathaus als Thomas Müntzer- und Bauernkriegsgedenkstätte erhält. Sie konkretisieren sich in einem Thomas-Müntzer-Denkmal in Form einer aufgesockelten Bronzebüste, am Treppenaufgang im Erdgeschoß, zudem in einer in Stein gehauenen Inschrift am zweiten Podest in Form eines Zitates aus der Mühlhäuser Chronik, die Einsetzung des „Ewigen Rates" betreffend.

Das Reichsstädtische Archiv

Durch eine rundbogig schließende schmiedeeiserne Tür im westlichen Teil des Kernbaus gelangt man über eine neunstufige Treppe in das Reichsstädtische Archiv. Es ist im ersten Obergeschoß des 1596/97 entstandenen Südflügels untergebracht und besteht aus einem kleinen, nahezu quadratischen Vorraum und zwei anstoßenden, ebenfalls fast quadratischen Räumen, die sich in südlicher Richtung erstrecken.

Die Ausstattung aller drei Archivräume ist sehr ähnlich. Beide Haupträume sind kreuzgratgewölbt mit einer quadratischen Mittelstütze in Form eines Pfeilers. Die Gewölbe lassen noch die Abdrücke der Schalbretter erkennen. Gewölbegrate, Tür- und Fensterbekleidungen zieren Grisaillemalereien der Renaissance bzw. des Frühbarock. Die Fenster beider Räume werden durch einflüglige Läden aus zusammengenieteten Eisenplatten mit Diagonalverstrebungen und Eisenbändern gesichert. Alle Türen der Archivräume sind ebenfalls schmiedeeisern. Auf diese Weise wurden die Räumlichkeiten vor Feuer und Einbruch geschützt. Durch die Art der Sicherung wird deutlich, daß sich neben der Silberkammer hier der wichtigste Teil des Rathauses befand.

Zum Originalmobiliar aus dem 17. Jahrhundert gehören in beiden Räumen naturfarben

Abb. 5: Fensterladen eines Hauptraumes; Foto: Verfasser

Die Repräsentationsräume

Abb. 6: Archivschrank des Originalmobiliars; Foto: Verfasser

belassene Weichholzschränke, die mit lateinischen und griechischen Sentenzen in Lorbeerkranzkartuschen auf den Türkassetten und schwarzer mauresker Schablonenmalerei verziert sind. Alle Schränke dieser Bauart haben zweikassettige Türen und weisen am oberen Ende einen antikischen Klötzchenfries auf. Sie wurden nach 1990 renoviert.

In allen drei Archivräumen sind über den Schränken Buchstaben - und da das Alphabet nicht ausreichte - Planetenzeichen als Ordnungsprinzip für die Archivalien angebracht. Solche Ordnungsprinzipien wurden auch in anderen Archiven wie z. B. in Gotha verwendet. In jedem der beiden Räume steht eine Eisentruhe mit verdecktem Schloß, die im Südraum befindliche ist mit antikisierenden Motiven bemalt.

Die Innenseite der Tür, die von der Rathaushalle zum Archiv führt, ist schlicht gehalten. Im oberen Teil befindet sich eine rundbogige Versalieninschrift „OMNIA A DEO" (Alles von Gott), darunter eine aufgeschmiedete Rosette in gold-roter Fassung, umgeben von mauriskem Rankenwerk. Hervorzuheben ist das reichverzierte, offene Schloß, das einen in Renaissancemanier gehaltenen bärtigen Profilkopf mit Turban aufweist.

Der Vorraum hat einen leicht oblongen Grundriß und besitzt ein Tonnengewölbe mit Stichkappen.

In einer Beschlagwerkkartusche über einer nach Westen führenden Türnische liest man ein Zitat Gregor von Nazianz' in griechischen Versalien:

Die Repräsentationsräume

Abb. 7: *Reichverziertes offenes Schloß von der Innenseite der Eingangstür; Foto: Verfasser*

„ΘΕΟΥ ΔΙΔΟΝΤΟΣ ΟΥΔΕΝ
ΙΣΧΥΕΙ ΦΘΟΝΟΣ"

(Wenn Gott dabei ist, vermag der Neid nichts)

Weitere reiche Beschlagwerkornamentik ist oberhalb des Zuganges zu den Haupträumen zu sehen. An der Nordwand des Vorraumes findet sich an der Fensternische eine rechteckige Schriftkartusche mit der zum Teil beschädigten lateinischen Versalieninschrift:

„UBI NON EST ORDO / IBI EST CONFVSIO"

Im Vorraum stehen drei halbhohe Kassettenschränke, zwei zweitürige und ein eintüriger, wohl aus dem 17. Jahrhundert stammend. Die schmiedeeiserne Tür zum ersten Archivraum besteht aus zusammengenieteten Platten und Verstrebungen, auf der Innenseite mit einem offenen Schloß mit Kapellchen versehen, eingravierten, zoomorphen Motiven, sowie einem Maskaron im Profil.
Auf der Innenseite zum zweiten Raum ist in einer rundbogig geführten Inschrift zu lesen: „Thue recht, Laß Gott waltten".

Die Gewölbegrate der beiden großen Räume besitzen eine spärliche ornamentale Aus-gestaltung in Form von flüchtig aufgetragenem Rankenwerk mit mittigen Rosetten. Hierbei ist anzumerken, daß eine inschriftlich für 1922 gesicherte Renovierung wohl größere Teile der Malereien erneuert hat.

Die Türbekleidung der dem Vorraum zugewandten Tür besteht aus Rollwerkornamentik mit Fruchtarrangements. Im Scheitel des Türbogens sitzt ein löwenkopfartiger Maskaron, zur Linken ein Putto mit Kranz und Nagel und zur Rechten ein Putto mit Stundenglas und Sense, beides Vanitassymbole. Rechts und links in der Türbekleidung zeigt sich jeweils ebenfalls ein von Rollwerk umgebener Maskaron.

Im Gewände des nördlichen Ostfensters ist der lateinische Spruch in Versalien angebracht:
„DEVS ORDINE AVTOR"
(Gott ist der Urheber durch Ordnung).

Die sechs zweitürigen und die zwei eintürigen Schränke mit Kassettenfeldern stammen aus dem 17. Jahrhundert, gleichfalls die zwei mit Schüben ausgestatteten Schränke. Kleinere Schränke dieser Bauart umgeben den Mittelpfeiler.
Schubschränke in Truhenform, wohl noch 17. Jahrhundert, sind jeweils unter den Fenstern beider Haupträume angeordnet.

Abb. 8: *Inschrift einer Beschlagwerkkartusche über einer nach Westen führenden Türnische; Foto: Verfasser*

Die Repräsentationsräume

Abb. 9   Linker Teil der Malerei über der dem Vorraum zugewandten Tür des ersten Hauptraumes; Foto: Verfasser

Die rechtwinklig zusammengestellten, halbhohen Archivschränke in Truhenform sowie die Vitrinen sind erst aus der Zeit um 1922 entstanden.

Das rundbogige Portal zum zweiten, dem südlichen Raum, ist ebenfalls durch eine Eisentür gesichert. Das offene Schloß ist mit ziselierten Maskarons verziert.

Das Portal weist eine reiche ornamentale Bekleidung mit Groteskenmotiven, reichen floralen Ornamenten und Früchtearrangements, unterbrochen von zwei Fabelwesen mit Maskaronköpfen, alles in frühbarocker Formgebung, auf. Auf der Innenseite des Portals zeigen sich in der reichgefaßten Türbekleidung zwei eingestellte Engel in frühbarockem Rollwerk mit Fruchtarrangements. Die Gewölbegrate des Raumes zeigen ebenfalls ein flüchtig aufgetragenes Rankenwerk.

Die Mittelstütze hat eine ausgebildete Kämpferzone. Der Gewölbeanfänger ist mit einer Spätrenaissanceornamentik in Form von teilweise zoomorph endenden Beschlagwerkranken geschmückt.

Die beiden vor einer segmentbogig schließenden Nische sitzenden Fenster der Ostseite werden von einer reichen Rollwerkornamentik, das südliche mit löwenähnlichem Maskaron im Bogenscheitel, begleitet. In diesem Raum stehen an den Seitenwänden sechs doppeltürige Schränke, ein dreitüriger Schrank und ein eintüriger Schrank. Einer dieser doppeltürigen Schränke an der Südwand des Raumes trägt das Datum des Friedensschlusses von Münster und Osnabrück 1648, wobei die „4" vermutlich aber durch eine „5" übermalt worden ist.

Die Repräsentationsräume

Zum Mobiliar dieses Raumes gehören ebenfalls zwei Kastenschränke mit rechteckigen Schüben und jeweils mittigen Ziehringen, die vor geschmiedeten Rosetten sitzen, wie im Nachbarraum. Die hufeisenförmig angeordneten Theken sind in ihrer Kassettenstruktur den Archivschränken angeglichen, stammen aber erst von 1922.

Das Reichsstädtische Archiv war hauptsächlich für die Altregistratur der Kanzlei bestimmt. Weitere wichtige Schriftstücke, wie etwa Urkunden, wurden bis ins 18. Jahrhundert in der Silberkammer aufbewahrt.

Die „Archivgewölbe", die ab 22. Mai 1900 als Schauobjekt für ein interessiertes Publikum geöffnet wurden, enthielten neben den „reichen Archivschätzen", „... eine Ausstellung späthistorischer Altertümer, eine solche von Photographien altertümlicher Bauten und die Münzsammlung des Magistrats der Stadt Mühlhausen ..."[42].
Die Räumlichkeiten hatten dadurch Museumscharakter erhalten, eine historische Schausammlung, die die Sammlung des Gewerbevereins (Gewerbemuseum) ergänzte und mit jener den Vorläufer der heutigen „Mühlhäuser Museen" bilden.

Ehemaliges Oberbürgermeister-Zimmer

Zu den Repräsentationsräumen ist schließlich das ehemalige Amtszimmer des Oberbürgermeisters zu nennen, das über einenhalb Jahrhunderte der Dienstsitz des Bürgermeisters bzw. Oberbürgermeisters (von ca. 1803-1964/65) war.
Es ist im Obergeschoß des barocken Anbaus am Nordflügel untergebracht, ein stark durchfensterter Raum (Nord- und Westwand sind durch Fenster aufgelöst), der heute als Besprechungszimmer dient. An die einstige bedeutungsträchtige und repräsentative Funktion erinnert in dem heute nüchternen Raum die Gestaltung der Nordwestecke, die in Form eines polygonalen Fenstererkers ausgebildet ist. Der Erker, ist gewissermaßen als Hoheitsmotiv zu begreifen, was vor allem an der Außenfassade deutlich wird, wo er sich als historische Adaption an dem schlichten verputzten barocken Fachwerkbau optisch stark wirksam geltend macht. Es handelt sich um eine Fachwerkkonstruktion mit Haubenabschluß und breit gekehltem Fuß, deren gänzlich verglaste Polygonfelder durch Hermenpilaster gegliedert werden, ein ausgesprochenes Hoheitsmotiv, das am Außenbau bereits auf eine besondere Funktion schließen läßt.

Der Erker sitzt vor einer starken Fassadenabschrägung und setzt sich wirkungsvoll von seiner Umgebung ab ein barockes, aus profilierten Bohlen gebildetes Mittelgesims am Anbau ist am Erker wiederaufgegriffen und bindet jenen in die Fassade ein.

Schauen wir uns den Erker von innen an, zeigen sich in den Flügeln Bleiverglasungen mit sieben Namen von Bürger- bzw. Oberbürgermeistern, wobei deren Amtszeit angegeben und bei fünf auch Wappen hinzugefügt sind. Diese Namenscheiben gehen wohl auf Oberbürgermeister Arnold zurück, der sie 1920 hat anbringen lassen sie sind jedenfalls eine Generation jünger als der Erker. Ihre Anordnung ist nicht streng chronologisch. In chronologischer Reihenfolge handelt es sich um folgende Persönlichkeiten:

Christian Gottfried Stephan (1805-1829) -
Karl Theodor Gier (1829-1856) mit seiner Devise „Bete und arbeite" -
Dr. Karl Engelhardt (1856-1883) -
Dr. Wilhelm Schweineberg (1883-1894) -
Dr. August Lentze (1894-1899) -
Adolf Trenckmann (1899-1920) -
Walter Arnold (1920) mit Devise „Durch Lieb oder Hieb zum Ziel" sein „redendes" Wappen zeigt Rose und gekreuzte Schwerter, seitlich erscheint die Hausmarke der Familie

Die Repräsentationsräume

Abb. 10: Erker am ehemaligen Oberbürgermeisterzimmer; Foto: Verfasser

Die Repräsentationsräume

Arnold sowie die Jahreszahl 1920, ein Datum, das - wie bereits erwähnt wurde - auf die Fertigung sämtlicher Scheiben zu beziehen ist. Bei Schweineberg und Trenckmann, für die wohl keine Wappen vorlagen, erscheinen deren Namen von historistischen Kartuschen gerahmt.

Die Namen und Wappen der Bürgermeister und Oberbürgermeister seit 1802 der preußischen Stadt Mühlhausen am Fenstererker sind ein weiterer deutlicher Beleg für die konsequente Aufwertung des Rathauses als eines altehrwürdigen Geschichtsdenkmals zu Beginn des 20. Jahrhunderts.

Literatur:

Bader, Wilhelm: Inscriptiones Mulhusinae. Die öffentlichen Inschriften der Stadt Mühlhausen in Thüringen, hg. von Reinhard Jordan, Mühlhausen 1903 (Sonderdruck).

Badstübner, Ernst: Das alte Mühlhausen. Leipzig 1989.

Brinkmann, Ernst: Die Bürgermeisterbilder in der Rathaushalle. In: Mühlhäuser Geschichtsblätter Jg. 24 (1924), S. 139 f.

Brinkmann, Ernst: Die Wandtäfelung der Ratsstube. In: Mühlhäuser Geschichtsblätter 24 (1924), S 140.

Dehio-Handbuch Thüringen, bearb. von Stephanie Eißing, Franz Jäger u.a., München 1998, S. 852.

Günther, Gerhard: Mühlhausen-Thomas-Müntzer-Stadt. Das Rathaus (=Baudenkmal 39) Leipzig 1975, 2. Auflage 1982 (Kleiner Rathausführer).

Günther, Gerhard: Mühlhausen in Thüringen. 1200 Jahre Geschichte der Thomas-Müntzer-Stadt, Berlin 1975.

Heetzsch, M: Die heutige Rathaushalle. In: Die Mühlhäuser Warte 1957 (Februar-Ausgabe) S. 19 f.

Heydenreich, Eduard: Städtische Archivbauten. In: Korrespondenzblatt des Gesamtvereins der deutschen Geschichts- und Altertumsvereine 1902.

Heydenreich, Eduard: Das Archiv der Stadt Mühlhausen in Thüringen, Mühlhausen 1901.

Jahrbuch der Denkmalpflege der Provinz Sachsen 1913 - 1914, S 59 u. 79 ff.

Jordan, Reinhard: Die alte eiserne Elle in der Rathaushalle. In: Mühlhäuser Geschichtsblätter 15 (1915), S. 107.

Kettner, Emil: Geschichte des Mühlhäuser Rathauses. In: Mühlhäser Geschichtsblätter 15 (1915), S. 1-32.

Koch, Karl: Die Malereien im Archivgewölbe der Stadt Mühlhausen in Thüringen. In: Mühlhäuser Anzeiger 1923 (Ausgabe vom 7.7.)

Krause Walter: Mühlhausen in Thüringen. Ein Heimatbuch, Mühlhausen 1924 (vor allem die Abb. vom Rathaus)

Lucā, Friedrich: Der Chronist Friedrich Lucā. Ein Zeit- und Sittenbild aus der zweiten Hälfte des siebzehnten Jahrhunderts, Frankfurt 1851, S. 251 f.

Nickel, Heinrich L.: Mittelalterliche Wandmalerei in der DDR, Leipzig 1978, S. 208 u. Abb. 127.

Sommer, Gustav: Beschreibende Darstellung der älteren Bau- und Kunstdenkmäler des Kreises Mühlhausen, Halle 1881 (=Beschreibende Darstellung der älteren Bau- und Kunstdenkmäler der Provinz Sachsen und angrenzender Gebiete, 4), S. 106-112.

Troescher, Georg: Weltgerichtsbilder in Rathäusern und Gerichtsstätten. In: Wallraf-Richartz-Jahrbuch (Westdeutsches Jahrbuch für Kunstgeschichte), Bd. 11, Frankfurt 1939, S. 139-214.

Wechmar, Ernst: Unser Rathaus und seine Vorgänger. In: Mühlhäuser Warte 1954 (Juni-Ausgabe), S. 5-9.

Wetterling Heinrich: Was sagen uns Kaiser Maximilian II. und die Kurfürsten in der großen Ratsstube? In: Mühlhäuser Heimatblätter 1934, S. 9-11.

Wintruff, Wilhelm: Funde in der großen Ratsstube. In: Mühlhäuser Geschichtsblätter 13 (1913), S. 146-148.

Wintruff, Wilhelm: Zur Kunstgeschichte Mühlhausens. In: Mühlhäuser Geschichtsblätter 14 (1913/14), S. 146-149.

Ziehen, Eduard: Die Wandgemälde in der Großen Ratsstube zu Mühlhausen und „Das Heilige Römische Reich in seinen Gliedern". In: Mühlhäuser Geschichtblätter 38/39 (1940), S. 101-110.

Die Repräsentationsräume

Anmerkungen:

1. vgl. Otto Stiehl: Das deutsche Rathaus im Mittelalter in seiner Entwicklung geschildert. Leipzig 1905.
2. vgl. August Griesbach: Das deutsche Rathaus in der Renaissance. Berlin 1906.
3. vgl. Karl Gruber: Das deutsche Rathaus. München 1943.
4. vgl. Herbert Werner Gewande: Schönes deutsches Rathaus. Berlin 1935.
5. vgl. Fritz Träger: Rathäuser. Dresden 1956.
6. vgl. Walter Kiewert: Deutsche Rathäuser. Dresden 1961.
7. vgl. Horst Büttner: Rathäuser in der Deutschen Demokratischen Republik. Leipzig 1966. S. 7. („Der Ratssaal in Mühlhausen gehört zu den wenigen gotischen Beispielen, die in ihrer ursprünglichen Innengestaltung erhalten geblieben sind") u. Abb. 19 (Rathaushalle).
8. vgl. Frank-Dietrich Jacob: Rathäuser. Leipzig 1987, S. 35 u. Tafel 59.
9. vgl. Emil Kettner: Geschichte des Mühlhäuser Rathauses. Mühlhausen 1915. In: Mühlhäuser Geschichtsblätter 15, 1914/15. S. 21 f.
10. vgl. Karl Gruber: S. 23 u. Abb. 3 S.123.
11. vgl. ebd. S. 23.
12. vgl. Kettner. ebd. S. 19.
13. vgl. Kettner. ebd. S. 19.
14. vgl. Zedler. Art. Nimrod. Bd. 24. Leipzig 1740, Sp. 962-969.
15. vgl. ebd.
16. vgl. ebd. Bd. 6. Leipzig 1733. Sp. 1666-1667.
17. vgl. ebd. Bd. 1. Leipzig 1732. Sp. 1147 ff.
18. vgl. ebd.
19. vgl. Ernst Badstübner. Das alte Mühlhausen. Leipzig 1989. S. 61.
20. vgl. Karl Fröhlich: Mittelalterliche Bauwerke als Rechtsdenkmäler. Tübingen 1939. (Arbeiten zur rechtlichen Volkskunde). Karl Fröhlich (hg.) S. 38 ff.
21. Mühlhäuser Wochenblatt vom 22. 1. 1825.
22. vgl. Emil Kettner ebd., S. 20.
23. vgl. Georg Troescher, Weltgerichtsbilder in Rathäusern und Gerichtsstätten. In: Wallraf-Richartz-Jahrbuch (Westdeutsches Jahrbuch für Kunstgeschichte), Bd. 11, Frankfurt 1939, S. 139-214; Zum Mühlhäuser Bild: S. 190 unter lfd. Nr. 74 (ohne Abbildung!) u. S. 208 (Tabelle).
24. Ernst Brinkmann: Mühlhäuser Geschichtsblätter 24. Mühlhausen 1923/24, S. 140.
25. Eduard Heydenreich, Das Archiv der Stadt Mühlhausen in Thüringen, Mühlhausen 1901, S. 7.
26. Friedrich Laske u. Otto Gerland: Schloß Wilhelmsburg. Berlin 1895.
27. Ernst Brinkmann, ebd., S. 140.
28. vgl. Carsten Peter Warnke: Die ornamentale Groteske in Deutschland 1500-1650. Berlin 1979. Nr. 75, 76, 78. In: Otto Lehmann-Brockhaus und Stephan Waetzold (Hg.). Quellen und Schriften zur bildenden Kunst. Bd. 6.
29. vgl. W. Wintruff: Funde in der großen Ratsstube. In: Mühlhäuser Geschichtsblätter 13, Mühlhausen 1913, S. 146 ff.
30. vgl. Mühlhäuser Geschichtsblätter, 22 (1922), S. 140.
31. vgl. Badstübner. S. 61.
32. Eduard Ziehen: Die Wandgemälde in der großen Ratsstube zu Mühlhausen und „Das heilige Römische Reich in seinen Gliedern". Ein Beitrag zur Geschichte der körperschaftlichen Reichsgedankens. In: Mühlhäuser Geschichtsblätter 38/39. 1940.
33. vgl. Kettner. S. 26.
34. vgl. Mühlhäuser Geschichtsblätter 13 (1913), S. 146-148.
35. vgl. ebd.
36. vgl. Ziehen, S. 106.
37. vgl. ebd.
38. Dies steht im Gegensatz zu der These Gerhard Günthers, der schreibt, daß nur die herr-

schenden Klassen vertreten seien. Vgl. Rita und Gerhard Günther: Mühlhausen in Thüringen. Das Rathaus Mühlhausen o. J. (1971). S. 42 ff.

39 Friedrich Lucä: Der Chronist Friedrich Lucä. Ein Zeit- und Sittenbild aus der zweiten Hälfte des siebzehnten Jahrhunderts, Frankfurt am Main 1851. S. 251/252.

40 vgl. Badstübner, S. 61.

41 vgl. R. u. G. Günther, S. 52.

42 vgl. Eduard Heydenreich: Führer durch die Ständige Archivausstellung, die Münzsammlung und die Ausstellung prähistorischer Altertümer in den Archivgewölben des Rathauses der Stadt in Thüringen. Mühlhausen 1901, S. 1.

 # MÜHLHÄUSER MUSEEN
Wir freuen uns auf Ihren Besuch!

Museum am Lindenbühl

- Naturkundliche Ausstellung zur Geologie und Biologie Nordwestthüringens
- Ausstellung zur Ur- und Frühgeschichte im Mühlhäuser Raum
- Stadt- und Regionalgeschichtliche Ausstellung
- Sonderausstellungen, vornehmlich zur Kultur- und Kunstgeschichte

St. Marien, Müntzergedenkstätte

- reiche sakrale Innenausstattung
- Dokumentation zur älteren Baugeschichte
- Turmmuseum
- Ausstellung zu Leben und Wirken Thomas Müntzers

Bauernkriegsmuseum Kornmarktkirche

- Ausstellung zu Reformation und Bauernkrieg
- Gruftlapidarium mit Dokumentation zur Bau- und Restaurierungsgeschichte
- Außenlapidarium

Museumsgalerie Allerheiligenkirche

- Ausstellung zu Bau- und Restaurierungsgeschichte/ barocker Innenausstattung/ barocker Sakralplastik
- Ausstellungen der Sammlung Thüringer Kunst
- Sonderausstellungen zeitgenössischer Kunst

Historische Wehranlage

- Ausstellungsbereiche zur Wehrgeschichte der Stadt Mühlhausen und zur Entwicklung des Stadtbildes
- Stilzimmer des 19. Jahrhunderts mit historischer Ausstattung

Brunnenhaus Popperode

- Ausstellung zur kulturgeschichtlichen Tradition der Mühlhäuser Brunnenfeste
- Dokumentation zur geologischen und wasserwirtschaftlichen Bedeutung der Mühlhäuser Erdfallquellen

Auskünfte über die Ausstellungen, Veranstaltungen und Publikationen der Mühlhäuser Museen erhalten Sie unter Telefon **0 36 01/81 60 66** oder **0 36 01/87 00 21**.